ABITUR
CLEVER VORBEREITET

BIOLOGIE

tandem.VERLAG
print line

ABITUR
CLEVER VORBEREITET

BIOLOGIE

Autor: Mathias Brüggemeier

Umschlaggestaltung: Stefanie Brüssel, Potsdam
Bildnachweis Cover: shutterstock
Gesamtherstellung: Tandem Verlag GmbH, Potsdam

ISBN: 978-3-8427-1430-4

Vorwort

Die Vorbereitung auf die Abiturprüfung im Fach Biologie ist nicht einfach: Die Stofffülle ist enorm; allein der Bereich „Genetik" könnte ganze Bücher füllen. Wichtig ist vor allem, dass Sie den Überblick nicht verlieren.

Dieses Buch soll Ihnen helfen, *alle* prüfungsrelevanten Themen zu wiederholen. Sie finden hier einen **kompakten Überblick**, der es Ihnen ermöglicht, den gesamten Stoff zu wiederholen und Ihre eigenen Wissenslücken zu erkennen – und zu beheben: Schlagen Sie einfach die Bereiche nach, in denen Sie noch nicht ganz sicher sind.

Das Buch enthält zahlreiche Merkkästen, Insider-Tipps und Checklisten, die Ihnen das Lernen erleichtern sollen. Vor allem die fett gedruckten Begriffe im Text sollen Sie an die wichtigsten Schlagworte erinnern – gehen Sie sicher, dass Sie diese verstanden haben und gegebenenfalls auch ausführlicher erklären können.

Es ist nicht nötig, das Buch von vorne nach hinten durchzuarbeiten. Jedes Kapitel steht für sich und behandelt einen anderen Fachbereich der Prüfung. Deshalb ist es auch möglich, nur einzelne Bereiche, wie beispielsweise die Ökologie, nachzuschlagen und zu wiederholen.

Das **Prüfungstraining** auf der beiliegenden CD-ROM ermöglicht es Ihnen, einzelne Themenbereiche aus dem Buch aktiv zu trainieren. Sie enthält Musteraufgaben und Prüfungsbeispiele für das schriftliche und mündliche Abitur. Auch **allgemeine Tipps zur Abiturvorbereitung** im Fach Biologie finden Sie dort. Das Buch kann man gut in Kombination mit der CD-ROM benutzen: zuerst ein Thema im Buch nachlesen und dann das Gelernte durch die entsprechenden Aufgaben auf der CD vertiefen und prüfen.
Hinweise zur Nutzung der CD-ROM „Abitur clever vorbereitet – Prüfungstraining" finden Sie auf der letzten Seite dieses Buches.

Wir wünschen Ihnen viel Erfolg für die Prüfung!

Inhalt

1 Zellbiologie

Die Zelle ist die kleinste eigenständige Einheit des Lebens. Zugleich ist sie jedoch Teil eines hierarchischen Systems verschiedener Organisationsformen, in dem jede Ebene auf der jeweils niedrigeren aufbaut.
Diese biologische Ordnung ist ein Grundprinzip des Lebens auf der Erde.

Molekül

Das Leben auf der Erde gründet auf einer Vielzahl organischer und anorganischer Substanzen. Proteine, Nukleinsäuren, Fette und Kohlenhydrate sind dabei die bedeutendsten, aber längst nicht die einzigen biologisch wichtigen Moleküle.

Organell

Große Mengen an Molekülen müssen sich geordnet zusammenfinden, um die funktionellen Einheiten der Zellen, die Organellen, zu bilden. Sie sind meist im Mikroskop sichtbar.

Zelle

Zellen können sehr unterschiedliche Formen, Größen und Aufgaben annehmen. Manche Lebewesen wie Bakterien, Hefen und einige Algen bestehen nur aus einer einzigen Zelle; andere, wie der Mensch, sind aus vielen Billionen Zellen aufgebaut.

Gewebe

In vielzelligen Lebewesen verbinden sich ähnliche Zellen zu Geweben. In dieser Form stellen sie eine große Funktionseinheit dar.

Organ

Verschiedene Gewebe finden sich zu Organen zusammen und erfüllen so komplexe gemeinschaftliche Aufgaben. Tierische Organe sind zum Beispiel Herz, Haut und Augen; pflanzliche sind Blätter, Blüten und Wurzeln.

Organismus

Die oberste Organisationsform der Lebewesen ist der Organismus. Einzeller sind ebenso ein Organismus wie der Mensch. Doch auch jenseits dieser Stufe lassen sich hierarchische Organisationsebenen finden: Mit dem komplexen Zusammenspiel von Organismen in Populationen, biologischen Gemeinschaften und Ökosystemen beschäftigt sich die Ökologie.

1.1 Chemie des Lebens

Wasser, Kohlenstoff und funktionelle Gruppen

Wasser ist die Grundlage des Lebens auf der Erde. In ihm entstanden vor dreieinhalb Milliarden Jahren die ersten Zellen, es bedeckt drei Viertel der Erdoberfläche, ist Lebensraum für die meisten Lebewesen und der wesentliche Bestandteil aller lebenden Organismen. Entsprechend wichtig sind seine Eigenschaften für die Biologie.

Das Wassermolekül ist **polar** gebaut. Die beiden Wasserstoffatome, im Winkel von 105° zueinander angeordnet, bilden aufgrund ihrer geringeren Elektronegativität den positiven, das Sauerstoffatom den negativen Pol. In Wasser lösen sich daher bevorzugt Stoffe, die selbst polar bzw. geladen sind. So bilden sich um Ionen **Hydrathüllen**, welche die Anziehungskräfte des Ionengitters aufheben und die einzelnen Teilchen damit erst löslich machen. Organische Moleküle wiederum sind wasserlöslich, wenn sie **polare Gruppen** wie –OH, –COOH oder $-NH_2$ aufweisen. Man nennt diese Moleküle **hydrophil**, also „wasserfreundlich". **Hydrophobe** („wasserfeindliche") Moleküle, wie zum Beispiel Fette, lösen sich dagegen nicht in Wasser.

Wassermoleküle bilden **Wasserstoffbrückenbindungen**. Dabei treten die positiv teilgeladenen Wasserstoffatome mit den freien Elektronenpaaren des Sauerstoffatoms eines anderen Moleküls in Wechselwirkung und bilden kurzzeitig relativ starke Bindungen aus. Aus diesem Grund ist Wasser in einem großen Temperaturbereich flüssig, hat eine hohe Oberflächenspannung und kann sehr viel Wärmeenergie speichern.

Wasser zeigt zudem eine **Dichteanomalie**. Zwischen 4 °C und 0 °C wird es beim Abkühlen nicht dichter. Weil im Eis die Wasserstoffbrückenbindungen erstarren und dann mehr Platz benötigen, ist Eis sogar weniger dicht als flüssiges, kaltes Wasser. Eis schwimmt daher oben – diese Tatsche macht höheres Leben in winterkalten Gewässern überhaupt erst möglich.

Struktursymbole und Modelle für Wasser

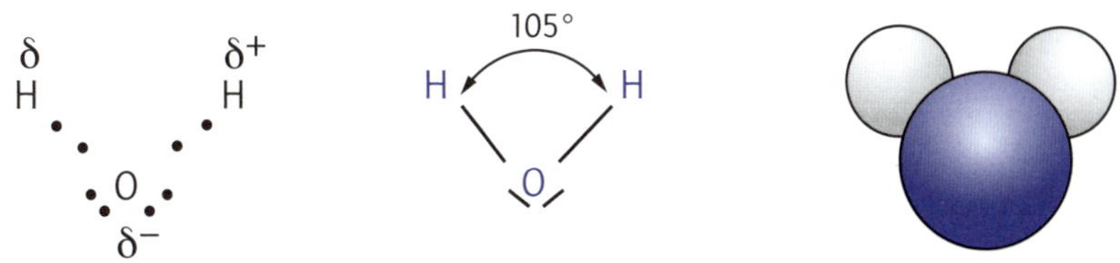

Außer Wasser und Ionen sind fast alle Stoffe, aus denen Lebewesen bestehen, **Kohlenstoff-Verbindungen**. Grund dafür ist die Vielfalt an chemischen Bindungen, die Kohlenstoff eingehen kann. Aufgrund seiner vier Außenelektronen stellt jedes Kohlenstoffatom („C-Atom") einen bis zu vierfachen Verzweigungspunkt im Molekül dar. Zudem kann Kohlenstoff Mehrfachbindungen eingehen und ringförmige Moleküle bilden. Ketten von C-Atomen bilden das Grundgerüst aller **organischen Verbindungen**.

Die Eigenschaften organischer Verbindungen werden jedoch nicht nur vom Kohlenstoff-Gerüst bestimmt – das trifft allenfalls auf reine **Kohlenwasserstoffe** zu, die nur aus Kohlenstoff und Wasserstoff bestehen. Der einfachste dieser reinen Kohlenwasserstoffe ist **Methan**, bei dem ein Kohlenstoffatom mit vier Wasserstoffatomen zu einem **Tetraeder** verknüpft ist. Methan ist gasförmig, Hauptbestandteil von Erdgas und Biogas und gilt als aktivstes **Treibhausgas** (→ Seite 179). Es ist zugleich erster Vertreter der homologen Reihe der **Alkane**, die ausschließlich aus einfach verknüpften Kohlenstoff- und Wasserstoffatomen bestehen.

Ist ein solches Grundgerüst mit anderen Atomen oder Atomgruppen verbunden, kann das die Löslichkeit, das Reaktionsverhalten und andere Eigenschaften des Gesamtmoleküls erheblich beeinflussen. Solche Atome oder Atomgruppierungen nennt man daher **funktionelle Gruppen**.

Moleküle mit gleichen funktionellen Gruppen fasst man in einer **Stoffklasse** zusammen. Beispiele sind:

- **Alkohole** mit der polaren Hydroxylgruppe $-OH$
- **Aldehyde** und **Ketone** mit der reaktionsfreudigen Carbonylgruppe $-CO$
- **Carbonsäuren** mit der sauren Carboxylgruppe $-COOH$
- **Amine** mit der basischen Aminogruppe $-NH_2$

Struktursymbole und Modelle für Methan

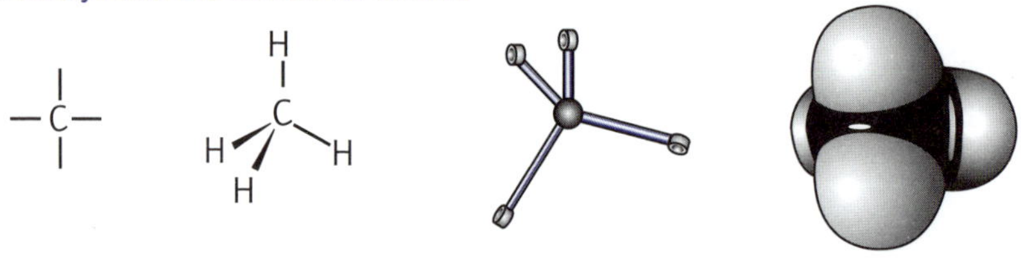

Kohlenhydrate

Energiespeicher, Baumaterial, Erkennungszeichen: Die Aufgaben der Kohlenhydrate sind vielfältig. Sie sind das Primärprodukt der Fotosynthese, Ausgangsstoff zur Energiegewinnung in den Mitochondrien und bilden das Rückgrat von DNA und RNA. Grundbausteine der auch **Saccharide** genannten Makromoleküle sind **Zucker**.
Einfachzucker oder **Monosaccharide** bestehen aus einem Grundgerüst von Kohlenstoffatomen, an denen entweder Wasserstoff und eine Hydroxylgruppe oder eine Aldehyd- bzw. Ketogruppe hängen. **Pentosen** haben dabei fünf, **Hexosen** sechs C-Atome. Die Summenformel für Monosaccharide ist im Allgemeinen $C_nH_{2n}O_n$.

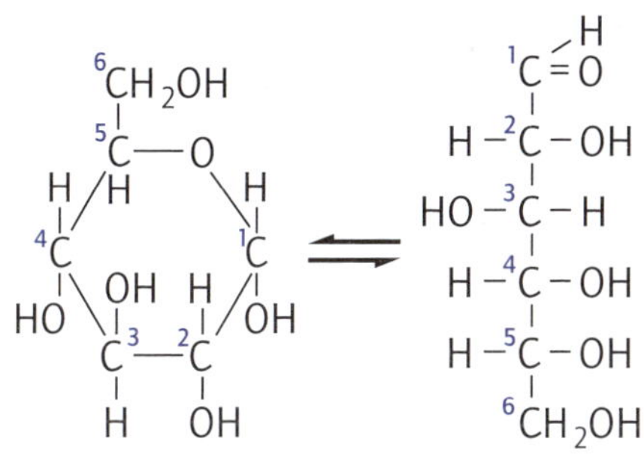

Ring- und Kettenform von Glucose

Die Aldehyd- bzw. Ketogruppe kann mit einer der Hydroxylgruppen reagieren und so ein ringförmiges Molekül bilden. Üblicherweise entstehen auf diesem Weg entweder Fünf- oder Sechsringe. **Ring- und Kettenform** desselben Moleküls stehen dabei meist im Gleichgewicht. Bei der Ringbildung entsteht eine zusätzliche Hydroxylgruppe, welche unter oder über dem Ring angeordnet sein kann; im ersten Fall spricht man von α-, im zweiten von β-Zuckern.

Wichtige Monosaccharide sind **Glucose** (Traubenzucker) und **Fructose** (Fruchtzucker). Beides sind Hexosen, wobei Fructose im Allgemeinen einen Fünfring und Glucose einen Sechsring bildet. Sie können unter Wasserabspaltung zu einem **Disaccharid** reagieren: Es entsteht **Saccharose**, welche als Rohr- oder Haushaltszucker bekannt ist. Eine solche Bindung zwischen zwei Zuckern nennt man **glykosidische Bindung**. In der Saccharose sind α-Glucose und β-Fructose über die C-Atome 1 (Glucose) und 2 (Fructose) miteinander verbunden; man spricht daher von einer α-1,β-2-glykosidischen Bindung. Das Disaccharid **Maltose**, ein Spaltprodukt der Stärke, besteht dagegen aus einer α-1,4-glykosidischen Bindung zweier Moleküle Glucose.

Kohlenhydrate aus zwei bis zehn Bausteinen (**Monomeren**) nennt man auch **Oligosaccharide**; längere Moleküle heißen **Polysaccharide**. Bekannte Polysaccharide sind der tierische Energiespeicher **Glykogen** und die pflanzlichen

Reservestoffe **Amylose** und **Amylopektin**, welche zusammen **Stärke** bilden. Jedes dieser drei Makromoleküle setzt sich aus α-Glucose-Einheiten zusammen: Amylose ist ein schraubiges Molekül mit 200 bis 500 α-1,4-glykosidisch verknüpften Monomeren; Amylopektin mit mehr als 2000 Monomeren enthält neben α-1,4-glykosidischen Verknüpfungen auch α-1,6-glykosidische Verzweigungen; Glykogen besteht aus bis zu 100 000 Monomeren und ist bei

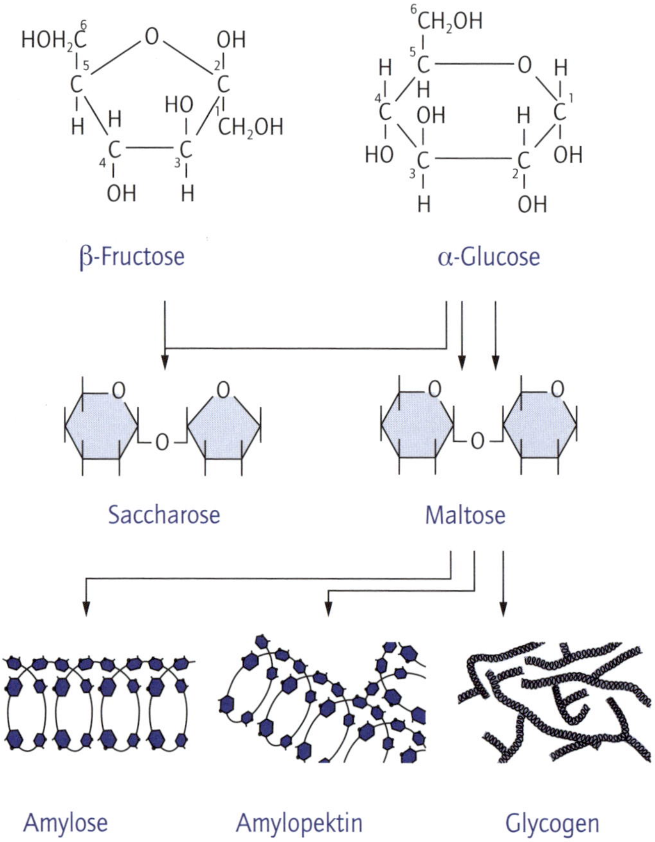

gleichen Bindungen noch stärker verzweigt als Amylopektin.

Ein weiteres wichtiges Polysaccharid ist die **Zellulose**, welche aus β-1,4-glykosidisch verknüpfter Glucose besteht. Sie bildet das Gerüst der Pflanzenzellwände. Auch die Bausubstanz des Außenskeletts von Insekten, **Chitin**, ist ein Polysaccharid. Verbindungen aus Proteinen und Oligo- bzw. Polysacchariden nennt man **Glykoproteine**. An der Außenseite tierischer Zellen dienen sie zum Beispiel der Zellerkennung oder haben – wie beim **Kollagen** – Stützfunktionen.

Lipide

Lipide sind hydrophobe Moleküle, die zum größten Teil aus Kohlenwasserstoffen bestehen. Wichtige Beispiele sind Fette, Steroide und Phospholipide, aber auch Wachse, manche Vitamine und einige Farbstoffe sind Lipide.

Fette sind Ester des dreiwertigen Alkohols **Glycerin** mit langkettigen Carbonsäuren, den **Fettsäuren**. Man unterscheidet **gesättigte** Fettsäuren wie Palmitin- und Stearinsäure von **ungesättigten** Fettsäuren wie Öl- und Linolsäure. Letztere weisen eine oder mehrere Doppelbindungen auf. Manche ungesättigte Fettsäuren können vom menschlichen Körper nicht aufgebaut werden; sie sind daher **essenzielle**, d.h. lebenswichtige Nahrungsbestandteile.

Fette sind in Pflanzen wie Tieren vor allem hoch effektive **Energiereserven**. Zugleich können sie jedoch auch der Wärmeisolation oder dem Organschutz dienen. Flüssige Fette bezeichnet man als **Öle**; sie weisen meist einen hohen Gehalt an ungesättigten Fettsäuren auf.

Steroide haben ein Kohlenstoffgerüst aus vier Ringen mit verschiedenen funktionellen Gruppen. Bekanntester Vertreter ist das **Cholesterin**, ein Membranbestandteil, der auch Ausgangsstoff für die Bildung verschiedener Sexualhormone (**Steroidhormone**) ist.

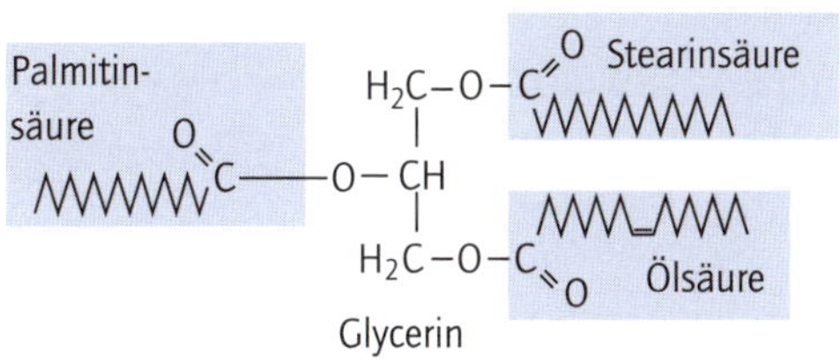

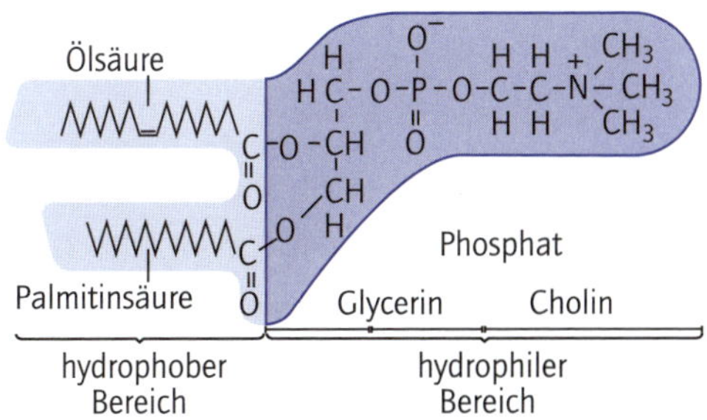

Bei den **Phospholipiden** ist Glycerin nur mit zwei Fettsäuren, aber zusätzlich über einen Phosphatrest mit einem weiteren Alkohol verbunden. Phosphatrest und Alkohol bilden einen hydrophilen, die Fettsäuren einen hydrophoben Pol (siehe Abbildung).

Dieser ambivalente Charakter der Phospholipide – ein Beispiel ist das Lecithin – macht sie zum Hauptbestandteil biologischer Membranen (→ Seite 49 f.).

Proteine

Proteine sind die vielseitigsten biologischen Makromoleküle. Als Enzyme bauen sie Stoffe auf, ab und um. Als Wächter und Signalboten koordinieren sie die Abläufe in den Organismen und ihren Zellen. Sie können Gerüstsubstanzen oder Reservestoffe sein, als molekulare Motoren und Transportvehikel arbeiten oder als Bestandteil des Immunsystems Fremdstoffe erkennen. Die Grundlage dieser Vielfalt sind die Bausteine der Proteine, die **Aminosäuren**.

Mindestens 20 verschiedene Aminosäuren kommen in Proteinen vor. Das Grundgerüst der Aminosäuren besteht aus einer basischen Amino- und einer sauren Carboxylgruppe, die über ein weiteres C-Atom miteinander verknüpft sind. Weil die beiden funktionellen Gruppen in neutraler Umgebung unterschiedlich geladen sind (Aminogruppe positiv, Carboxylgruppe negativ), spricht man von einem **Zwitterion**.

Ihre zum Teil sehr unterschiedlichen Eigenschaften erhalten die Aminosäuren durch einen Rest, der zusätzlich am zentralen C-Atom hängt. Diese **Seitenkette** kann klein oder groß, polar oder unpolar, sauer oder basisch sein. In Proteinen wirken diese unterschiedlichen Reste in Form einer Kette aus einzelnen Aminosäuren zusammen.

Dazu reagiert die Carboxylgruppe einer Aminosäure mit der Aminogruppe einer anderen unter Wasserabspaltung. Die entstandene Bindung nennt man **Peptidbindung**, das Produkt **Dipeptid**. Eine Kette von bis zu 100 Aminosäuren nennt man **Polypeptid** – dann sind bereits 20^{100} verschiedene **Aminosäuresequenzen** denkbar, das ist eine Zahl mit 130 Nullen. Längere Ketten heißen **Proteine**.

Die Aminosäuresequenz eines Proteins ist dessen **Primärstruktur**. Vor allem über Wasserstoffbrückenbindungen ordnen sich die Aminosäuren zu dreidimensionalen Formen, den **Sekundärstrukturen** an. Wichtige Beispiele dafür sind schraubenförmige Helices (**α-Helix**) sowie bänderartige Faltblattstrukturen (**β-Faltblatt**). Diese Sekundärstrukturen ordnen sich wiederum zur **Tertiärstruktur** an; sie wird zusätzlich stabilisiert durch Van-der-Waals-Kräfte, Dipolwechselwirkungen, elektrostatische Anziehungskräfte und zum Teil auch durch kovalente Verknüpfungen, etwa bei der Verbindung zweier SH-Gruppen zu einer **Disulfidbrücke**. Bilden schließlich mehrere Polypeptidketten zusammen einen Proteinkomplex, spricht man von einer **Quartärstruktur**.

Weil die Struktur von Proteinen größtenteils durch nicht-kovalente Wechselwirkungen bestimmt wird, ist sie sehr anfällig gegenüber Veränderungen der Umgebungsbedingungen. Bei zu hoher Temperatur, zu niedrigem oder zu hohem pH-Wert, bei extremen Salzkonzentrationen und in Anwesenheit von Schwermetallen verlieren Proteine leicht ihre Form – sie **denaturieren**.

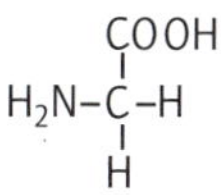 Glycin (Gly)	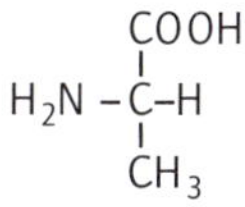 Alanin (Ala)	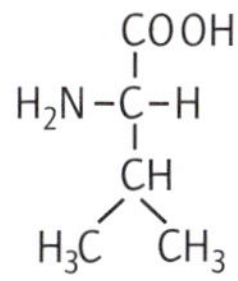 Valin (Val)	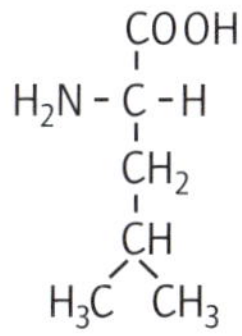 Leucin (Leu)	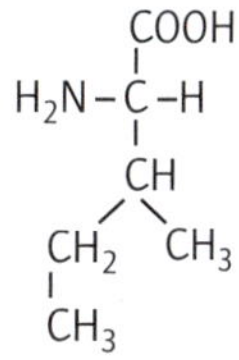 Isoleucin (Ile)
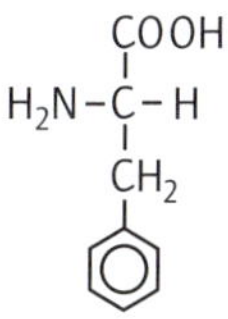 Phenylalanin (Phe)	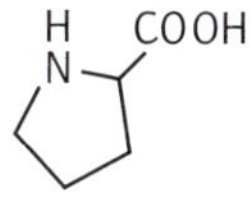 Prolin (Pro)	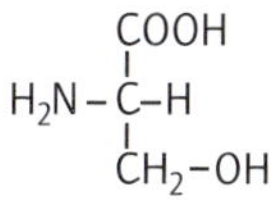 Serin (Ser)	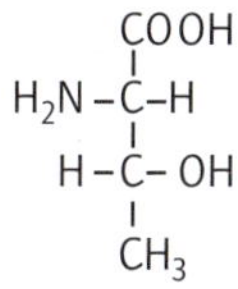 Threonin (Thr)	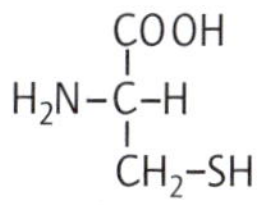 Cystein (Cys)
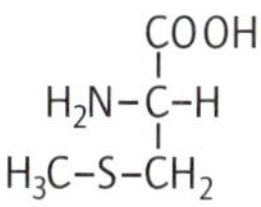 Methionin (Met)	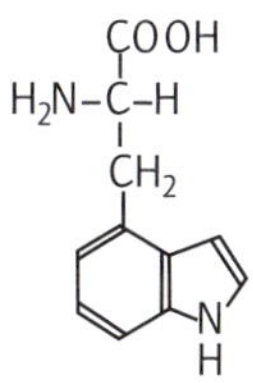 Tryptophan (Trp)	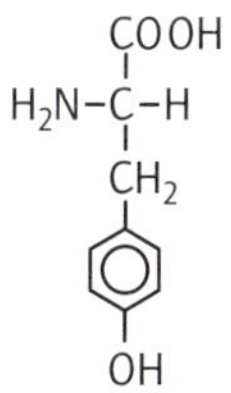 Tyrosin (Tyr)	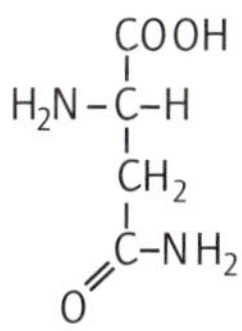 Asparagin (Asn)	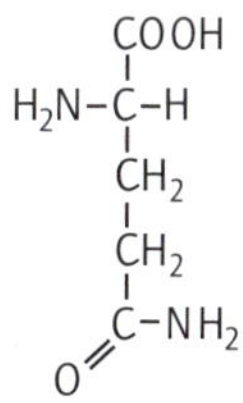 Glutamin (Glu)
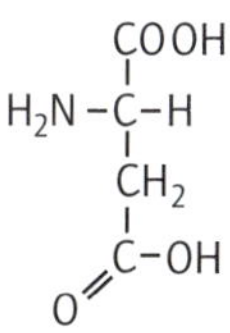 Asparaginsäure (Asp)	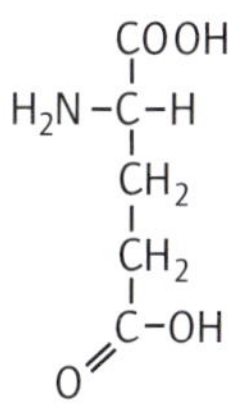 Glutaminsäure (Glu)	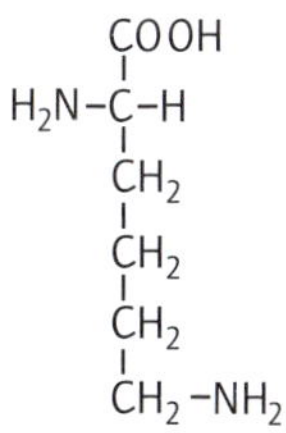 Lysin (Lys)	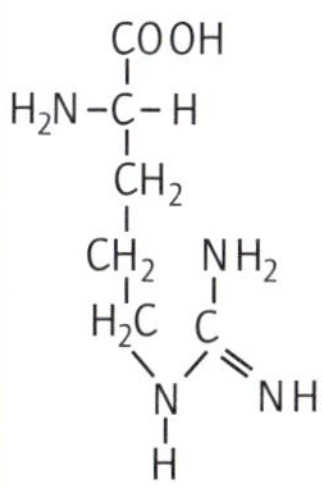 Arginin (Arg)	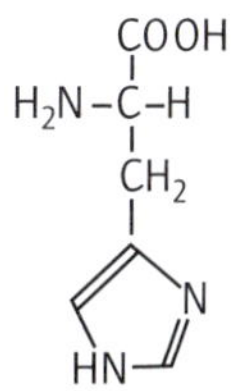 Histidin (His)

Aminosäuren in Proteinen

Nukleinsäuren

Nukleinsäuren sind lange, kettenförmige Moleküle. Man unterscheidet die **Desoxyribonukleinsäure** (DNA), die Trägerin des Erbguts, von der **Ribonukleinsäure** (RNA), welche verschiedene Aufgaben in der Zelle wahrnimmt. Gemeinsam ist beiden Arten von Nukleinsäuren ihr Aufbau: ein Zuckermolekül, ein Phosphatrest und ein Molekül einer stickstoffhaltigen, organischen Base bilden zusammen ein **Nukleotid**, den Grundbaustein der Nukleinsäuren.

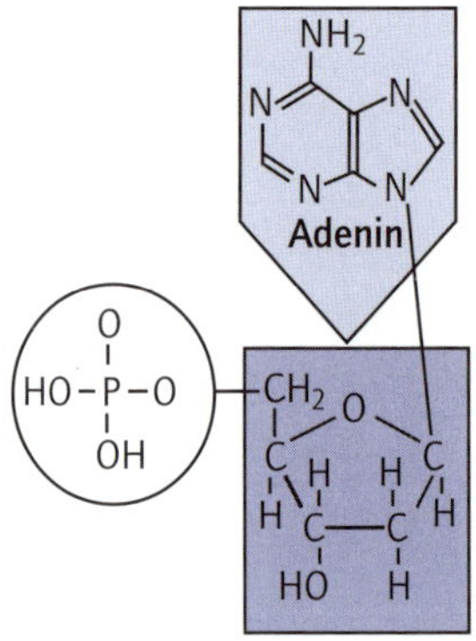

Ein Nukleotid

RNA enthält als Zucker die **Ribose**, DNA die **Desoxyribose**, welche ein Sauerstoffatom weniger enthält. Als Basen kommen in der DNA **Adenin**, **Guanin**, **Cytosin** und **Thymin** vor, die RNA enthält statt Thymin **Uracil**. Adenin und Guanin leiten sich vom Purin ab, das aus einem doppelten Ring mit vier Stickstoffatomen besteht. Cytosin, Thymin und Uracil sind Varianten des Pyrimidins, eines Sechsrings mit zwei Stickstoffatomen.

Bei der Bildung von Nukleinsäure-Molekülen werden die einzelnen Nukleotide so verkettet, dass das C-5-Atom eines Zuckers über einen Phosphatrest mit dem C-3-Atom des nächsten Zuckers verbunden ist. DNA-Moleküle sind zum Teil mehrere Millionen Nukleotide lang.

Die Basen der Nukleotide können miteinander stabile Wasserstoffbrückenbindungen eingehen. Guanin bildet mit Cytosin drei, Adenin mit Thymin bzw. Uracil zwei Wasserstoffbrücken aus. Zwei Nukleinsäure-Stränge lagern sich daher aneinander, wenn die Abfolge ihrer Basen jeweils **komplementär** ist: Liegt auf dem einen Strang ein Guanin, muss der andere an dieser Stelle ein Cytosin enthalten und so weiter. Die DNA liegt in der Regel als solcher Doppelstrang mit perfekt gepaarten Basen vor. RNA besteht dagegen meist aus einem einfachen Strang, bei dem aber einige komplementäre Abschnitte jeweils gepaarte Bereiche ausbilden können.

1.2 Bau und Funktion der Zellen

Vielfalt der Zellen

Die kleinsten Zellen sind ein Zehntausendstel Millimeter kurz, die größten mehr als einen Meter lang: Die Vielfalt der Zellen ist grenzenlos. Sie können – wie bei Einzellern – ein ganzer Organismus sein, aber auch – wie die Nervenzellen – hoch spezialisiert eine bestimmte Aufgabe im Organismus übernehmen.

Bakterien ähneln sich stark in Aufbau und Erscheinungsbild. Sie heißen **Prokaryoten**, weil ihnen ein echter Zellkern fehlt. Ihre kleinsten Vertreter, die Mycoplasmen, bestehen aus kaum mehr als einer Hülle mit Erbgut und einigen Ribosomen – sie werden nur 0,1 bis 1 µm groß. Prokaryoten können länglich oder rund sein und Geißeln zur Fortbewegung tragen.

Eukaryoten nehmen dagegen extrem unterschiedliche Formen und Größen an. Sie haben neben dem Zellkern noch weitere funktionelle Einheiten, die **Zellorganellen**. Zu den Eukaryoten zählen Einzeller ebenso wie Mensch, Tier und Pflanze. Manche Nervenzellen können über einen Meter lange Ausläufer bilden; rote Blutkörperchen dagegen sind nur 8 µm groß und haben in ausgewachsenem Zustand ihren Zellkern verloren; Pflanzenzellen wiederum besitzen zum Teil völlig andere Organellen als Tierzellen.

Archaebakterien unterscheiden sich in vieler Hinsicht von anderen Bakterien. Diese urtümlichen Zellen leben meist unter extremen Bedingungen, etwa in bis zu 100 °C heißen und schwefligen Quellen.

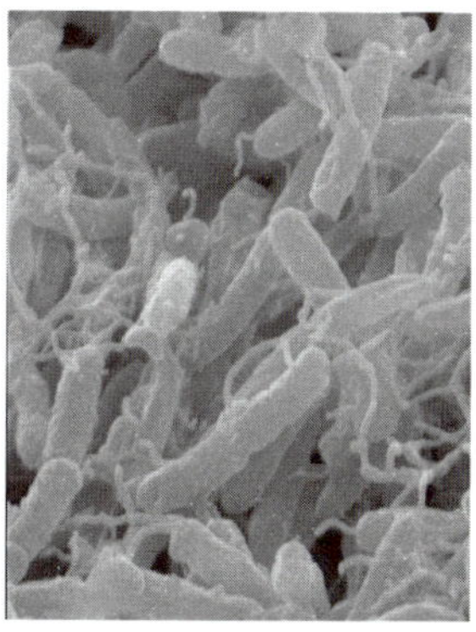

Kolibakterien

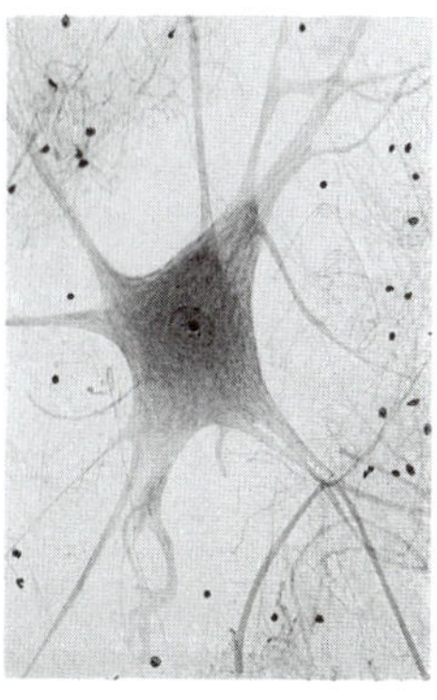

Nervenzelle

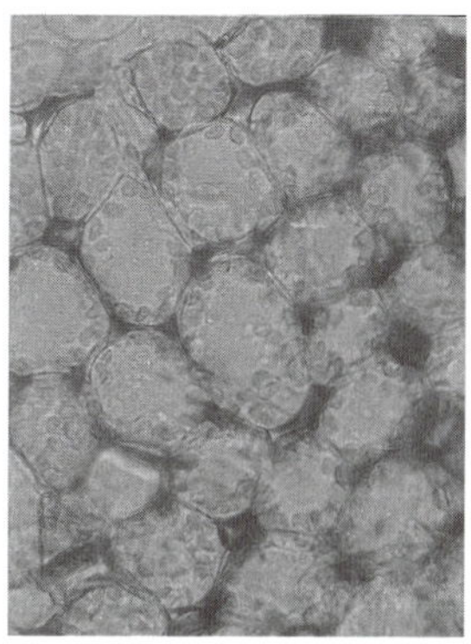

Blattzellen

Aufbau der Zellen

Viele Bestandteile von Zellen sind allen Arten gemeinsam. In eukaryotischen Zellen finden sich jedoch, anders als in Prokaryoten, verschiedene, durch Membranen abgetrennte Reaktionsräume. Diese **Kompartimente** nennt man in Anlehnung an die Organe höherer Lebewesen auch **Zellorganellen**.
Einige davon besitzen eine doppelte Membran und ein eigenes Erbgut. Nach der **Endosymbiontentheorie** (→ Seite 199) leiten sich diese Organellen von eingewanderten Bakterien ab.

- **Zellmembran:** Alle Zellen sind von einer Membran umgeben, die das Innere der Zelle, das Zellplasma (**Zytoplasma**), von der Umgebung trennt. Membranen kontrollieren den Austausch von Stoffen mit der Umgebung (→ Membranen, Seite 49 f.).

- **Zellwand:** Pflanzliche und viele prokaryotische Zellen besitzen eine Zellwand. Sie stellt ein äußeres Stützskelett und einen Schutzwall gegenüber der Außenwelt dar. **Plasmodesmen** in den Zellwänden stellen Verbindungen zwischen zwei Pflanzenzellen her.

- **Zellkern:** Das Erbgut eukaryotischer Zellen liegt im Zellkern. Dieser **Nukleus** besitzt eine **Kernhülle** aus einer Doppelmembran. Zahlreiche **Kernporen** darin erlauben den Austausch von Makromolekülen zwischen Zytoplasma und Kernplasma (**Karyoplasma**). Nach Anfärben der DNA (**Chromatin** genannt) erscheinen manche Bereiche des Zellkerns besonders dunkel: Diese Kernkörperchen (Nukleoli, Einzahl **Nukleolus**) sind an der Bildung von Ribosomen beteiligt.

- **Ribosomen:** Ribosomen sind die Orte der Proteinproduktion. Sie bestehen zum überwiegenden Teil aus RNA und kommen in allen Zellen vor; allerdings sind sie in Prokaryoten etwas kleiner als in Eukaryoten. Ribosomen können frei im Zytoplasma oder an das Endoplasmatische Retikulum gebunden vorliegen.

- **Endoplasmatisches Retikulum (ER):** In den miteinander verbundenen Kanälen und Hohlräumen (**Zisternen**) des ER werden Moleküle umgebaut, gespeichert und transportiert. Die Membranzisternen des ER gehen in die Kernmembran über. An der Oberfläche des **rauen ER** stellen zahlreiche Ribosomen Proteine her, die in den Membranzisternen weiter verarbeitet und verschickt werden. Das **glatte ER** trägt keine Ribosomen.

- **Golgi-Apparat:** Auch der Golgi-Apparat besteht aus einem Stapel von Membranzisternen, den **Dictyosomen**. An deren Enden werden **Vesikel** – kleine, membranumhüllte Blasen – abgeschnürt. Die meisten von ihnen wandern zur Zellmembran und geben dort ihren Inhalt, vor allem sekretorische Proteine, an die Umgebung ab. Diesen Vorgang nennt man **Exozytose**.

- **Lysosomen:** Ebenfalls vom Golgi-Apparat gebildet werden die Lysosomen. Von einer einfachen Membran umgeben, enthalten sie Enzyme zur zellulären Verdauung. **Peroxisomen** (auch **Microbodies** genannt) sind ähnlich aufgebaut und enthalten Enzyme zum Abbau von Peroxiden, giftigen Nebenprodukten des Stoffwechsels.

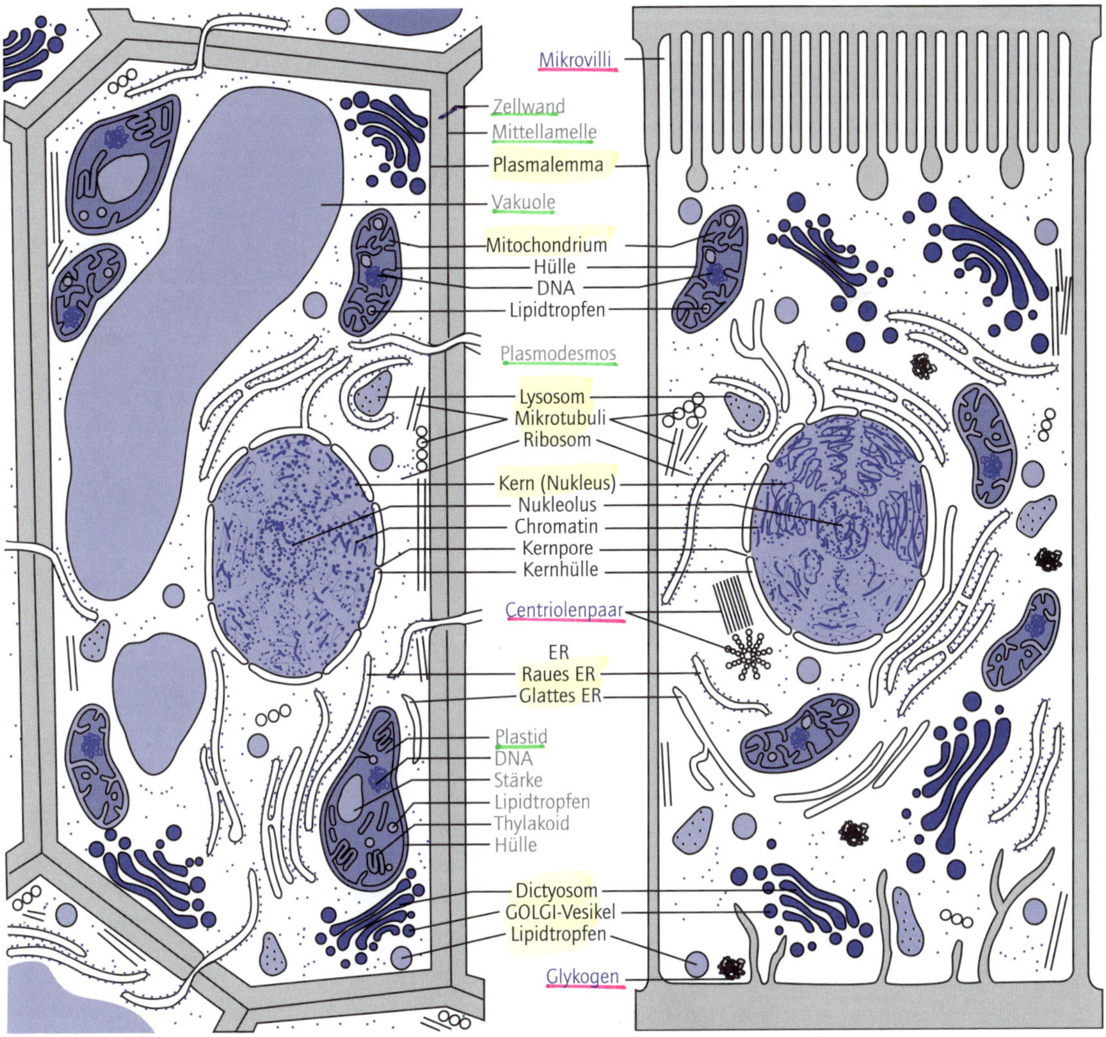

Schematischer Bau einer Pflanzenzelle (links) und einer Tierzelle (rechts)

- **Mitochondrien:** Die Mitochondrien sind die Kraftwerke eukaryotischer Zellen. Sie haben die Größe einer Bakterienzelle und sind von einer doppelten Membran umgeben. Die innere Membran ist röhrenförmig (**Tubuli**) oder faltenartig (**Cristae**) nach innen gestülpt, was ihre Oberfläche stark vergrößert und einen zusätzlichen Reaktionsraum zwischen den beiden Membranen freigibt. An der inneren Membran befinden sich die Enzyme der **Atmungskette**. Der Innenraum der Mitochondrien, die **Matrix**, enthält eigene Ribosomen, mehrere ringförmige DNA-Moleküle sowie zahlreiche Proteine. Hier läuft der **Citratzyklus** ab.

- **Plastiden:** Ähnlich komplex aufgebaut wie Mitochondrien sind die Plastiden, welche nur in Pflanzenzellen vorkommen. Auch sie haben eine Doppelmembran und ein eigenes Erbgut. Drei Arten von Plastiden gehen aus einer gemeinsamen Vorstufe, den **Proplastiden**, hervor: Die **Leukoplasten** sind farblos und dienen meist als Stärke-, Protein- oder Lipidspeicher in unterirdischen Pflanzenteilen; **Chromoplasten** enthalten Farbstoffe von Blüten und Früchten; und in den **Chloroplasten** findet die Fotosynthese, (→ Seite 37 ff.) statt.

- **Vakuolen:** Ebenfalls nur in Pflanzen kommen Vakuolen vor. Sie sind von einer einfachen Membran umgeben und können in Form einer **Zentralvakuole** fast die ganze Zelle ausfüllen. So sorgen sie für den Innendruck der Pflanzenzelle, den **Turgor**. Vakuolen können der Speicherung und der Verdauung dienen.

- **Zentriolen:** Wichtig für die Zellteilung in tierischen Zellen sind die Zentriolen. Sie bestehen aus **Mikrotubuli**, länglichen Röhren aus schraubig angeordneten Proteinen, die auch die **Geißeln** der Bakterien und die **Cilien** eukaryotischer Zellen bilden. Zentriolen und Mikrotubuli sind Bestandteile des Zellskeletts (**Zytoskelett**), das für die Stabilität und für Transportvorgänge in der Zelle notwendig ist.

INSIDER-TIPP ▪ Zellen

Wer Tier- und Pflanzenzelle vergleicht, sollte sich dabei auch die wichtigsten Unterschiede zur Bakterienzelle ins Gedächtnis rufen:

- **keine Zellorganellen wie Mitochondrien, Plastiden, Zellkern usw.**
- **ringförmiges Chromosom, häufig durch Plasmide ergänzt**
- **kein echtes Zytoskelett**
- **kleinere Ribosomen (70s statt 80s)**

CHECKLISTE

1 Zellbiologie

Fünf chemische Stoffe bzw. Stoffklassen muss man für Biologie-Prüfungen wirklich gut kennen:
Wasser, Zucker, Fette, Eiweiße und Nukleinsäuren.
Hier sind jeweils die wichtigsten Stichworte dazu:

- Wasser: Polarität, Hydrathüllen, hydrophil, Wasserstoffbrückenbindungen, Dichteanomalie
- Kohlenhydrate (Zucker): glykosidische Bindung, Saccharide, Glucose/Fructose, Maltose/Saccharose, Stärke/Glykogen/Zellulose, Glykoproteine (lernen Sie auch den chemischen Aufbau/die Strukturformeln)
- Lipide (Fette): hydrophob, Glycerin, gesättigte/ungesättigte Fettsäuren, Steroide, Phospholipide
- Proteine (Eiweiße): Aminosäuren, Seitenketten, Peptidbindung, Proteinstruktur, Denaturierung
- Nukleinsäuren: Nukleotide, DNA, RNA, Basenpaare, Erbgut

Zellen vergleichen ist ein beliebtes Spiel in Biologie-Prüfungen!
Dies sind die wichtigsten Unterschiede zwischen ...

- Eukaryoten und Prokaryoten: Größe, Zellorganellen (diese sollten Sie aufzählen können), Ribosomen, Geißeln, Differenzierung
- Pflanzen- und Tierzellen: Zellwand, Plastiden, Vakuole, Zentriolen, Stärke/Glykogen

Aufbau und Funktion dieser Zellorganellen sollten Sie kennen:

- Zellmembran
- Zellwand
- Zellkern
- Ribosomen
- Endoplasmatisches Retikulum (ER)
- Golgi-Apparat
- Lysosomen
- Mitochondrien
- Plastiden (Leukoplasten, Chromoplasten, Chloroplasten)
- Vakuolen
- Zentriolen

2 Stoffwechsel

Der Stoffwechsel gleicht einer Fabrik – und die Enzyme sind darin die Arbeiter. Verschiedenste Produkte stellen sie in jeder Zelle eines Organismus aus vielen Einzelteilen her; sie transportieren, verarbeiten, verbrauchen und verwerten sie. Tausende von chemischen Reaktionen laufen dabei gleichzeitig ab.

In der Zelle hängen oft mehrere solcher Reaktionen in **Stoffwechselwegen** zusammen. Als **Katabolismus** bezeichnet man dabei stoffabbauende Wege wie die **Glykolyse**. Der **Anabolismus** umfasst stoffaufbauende Wege wie die Synthese von Stärke aus Glucose. Viele Reaktionen und Moleküle werden in mehreren Stoffwechselwegen verwendet. Typisch sind auch **Reaktionskreisläufe** wie der **Citratzyklus**.

Die meisten Reaktionen des Stoffwechsels benötigen Energie. Oft findet man **gekoppelte Reaktionen**, bei denen eine Energie verbrauchende mit einer Energie liefernden Reaktion verbunden ist. Die dafür nötige chemische Energie stammt zum allergrößten Teil letztlich von der Sonne: Pflanzen nutzen die **Fotosynthese**, um mithilfe der Sonnenenergie aus Kohlenstoffdioxid und Wasser Kohlenhydrate herzustellen; diese Kohlenhydrate dienen wiederum fast allen anderen Organismen als Nahrung und somit als Energielieferanten.

Werden wie bei der Fotosynthese unter Energieaufwand aus körperfremden Stoffen (CO_2 und H_2O) körpereigene (Glucose) hergestellt, spricht man von **Assimilation**.
Der umgekehrte, Energie liefernde Vorgang heißt **Dissimilation**; vor allem ist dies der Abbau von Kohlenhydraten durch die **Zellatmung** oder **Gärung**.

Organismen, die wie Tiere und Menschen dabei auf energiereiche Stoffe aus der Nahrung angewiesen sind, nennt man **heterotroph**. Lebewesen, die wie die Pflanzen keine anderen Organismen als Nahrung brauchen, sind dagegen **autotroph**.

2.1 Stoffumsatz und Enzyme

Biokatalyse

Enzyme sind **Biokatalysatoren**. Ohne dabei selbst verändert zu werden, beschleunigen sie chemische Reaktionen, indem sie deren **Aktivierungsenergie** herabsetzen. Erst dadurch kann der Stoffwechsel in einer vernünftigen Zeit, bei einer sinnvollen Temperatur und vor allem koordiniert ablaufen. In aller Regel sind Enzyme Proteine.
Manchmal sind diese Proteine zusätzlich mit einem **Cofaktor** oder **Coenzym** verbunden – das kann zum Beispiel ein Metallion, aber auch ein organisches Molekül sein (→ Coenzyme, Seite 27). Auch RNA kann enzymatisch wirken; reine RNA-Enzyme nennt man **Ribozyme**.

Gemeinsam ist allen Enzymen ihr wichtigstes Wirkprinzip: Sie bringen die passenden Reaktionspartner zusammen. Das geschieht am **aktiven Zentrum**. In dieser mehr oder weniger großen Vertiefung des Enzyms werden dessen **Substrate**, also die betreffenden Reaktionspartner, gebunden. Weil das Enzym zu diesem Zweck eine spezifische Nische ausbildet, in die nur das gewünschte Substrat passt, spricht man von einem **Schlüssel-Schloss-Prinzip**. Darunter ist jedoch weniger eine starre, tiefe Anordnung zu verstehen. Vielmehr verformt sich in vielen Fällen das Enzym erst bei der Aufnahme eines Substrats. Alle Enzyme sind daher auf jeweils ganz bestimmte Substrate beschränkt – sie sind **substratspezifisch**. Zudem werden bei der Bindung vielfältige Wechselwirkungen zwischen den Aminosäuren des Enzyms und den Atomen des Substrats ausgebildet. Dazu gehören Wasserstoffbrückenbindungen, elektrostatische Wechselwirkungen und Van-der-Waals-Kräfte.

Ist der **Enzym-Substrat-Komplex** einmal gebildet, geht die eigentliche Reaktion sehr schnell vonstatten: Die Produkte werden freigesetzt, und das Enzym ist für einen neuen Reaktionsdurchlauf bereit. An der Reaktion beteiligte Coenzyme müssen allerdings meist noch **regeneriert**, also in einer zweiten Reaktion in ihren Ausgangszustand zurückversetzt werden. Die Enzyme selbst werden jedoch bei der Reaktion nicht verändert. Wenige Enzyme können daher große Mengen an Substrat in kurzer Zeit umsetzen.

Ebenso wie ein Enzym nur ein bestimmtes Substrat akzeptiert, ist es auch in seiner Wirkung festgelegt – Enzyme sind **reaktionsspezifisch**. Grundsätzlich können die katalysierten Reaktionen wie alle chemischen Reaktionen in beide Richtungen ablaufen. Tatsächlich geschieht dies jedoch nur nahe des chemischen Gleichgewichts – man spricht dann von **reversiblen** (umkehrbaren) Reaktionen. **Irreversible** Reaktionen finden fern des Gleichgewichts statt, oder eines der Produkte wird sofort entfernt.

> **MERKE ▪ Enzyme**
> - **sind Biokatalysatoren,**
> - **sind substratspezifisch und reaktionsspezifisch,**
> - **bilden Enzym-Substrat-Komplexe,**
> - **binden Substrate im aktiven Zentrum nach dem Schlüssel-Schloss-Prinzip.**

Meist benennt man ein Enzym nach der Art der von ihm katalysierten Reaktion. So katalysieren Synthasen Synthesen, Hydrolasen Hydrolysen, Oxidasen Oxidationen und Dehydrogenasen Wasserstoff-Abspaltungen. Dazu kommt der Name des wichtigsten Substrats: Zum Beispiel wird der erste Schritt des Citratzyklus von der Citrat-Synthase katalysiert. Bei Spaltungsreaktionen hängt man häufig an den Namen des Substrats einfach die Endung „ase" – ein Beispiel dafür ist die Maltase, die Maltose in zwei Moleküle Glucose spaltet (→ Abbildung).

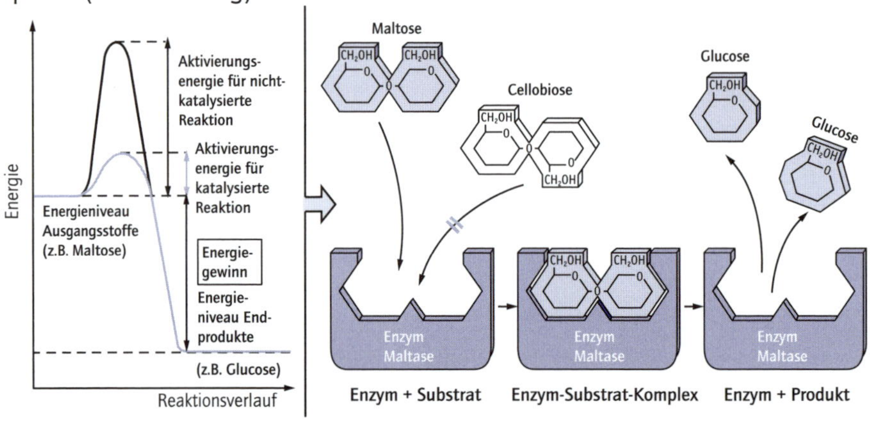

Enzymatische Reaktion: Aktivierungsenergie (links) und Ablauf (rechts)

Enzymaktivität

Will man die Leistung eines Enzyms beurteilen, betrachtet man die Geschwindigkeit der von ihm katalysierten Reaktion. Sie hängt in erster Linie von der Konzentration des jeweiligen Substrates ab: Ist wenig Substrat in der Lösung, dauert es relativ lange, bis Enzym und Substrat aufeinandertreffen – die Reaktionsgeschwindigkeit steigt daher mit der Substratkonzentration. Ist allerdings sehr viel Substrat in der Lösung, werden die aktiven Zentren der Enzymmoleküle nach jeder Reaktion sofort wieder von Substrat besetzt. Das Enzym kann daher auch bei noch größerer Substratkonzentration nicht mehr davon umsetzen – es ist **gesättigt**, die maximale Reaktionsgeschwindigkeit ist erreicht. Diese Substratkonzentration ist jedoch schwierig zu bestimmen.

Um Enzyme trotzdem vergleichen zu können, betrachtet man daher diejenige Substratkonzentration, bei der die Reaktionsgeschwindigkeit exakt **halbmaximal** ist. Diesen Wert, der für jedes Enzym spezifisch ist, nennt man **Michaelis-Menten-Konstante (K_M)**. Man erhält ihn aus einem Diagramm, in das man die Reaktionsgeschwindigkeit in Abhängigkeit von der Substratkonzentration einträgt.

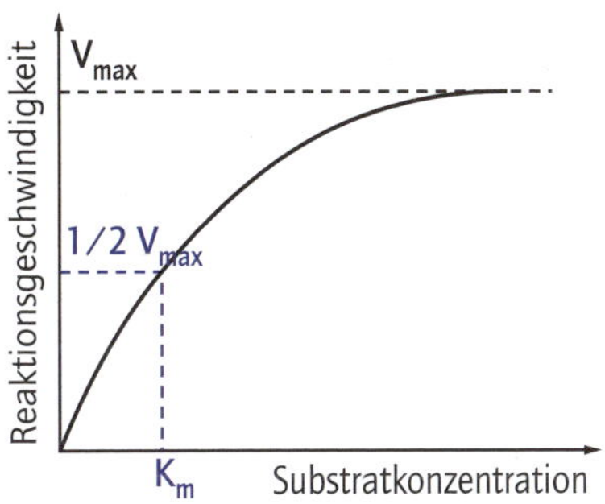

Michaelis-Menten-Konstante

Die Zahl der Moleküle, die ein Enzym höchstens pro Zeiteinheit umsetzen kann, nennt man **Wechselzahl**. Sie kann sehr unterschiedlich sein: So bildet die Carboanhydrase bis zu 600 000 Carbonatmoleküle pro Sekunde, während die Tryptophan-Synthase in der gleichen Zeit lediglich zwei Moleküle Tryptophan herstellt. Die Substratkonzentration bestimmt die Reaktionsgeschwindigkeit eines Enzyms – allerdings nur dann, wenn dieses Enzym auch optimal arbeitet. Die eigentliche Funktion eines Enzyms hängt von der korrekten Anordnung seiner Aminosäuren ab. Alle Faktoren, die diese Anordnung verändern können, beeinflussen daher zugleich die **Enzymaktivität**. Vor allem sind das pH-Wert und Temperatur.

Niedrige Temperaturen verlangsamen dabei die katalysierte Reaktion. Nach der **RGT-Regel** (Reaktions-Geschwindigkeits-Temperatur-Regel) bewirkt im Allgemeinen eine um 10 °C erhöhte Temperatur eine doppelte Reaktionsgeschwindigkeit. Das gilt jedoch nur für einen bestimmten Temperaturbereich: Wird die Lösung zu heiß, verliert das Enzym seine Form – es **denaturiert**. Meist erkennt man diesen Vorgang an einer deutlichen Trübung der Enzymlösung, weil denaturierte Proteine oft nicht mehr löslich sind.

INSIDER-TIPP ▪ RGT-Regel

Vorsicht:
Die RGT-Regel gilt nur bis zum Temperaturoptimum eines Enzyms! Oberhalb des Optimums denaturiert das Enzym und verliert seine Funktion.
Zudem hängt die Reaktionsgeschwindigkeit von weiteren Faktoren wie dem pH-Wert und der Konzentration an Substrat und gegebenenfalls Cofaktoren ab.

Jedes Enzym hat daher ein **Temperaturoptimum**, bei dem es mit maximaler Geschwindigkeit arbeitet. Meist entspricht dieses Optimum der Körpertemperatur des zugehörigen Organismus. Die Enzyme der meisten Organismen denaturieren spätestens bei 55 °C; manche Bakterien in heißen Quellen haben jedoch besonders **hitzestabile** Proteine, die Temperaturen bis über 100 °C aushalten.

Die Ladungen der sauren und basischen Aminosäuren hängen vom pH-Wert ab. Weil diese Ladungen jedoch wichtig für die Form – und damit für die Funktion – eines Proteins sind, hat jedes Enzym auch ein spezifisches **pH-Optimum**. Die Amylase, die im Mund Stärke abbaut, arbeitet zum Beispiel am besten im neutralen Bereich bei pH 7. Pepsin, das für die Spaltung von Proteinen im Magen zuständig ist, ist dagegen im stark sauren Milieu bei pH 2 bis pH 3 am aktivsten. Die Enzyme des Darms haben ihr pH-Optimum meist im Basischen.

Da an der Ausbildung des aktiven Zentrums eines Enzyms meist geladene Aminosäurereste beteiligt sind, sind Enzyme nur in einem bestimmten pH-Bereich aktiv. Bei extremen pH-Werten können sie ebenso wie bei hohen Temperaturen denaturieren.

Regulation

Nicht immer ist es sinnvoll, dass ein Enzym tatsächlich seine volle Wirkung entfaltet. Zum Beispiel sollten aufwendige Stoffwechselwege nur dann aktiv sein, wenn die Zelle bzw. der Organismus deren Produkte auch braucht. Wichtige Enzyme können daher meist gezielt gehemmt werden. Andererseits kann eine solche **Enzymhemmung** auch unbeabsichtigt ablaufen: Verschiedene (Gift-)Stoffe bremsen die Aktivität vieler Enzyme oder unterbinden sie sogar – in manchen Fällen unwiderruflich. Allgemein nennt man Enzym-Hemmstoffe **Inhibitoren**. Sie können auf zwei Arten wirken: **kompetitiv** oder **nichtkompetitiv**.

Kompetitive Hemmung

Konkurriert ein Stoff mit dem eigentlichen Substrat um den Platz im aktiven Zentrum, spricht man von einer kompetitiven Hemmung. Derartige Inhibitoren ähneln dem Substrat stark, werden aber selbst nicht umgesetzt. Sie binden reversibel an das aktive Zentrum und können durch hohe Substratkonzentrationen daraus verdrängt werden. Bei der kompetitiven Hemmung bleibt daher die maximale Reaktionsgeschwindigkeit gleich; weil aber mehr Substrat nötig ist, um diese Geschwindigkeit zu erreichen, ist die Michaelis-Menten-Konstante des gehemmten Enzyms größer als die des ungehemmten.

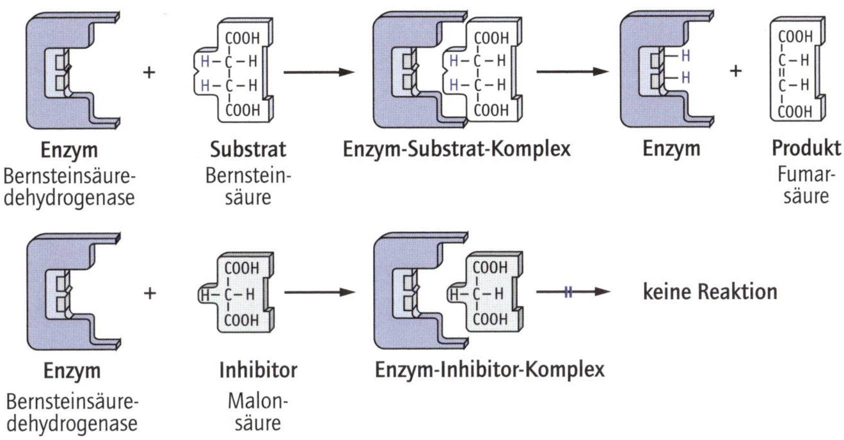

Nichtkompetitive Hemmung

Manche Inhibitoren binden weit vom aktiven Zentrum entfernt. Sie bewirken, dass sich die räumliche Gestalt des Enzyms ändert – und zwar auch jenseits ihrer Bindungsstelle, im aktiven Zentrum. Infolgedessen ist die Bindung oder der Umsatz des Substrats gestört oder verhindert. Weil der Inhibitor unabhängig vom Substrat bindet, wirkt sich eine erhöhte Substratkonzentration nur auf die ungehemmten Enzyme aus. Entsprechend ist bei der nichtkompetitiven Hemmung die maximale Reaktionsgeschwindigkeit verringert, während die Michaelis-Menten-Konstante gleichbleibt. Die Bindungsstelle für einen nichtkompetitiven Inhibitor nennt man in Anlehnung an das aktive Zentrum **allosterisches Zentrum**. Daher spricht man auch von einer **allosterischen Hemmung**. Die meisten Stoffwechselwege werden durch eine allosterische Hemmung eines wichtigen Proteins geregelt.

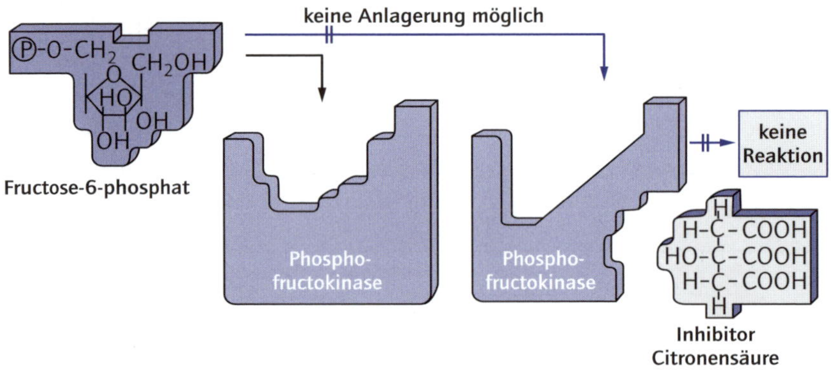

Irreversible Hemmung

Ein Spezialfall der nichtkompetitiven Hemmung ist die irreversible Hemmung von Enzymen durch Schwermetallionen und manche Gifte wie zum Beispiel Insektizide. Diese Stoffe binden irreversibel und unspezifisch an das Protein. Meist geschieht das im oder in der Nähe des aktiven Zentrums. Die Aktivität des Enzyms wird dadurch unwiderruflich zerstört.

Coenzyme

Manche Enzyme benötigen für ihre Funktion zusätzlich einen Nichtproteinanteil: Im einfachsten Fall können das Ionen sein, oft sind es Nukleotide oder Vitamine. Sie nehmen im aktiven Zentrum an der katalysierten Reaktion teil. Fest mit dem Protein verbunden heißt ein Nichtproteinanteil **prosthetische Gruppe**, locker gebunden **Coenzym**.

Coenzyme werden anders als das Protein bei der Reaktion im aktiven Zentrum verändert und müssen ausgetauscht oder regeneriert werden. Sie heißen daher auch **Cosubstrate**. Ihre wichtigste Aufgabe ist die Übertragung von Elektronen, Wasserstoff und Energie. Dem Transport von Wasserstoff und Elektronen dient zum Beispiel das Coenzym **NAD^+** (Nicotinamid-Adenin-Dinukleotid). Bei seiner Reduktion übernimmt es ein Wasserstoffatom mit zwei Elektronen, während ein zweites Proton (H^+) in Lösung geht. In einer anderen Reaktion gibt das entstandene **NADH + H^+** den Wasserstoff samt der Elektronen wieder ab. Ähnlich wirken die Coenzyme **$NADP^+$** (reduzierte Form: **NADPH + H^+**) und **FAD ($FADH_2$)**.

Der wichtigste Energieüberträger in den Zellen aller Organismen ist **ATP** (Adenosintriphosphat). Bei der hydrolytischen Abspaltung einer seiner drei Phosphatgruppen wird eine Energie von etwa 30 kJ pro Mol frei. Bei Reaktionen gegen das chemische Gleichgewicht wird dieser **exergonische** (Energie liefernde) Prozess mit einem **endergonischen** (Energie benötigenden) gekoppelt.

NAD^+ (Nikotinamid-Adenin-Dinukleotid)

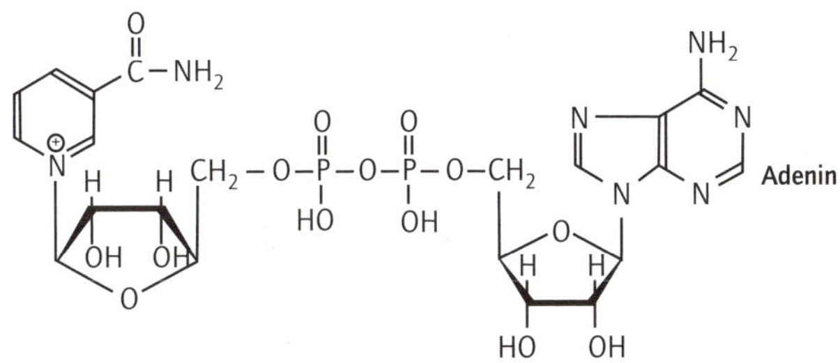

ATP (Adenosintriphosphat)

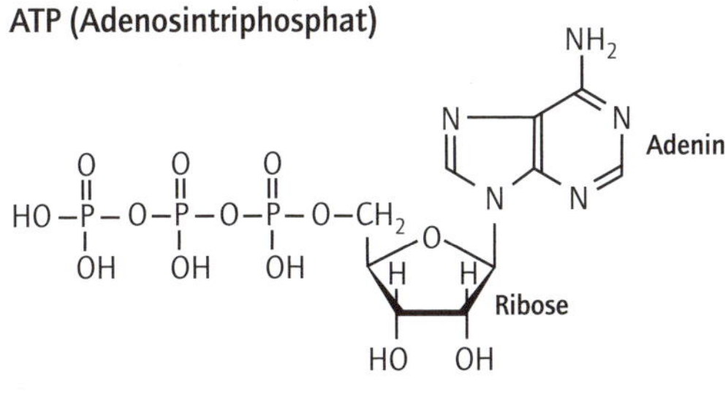

2.2 Stoffabbau und Zellatmung

Abbau von Kohlenhydraten

Kohlenhydrate sind für die meisten Organismen die wichtigsten Energiespeicher. Zu nennen sind insbesondere die pflanzliche Stärke und das tierische Glykogen, welche beide aus Glucose aufgebaut sind. Deren chemische Energie wird in der Zelle vor allem dazu benutzt, den universellen **Energieüberträger ATP** zu regenerieren. Je nach Lebensbedingungen des betreffenden Organismus kann der Abbau der Glucose jedoch sehr unterschiedlich effektiv verlaufen.

Die Glucose aus der Stärke oder dem Glykogen wird zunächst in der **Glykolyse** zu **Pyruvat**, dem Salz der Brenztraubensäure, abgebaut. Diese Reaktionskette liefert zwei Moleküle ATP pro Molekül Glucose und ist nahezu allen Lebewesen gemein. Lediglich einige Bakterien können ihre Energie auf anderem Wege beispielsweise über die Oxidation anorganischer Substanzen beziehen. In eukaryotischen Zellen findet die Glykolyse im Zellplasma statt.

Der weitaus größte Teil der Energie wird jedoch in den folgenden Reaktionsschritten des **Citratzyklus** und der **Atmungskette** gewonnen. Der Citratzyklus liefert dabei Wasserstoffatome, welche in der Atmungskette auf Sauerstoff übertragen werden. Bei diesem exergonischen Prozess entsteht Wasser, und die frei werdende Energie kann zur Synthese von insgesamt 34 Molekülen ATP pro eingesetztem Glucosemolekül genutzt werden. Die Glucose wird auf diesem Weg vollständig zu Kohlenstoffdioxid und Wasser abgebaut. Citratzyklus und Atmungskette finden in eukaryotischen Zellen in den Mitochondrien statt.

Weil dieser Weg jedoch Sauerstoff benötigt, können ihn nur **aerob** lebende Organismen beschreiten. Unter **anaeroben** Bedingungen wird das Pyruvat durch **Gärungen** weiter verarbeitet. Wichtig sind vor allem die **Milchsäuregärung**, die auch Säugetiere bei Sauerstoffmangel durchführen, sowie die **alkoholische Gärung**. In beiden Fällen kann jedoch kein zusätzliches ATP gebildet werden: Die Gärungen dienen lediglich dazu, die Glykolyse in Gang zu halten.

Glykolyse

In der Glykolyse wird Glucose unter Energiegewinn zu zwei Molekülen Pyruvat abgebaut. Dazu wird das Glucosemolekül zunächst aktiviert, das heißt reaktiver gemacht. Das geschieht durch Anhängen zweier Phosphatreste an das Molekül – ein Vorgang, den man **Phosphorylierung** nennt und der zwei Moleküle ATP pro Molekül Glucose verbraucht. Dabei entsteht **Fructose-1,6-bisphosphat**, welches anschließend in zwei C_3-Moleküle gespalten wird.

Diese isomeren C_3-Verbindungen stehen im chemischen Gleichgewicht. Nur das **Glycerinaldehyd-3-phosphat** wird weiter verarbeitet und zur Carbonsäure oxidiert. Dieses ist der Energie liefernde Schritt der Glykolyse: Anorganisches Phosphat wird an das Molekül gebunden und anschließend auf ADP übertragen. Pro Molekül eingesetzter Glucose entstehen an dieser Stelle zwei Moleküle ATP. Das zur Aktivierung der Glucose eingesetzte ATP wird im letzten Schritt der Glykolyse bei der Bildung von **Pyruvat** zurückgewonnen.

Bei der Oxidation von Glycerinaldehyd-3-phosphat wird zusätzlich zur ATP-Synthese NAD^+ reduziert. Das entstehende $NADH + H^+$ kann für andere Stoffwechselvorgänge verwendet werden, unter aeroben Bedingungen vor allem zur ATP-Gewinnung in der Atmungskette. Die **Summengleichung** der Glykolyse lautet also:

$$C_6H_{12}O_6 + 2\ NAD^+ + 2\ (ADP+P_i) \rightarrow 2\ C_3H_4O_3 + 2\ NADH+H^+ + 2\ ATP$$

(vgl. auch Grafik auf → Seite 30)

In anaerob lebenden Organismen muss das NAD^+ durch die Vergärung von Pyruvat regeneriert werden, damit die Glykolyse weiterlaufen kann (→ Gärungen, Seite 33).

INSIDER-TIPP ▪ Glucose-Abbau

Ein Buchstabe macht den Unterschied zwischen null und voller Punktzahl: „Aerob" und „anaerob" werden oft verwechselt.
In Prüfungen genau lesen bzw. zuhören!
Eine Eselsbrücke:
<u>a</u>erober Abbau liefert <u>a</u>lles an Energie – 38 ATP pro Molekül Glucose.
a<u>n</u>aerobe Abbau liefert fast <u>n</u>ichts – nur 2 ATP pro Molekül Glucose.

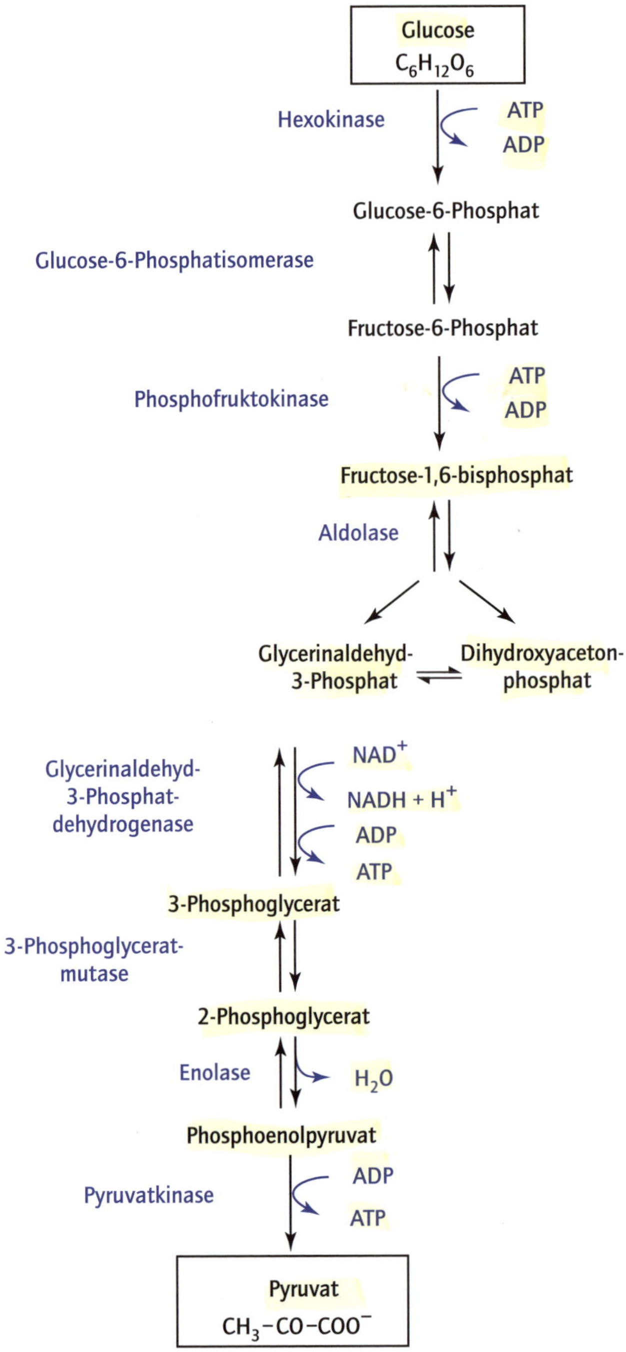
Glucose
$C_6H_{12}O_6$
Hexokinase
ATP
ADP
Glucose-6-Phosphat
Glucose-6-Phosphatisomerase
Fructose-6-Phosphat
Phosphofruktokinase
ATP
ADP
Fructose-1,6-bisphosphat
Aldolase
Glycerinaldehyd-3-Phosphat
Dihydroxyaceton-phosphat
Glycerinaldehyd-3-Phosphat-dehydrogenase
NAD^+
$NADH + H^+$
ADP
ATP
3-Phosphoglycerat
3-Phosphoglycerat-mutase
2-Phosphoglycerat
Enolase
H_2O
Phosphoenolpyruvat
Pyruvatkinase
ADP
ATP
Pyruvat
$CH_3-CO-COO^-$

Oxidative Decarboxylierung und Citratzyklus

Pyruvat enthält als Endprodukt der Glykolyse noch immer einen Großteil der in der Glucose gespeicherten chemischen Energie. Unter aeroben Bedingungen wird es daher zur weiteren ATP-Synthese vollständig zu Kohlenstoffdioxid und Wasser abgebaut. Die dafür nötigen Enzyme befinden sich in eukaryotischen Zellen in den Mitochondrien. Der erste Schritt ist dabei die **oxidative Decarboxylierung**. In dieser Reaktion wird Pyruvat unter Abspaltung von Kohlenstoffdioxid zu Acetat oxidiert. Es entsteht $NADH+H^+$, welches in der Atmungskette zur Bildung von ATP genutzt werden kann. Gleichzeitig bleibt ein Teil der frei werdenden Energie in Form einer energiereichen Bindung zwischen Acetat und dem **Coenzym A** (CoA) erhalten. Das **Acetyl-CoA**, auch „aktivierte Essigsäure" genannt, tritt dann in den Kreislauf des **Citratzyklus** ein. Dort wird es mit der C4-Verbindung Oxalacetat verknüpft. Es entsteht Citrat, welches in einem sechsstufigen Abbauprozess wieder in Oxalacetat umgewandelt wird. Auf dem Weg dorthin werden zwei Moleküle Kohlenstoffdioxid, drei Moleküle $NADH+H^+$, ein Molekül $FADH_2$ sowie ein Molekül GTP gebildet, welches in ATP umgewandelt werden kann. Drei Moleküle Wasser sind dazu nötig.

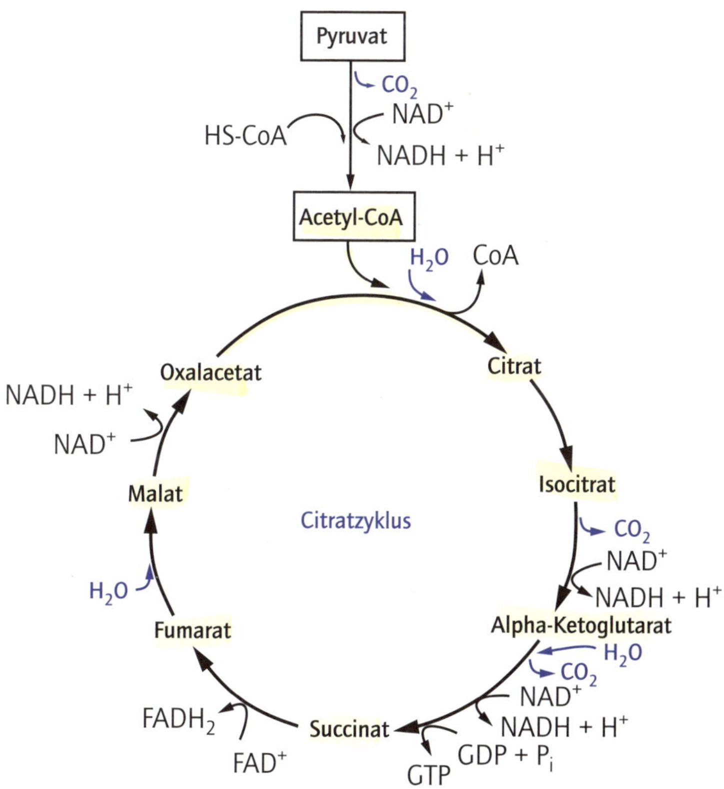

Atmungskette

Die Atmungskette ist eine kontrollierte Knallgasreaktion: Wasserstoff und Sauerstoff reagieren unter Energiegewinn zu Wasser. Im Gegensatz zu dem chemischen Experiment wird die Reaktionsenergie in der Zelle jedoch nicht mit einem Knall frei, sondern wird stufenweise zur Produktion von insgesamt 34 Molekülen ATP genutzt. Die Atmungskette liefert so 90 Prozent der verwertbaren Energie aus dem Glucoseabbau.

Der Wasserstoff für die Reaktion stammt aus der Glykolyse und dem Citratzyklus. Die Coenzyme NADH + H^+ und $FADH_2$ geben ihre dort aufgenommenen Protonen und Elektronen an die **Elektronentransportkette** ab, die sich bei Eukaryoten in der inneren Mitochondrienmembran, bei Prokaryoten in der Zellmembran befindet. Drei Enzymkomplexe leiten die Elektronen zum Sauerstoff und nutzen deren Energie, um Protonen durch die Membran zu pumpen. Die chemische Energie der reduzierten Coenzyme wird in einen **Protonengradienten** umgewandelt. Dieser treibt die eigentliche ATP-Synthese an.

Zuständig für den Aufbau von ATP ist die **ATP-Synthase**, welche bei Eukaryoten ebenfalls die innere Mitochondrienmembran durchspannt. Die nach außen gepumpten Protonen fließen durch das Enzym ins Innere des Mitochondriums zurück. Wie bei einer Wasserturbine bringt die **protonenmotorische Kraft** dabei den Mittelteil der ATP-Synthase zum Rotieren, wodurch im Kopf des Enzyms abwechselnd Bindungsstellen für die Substrate aktiviert werden. Dort verbindet das Enzym schließlich ADP und freies Phosphat zu ATP.

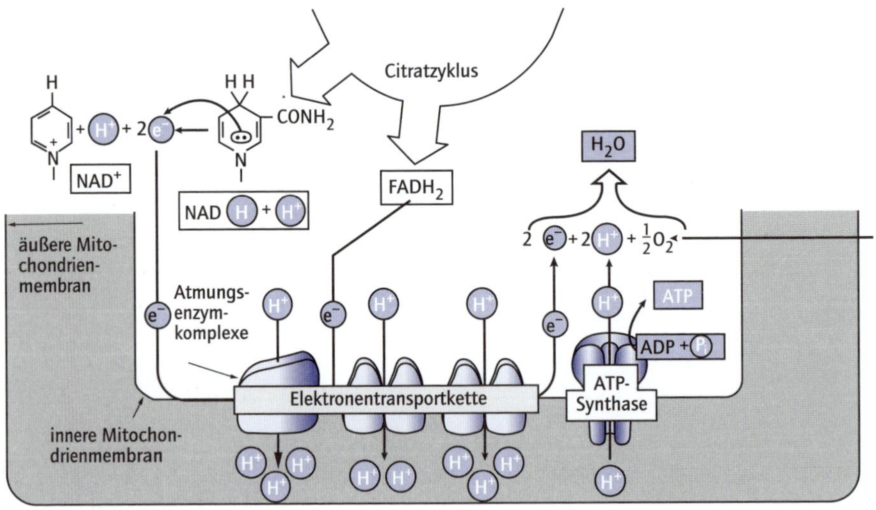

Atmungskette in Eukaryoten

Die reduzierende Kraft eines Moleküls NADH + H^+ reicht aus, um zehn Protonen durch die Membran zu pumpen. Diese zehn Protonen sorgen wiederum für die Produktion von drei ATP. Weil die Elektronen des $FADH_2$ aufgrund ihrer niedrigeren Energie erst in den zweiten Enzymkomplex der Atmungskette eingebracht werden können, tragen sie weniger zum Aufbau des Protonengradienten bei: Pro Molekül $FADH_2$ entstehen nur zwei ATP. Die Gesamtgleichung des aeroben Glucoseabbaus lautet also:

$$C_6H_{12}O_6 + 6\ O_2 + 38\ (ADP + P_i) \rightarrow 6\ CO_2 + 6\ H_2O + 38\ ATP$$

Manche Gifte wie zum Beispiel Kaliumzyanid (KCN, Zyankali) blockieren die Atmungskette. Tödliche Lähmungen sind die Folge.

Gärungen

Die Atmungskette liefert den größten Teil der Energie aus dem Glucoseabbau. Sie ist jedoch auf den Elektronenakzeptor Sauerstoff angewiesen – fehlt dieser, können die in Glykolyse und Citratzyklus reduzierten Coenzyme nicht regeneriert werden. Unter anaeroben Bedingungen müssen Zellen daher auf Citratzyklus und Atmungskette und damit auf den größten Teil der in der Glucose gespeicherten Energie verzichten. Selbst um die Glykolyse aufrechterhalten zu können, muss dort entstehendes NADH + H^+ oxidiert werden. Das geschieht durch Gärungen.

Bei der **alkoholischen Gärung** wird das Endprodukt der Glykolyse, das Pyruvat, unter CO_2-Abspaltung zu Acetaldehyd (Ethanal) abgebaut. Acetaldehyd ist für die Zelle giftig und wird sofort mithilfe von NADH + H^+ zu Ethanol reduziert. Somit steht wieder NAD^+ für die Glykolyse zur Verfügung. Die alkoholische Gärung durch Hefen macht man sich bei der Gärung von Wein und Bier zunutze. Wie viel Energie noch in diesem Endprodukt der Gärung steckt, erkennt man auch daran, dass auf diese Weise gewonnener „Bioethanol" als Treibstoff für Autos verwendet wird.

Milchsäurebakterien und andere Mikroorganismen regenerieren das NAD^+ für die Glykolyse durch **Milchsäuregärung**.
Dabei wird Pyruvat mithilfe von NADH + H^+ zu Milchsäure (bzw. Lactat) reduziert. Unter anderem nutzt man Milchsäurebakterien zur Herstellung von Käse und Joghurt. Auch menschliche Muskelzellen können Pyruvat zu Milchsäure vergären, wenn bei starker Belastung die Sauerstoffversorgung über das Blut für die Atmungskette nicht mehr ausreicht. In der Sportmedizin spricht man von der „anaeroben Schwelle", die je nach Trainingszustand bei höherer oder

niedrigerer Belastung erreicht wird. Regelmäßige Lactat-Tests helfen daher, das Training von Sportlern individuell anzupassen. In der Leber kann der Körper die Milchsäure wieder zu Pyruvat oxidieren und in den Citratzyklus überführen.

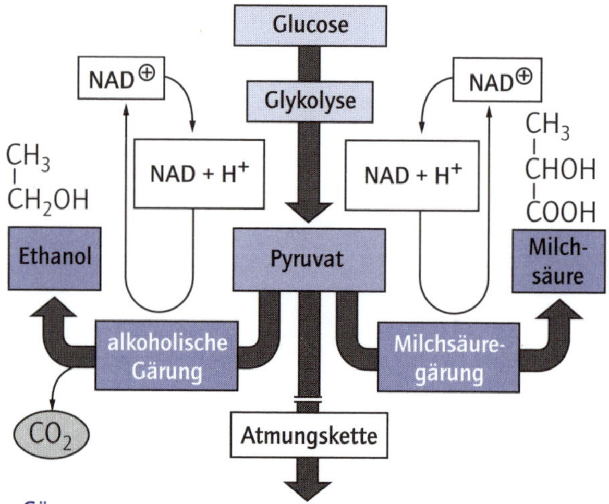

Gärungen

Manche Bakterien vergären Kohlenhydrate zu Buttersäure, Kohlenstoffdioxid und Wasserstoff. Die Buttersäuregärung ist für den unangenehmen Geruch von altem Schweiß mitverantwortlich. Das Buttersäurebakterium **Clostridium botulinum** verursacht zudem gefährliche Lebensmittelvergiftungen. Sein Gift, das Botulinumtoxin, ist das stärkste bekannte Gift der Welt.

Fettabbau

Fette sind wesentlich effektivere Energiespeicher als Kohlenhydrate. Bei gleichem Gewicht enthalten sie etwa sechsmal mehr Energie als zum Beispiel Glykogen. Fettspeicher werden daher im Körper als langfristige Reserven angelegt. Abgebaut werden Fette bei Eukaryoten in den Mitochondrien. Zunächst werden dafür die Fettsäuren vom Glycerin getrennt. Das Glycerin wird oxidiert und phosphoryliert. Es entsteht Dihydroxyacetonphosphat, welches in die Glykolyse überführt wird. Die Fettsäuren werden in einem mehrstufigen Kreisprozess zu Acetyl-CoA-Molekülen abgebaut und in dieser Form dem Citratzyklus zugeführt.

Der erste Schritt ist dabei eine Aktivierung. Unter Verbrauch von ATP – von dem in diesem Fall zwei Phosphatreste abgespalten werden – wird die Fettsäure mit dem Coenzym A verbunden. Dann wird das Molekül dehydriert, das heißt oxidiert. FAD übernimmt dafür je ein Wasserstoffatom des zweiten und dritten C-Atoms der Fettsäure (auch α- und β-Kohlenstoffatom genannt), sodass dazwischen eine Doppelbindung entsteht. Das gebildete $FADH_2$ steht zur ATP-Herstellung in der Atmungskette zur Verfügung. An die Doppelbindung der Fettsäure wird Wasser angelagert, bevor wiederum zwei Wasserstoffatome entfernt und diesmal auf NAD^+ übertragen werden.

Das β-C-Atom wird anschließend unter Anlagerung eines weiteren Coenzyms A oxidiert, und das Molekül wird gespalten. Dabei entsteht Acetyl-CoA und eine um zwei C-Atome kürzere CoA-Fettsäure; mit letzterer beginnt der Kreisprozess von Neuem. Das geschieht so lange, bis die Fettsäure komplett in Acetyl-CoA zerlegt ist. Nach den Oxidationsreaktionen am β-C-Atom heißt der Fettsäureabbau auch β-Oxidation.

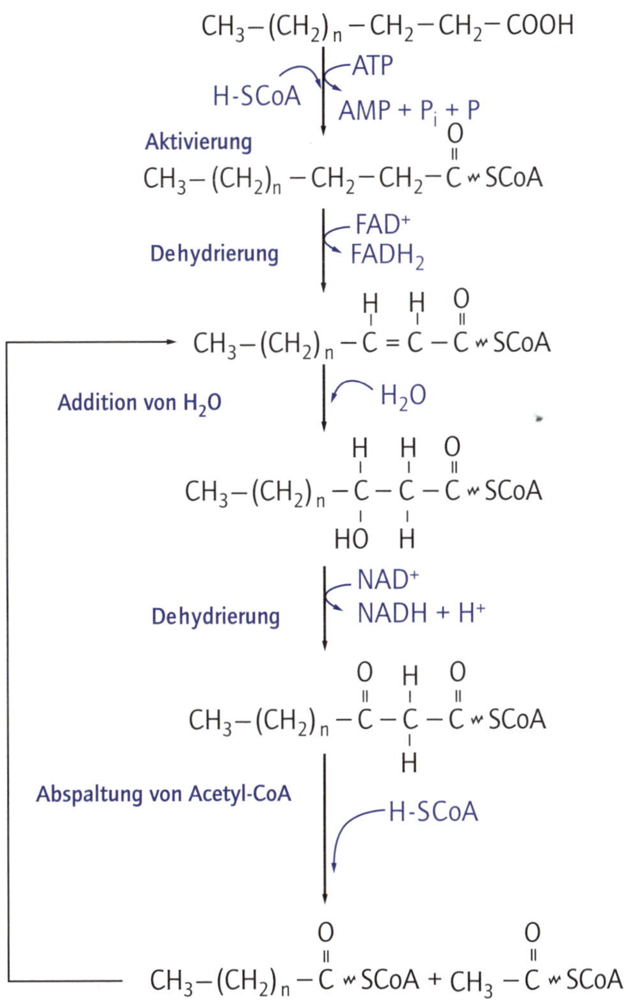

Proteinabbau und Harnstoffzyklus

Proteine sind wichtige Bestandteile der Nahrung. Sie werden im Magen und im Darm von **Proteasen** in ihre Bestandteile, die Aminosäuren, gespalten. Diese können dann zum Aufbau neuer Proteine benutzt werden. Der Mensch kann manche Aminosäuren nicht selbst bilden und muss sie daher über die Nahrung aufnehmen (essenzielle Aminosäuren).

Ebenso können Aminosäuren zur Energiegewinnung herangezogen werden. In diesem Fall wird ihr Kohlenstoffgerüst je nach Art der Aminosäure vor allem in den Citratzyklus eingeschleust. Manchmal sind dafür noch weitere Reaktionen nötig. In jedem Fall muss jedoch die Aminogruppe der Aminosäure entfernt werden. Das kann durch **Transaminierung**, also durch Übertragung auf ein anderes Molekül, oder durch **Desaminierung**, also durch Abspaltung von Ammoniak (NH_3), erfolgen.

Ammoniak ist ein starkes Zellgift, das im Körper aller Säugetiere in Form von Harnstoff über den Urin ausgeschieden wird. Gebildet wird dieser Harnstoff im **Harnstoffzyklus**. Der Ammoniak aus der Desaminierung wird dabei mit Kohlenstoffdioxid zu Carbamoylphosphat aktiviert, welches mit der Aminosäure Ornithin verbunden in den Zyklus eintritt. In einem mehrstufigen Prozess entsteht Harnstoff, und Ornithin wird regeneriert. Der Harnstoffzyklus ist über die Fumarsäure direkt mit dem Citratzyklus verbunden.

> MERKE ▪ Citratzyklus
>
> **Der Citratzyklus steht im Zentrum des Stoffwechsels.**
> **Er ist mit der Glykolyse und der Atmungskette ebenso verbunden wie mit der β-Oxidation und dem Harnstoffzyklus.**
> **Dabei liefert er auch wichtige Ausgangsstoffe für Synthesen.**

2.3 Stoffaufbau und Fotosynthese

Überblick

Die Fotosynthese ist der wichtigste Stoffwechselprozess auf der Erde. Sie ist die Lebensgrundlage für alle Pflanzen und Tiere – auch für den Menschen. Lediglich manche Bakterien sind nicht auf die Energie angewiesen, die in den **Chloroplasten** der Pflanzen und in einigen anderen Bakterien bereitgestellt wird.

Letztlich wandelt die Fotosynthese Lichtenergie in chemische Energie um. Mithilfe von Sonnenlicht werden dabei aus Kohlenstoffdioxid und Wasser Kohlenhydrate und Sauerstoff gebildet.
Als Nettogleichung der Fotosynthese kann man formulieren:

$$6\,CO_2 + 6\,H_2O \xrightarrow{\text{Lichtenergie}} C_6H_{12}O_6 + 6\,O_2$$

Die entstehende Glucose nutzt die Pflanze als Energieträger. Vor allem in Form von Stärke bildet sie zugleich die Nahrungsgrundlage für fast alle anderen Organismen auf der Erde. Bis zu 12 kg Kohlenhydrate kann ein einzelner Laubbaum pro Tag auf diesem Weg bilden; dabei entstehen mehr als 9000 Liter Sauerstoff. Dieser Sauerstoff erfüllt eine wichtige Funktion: Er erlaubt den aeroben Abbau von Kohlenhydraten. Höheres tierisches Leben konnte sich auf der Erde erst entwickeln, als Pflanzen genug Sauerstoff gebildet hatten, um die Zellatmung möglich zu machen. Heute enthält die Atmosphäre der Erde etwa 20 Prozent Sauerstoff.

Die Pflanzen nutzen das in der Atmung gebildete Kohlenstoffdioxid wiederum für die Fotosynthese. Fotosynthese und Atmung bilden auf diese Weise einen **Kohlenstoffkreislauf**, welcher den Gehalt an CO_2 in der Luft bei etwa 0,03 Prozent hält. Bei der Verbrennung von Kohle, Erdgas und Erdöl gelangt allerdings mehr CO_2 in die Luft, als durch Fotosynthese gebunden wird; dieses zusätzliche CO_2 wird neben anderen Faktoren für eine allmähliche Erwärmung der Erdatmosphäre („**Klimawandel**") verantwortlich gemacht.

Blattaufbau und Chloroplasten

Höhere Pflanzen besitzen spezielle Organe, die ganz auf die Durchführung der Fotosynthese eingestellt sind: die Blätter. Ihre Zellen enthalten zum Teil große Mengen an Chloroplasten, den für die Fotosynthese verantwortlichen Zellorganellen.

Ein Laubblatt besteht im Querschnitt aus mehreren Schichten:

- Oben und unten ist es durch eine **Epidermis** begrenzt, deren farblose Zellen keine Chloroplasten enthalten. Sie sind von einer **Cuticula** überzogen, einer Wachsschicht, welche das Blatt vor dem Austrocknen schützt.
- Unterhalb der oberen Epidermis liegt das **Palisadengewebe**. Es besteht aus dicht gedrängten, chloroplastenreichen Zellen und ist der Hauptort der Fotosynthese.
- Das darunter liegende **Schwammgewebe** besteht aus locker angeordneten Zellen, die ebenfalls Chloroplasten enthalten. Zwischen den Zellen liegen mit Luft gefüllte **Interzellularen**, die dem Austausch von Gasen dienen.
- Die Interzellularen stehen über **Spaltöffnungen** (Stomata) mit der Außenluft in Verbindung. Diese werden nach Bedarf geöffnet und geschlossen und regulieren so den Gasaustausch.
- Über die **Leitbündel** werden vor allem Wasser und Mineralstoffe in das Blattgewebe gebracht und Kohlenhydrate für das weitere Wachstum abtransportiert.

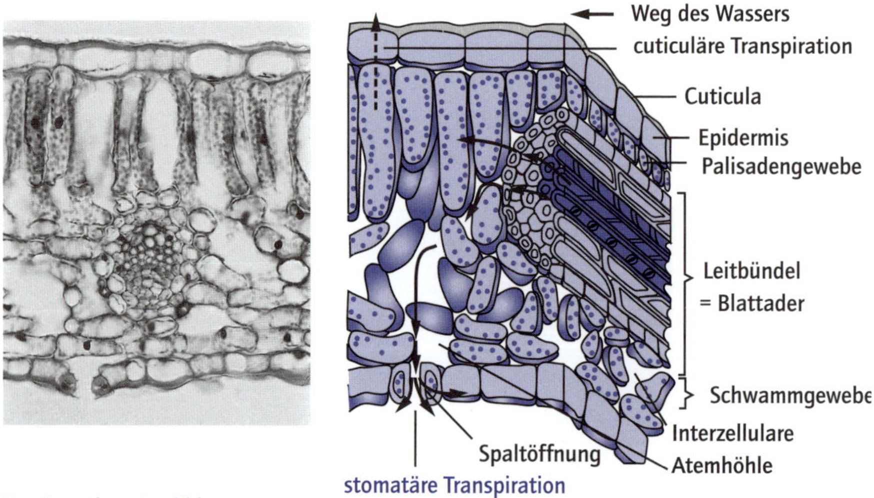

Der Bau eines Laubblattes

Der eigentliche Ort der Fotosynthese sind die Chloroplasten. Diese zu den Plastiden gehörenden Zellorganellen sind in allen grünen Pflanzenteilen, das heißt vor allem in den Blättern, vorhanden.

Von ihrem Aufbau her ähneln sie den Mitochondrien: Auch Chloroplasten besitzen zwei Membranen, deren innere stark gefaltet ist. Man unterscheidet zwei Arten dieser **Thylakoide** genannten Membranfalten: **Granum-Thylakoide** bestehen aus dichten Stapeln von Membranfalten, welche durch **Stroma-Thylakoide** miteinander verbunden sind. Der Raum zwischen innerer und äußerer Membran heißt Thylakoid-Innenraum.

In den Thylakoiden findet die sogenannte **Lichtreaktion** statt, also jener Teil der Fotosynthese, in dem die Lichtenergie in chemische Energie umgewandelt wird. Dabei wird Wasser gespalten und ATP sowie das Reduktionsmittel $NADPH/H^+$ gebildet. In der sogenannten **Dunkelreaktion** wird deren chemische Energie genutzt, um Kohlenstoffdioxid zu fixieren und daraus Glucose aufzubauen. Das geschieht im Inneren der Chloroplasten, dem **Stroma**.

Neben den für die Dunkelreaktion nötigen Enzymen findet man im Stroma auch eine eigene, ringförmige DNA, die unabhängig vom Zellkern weiter vererbt wird. Zudem dienen Ribosomen der Produktion chloroplasteneigener Proteine und Lipidtropfen der Speicherung von Fett. In Stärkekörnern wird zudem tagsüber **Assimilationsstärke** zwischengespeichert. Sie wird nachts in andere Pflanzenteile transportiert und dort verwertet.

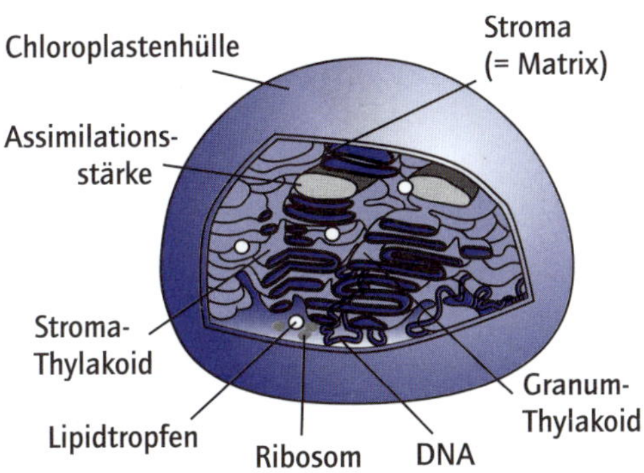

Chloroplast

Außenfaktoren

Wie effektiv eine Pflanze Fotosynthese betreibt, hängt von verschiedenen **Außenfaktoren** ab.

Diese Faktoren sind jedoch keine Fixpunkte: Je nachdem, an welchen Standort eine Pflanze angepasst ist, sind auch ihre idealen Umweltbedingungen höchst unterschiedlich.

Licht

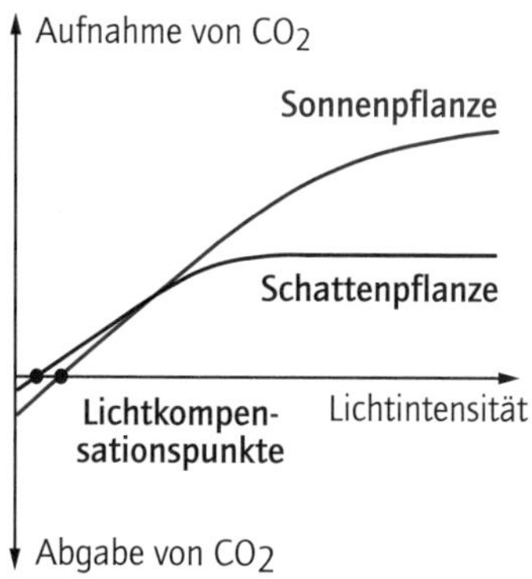

Grundsätzlich steigt die Fotosyntheserate mit größerer **Lichtintensität**, jedoch wird bei einer bestimmten Einstrahlung eine maximale Leistung erreicht. Diese **Lichtsättigung** ist für jede Pflanze unterschiedlich: **Sonnenpflanzen**, die an helle Standorte angepasst sind, können deutlich mehr Licht verwerten als Pflanzen, die üblicherweise an schattigen Orten wachsen. Andererseits brauchen **Schattenpflanzen** viel weniger Licht, um wachsen zu können. Die Lichtintensität, bei der eine Pflanze gerade noch ihren Energiebedarf durch Fotosynthese decken kann, nennt man **Lichtkompensationspunkt**. Die Pflanze verbraucht dann genauso viel Kohlenhydrate durch Atmung wie sie durch Fotosynthese aufbaut.

Temperatur

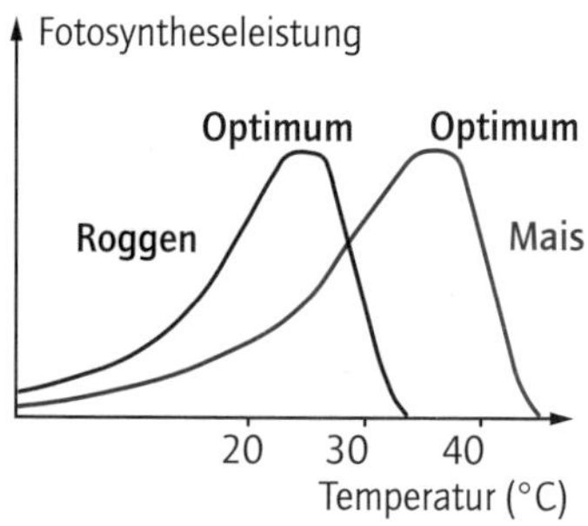

Wie alle chemischen Reaktionen hängt auch die Fotosynthese von der Temperatur ab. Wiederum hat jede Pflanze ihr **Temperaturoptimum**: Bei Pflanzen aus kalten Regionen liegt es deutlich niedriger als bei Pflanzen aus heißen Ländern. Aufgrund der an der Fotosynthese beteiligten Enzyme halbiert sich die Fotosyntheseleistung, wenn die Temperatur um 10 °C sinkt (RGT-Regel, Enzymaktivität, → Seite 23 f.); oberhalb des Optimums sinkt sie stark ab, weil die Enzyme denaturieren.

CO_2-Gehalt

Die CO_2-Konzentration in der Luft liegt mit 0,03 % weit unter dem, was Pflanzen verwerten könnten. Maximal ist die Fotosyntheseleistung bei etwa 0,1 % – in Treibhäusern begast man die Pflanzen daher teilweise mit Kohlenstoffdioxid. Noch höhere CO_2-Konzentrationen sind für die Pflanze giftig.

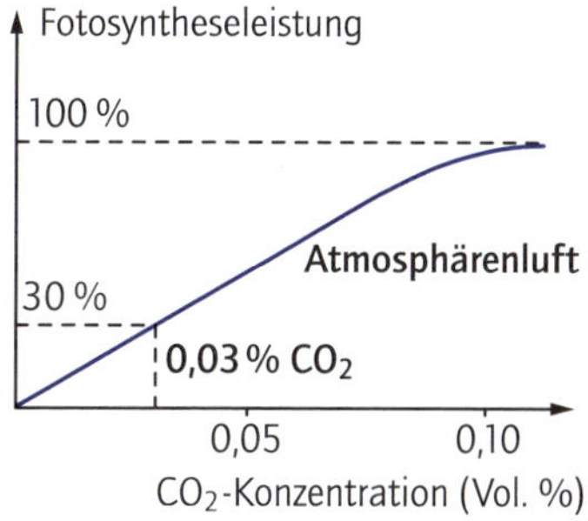

Wasser

Wichtig für den Ablauf der Fotosynthese ist auch genug Wasser im Boden sowie ausreichende Luftfeuchtigkeit. Bei zu trockener Luft bleiben die Spaltöffnungen der Blätter zum Schutz vor Austrocknung verschlossen, sodass kein CO_2-Austausch möglich ist.

Mineralstoffe

Mineralstoffe sind unter anderem als Cofaktoren in Enzymen für alle Organismen lebensnotwendig. Auch die Pigmente der Chloroplasten enthalten Metallionen. Weil Pflanzen autotroph leben, müssen diese Mineralstoffe in ausreichender Menge im Boden (bzw. bei Wasserpflanzen im Wasser) enthalten sein. Das gilt auch für Nitrat zum Aufbau von Aminosäuren. Ebenso muss genügend Phosphat vorhanden sein.

INSIDER-TIPP ▪ Fotosynthese

Entsprechend ihrer Bedeutung für das Leben auf der Erde ist die Fotosynthese auch ein wichtiges Prüfungsthema.
Darauf sollte jeder vorbereitet sein:

- **Grundgleichung der Fotosynthese formulieren**
- **Lichtabhängigkeit beschreiben und begründen (Sonnen-/Schattenpflanzen!)**
- **Temperaturabhängigkeit beschreiben und begründen (Temperaturoptima, RGT-Regel!)**
- **CO_2-Abhängigkeit beschreiben und begründen (Treibhäuser!)**

Blattfarbstoffe

Die Atmosphäre der Erde hält den größten Teil der von der Sonne abgestrahlten Energie zurück. Nur ein kleiner Teil der elektromagnetischen Strahlung gelangt zum Boden. Besonders stark ist diese Strahlung im Bereich des sichtbaren Lichts bei Wellenlängen zwischen 400 und 700 nm. Pflanzen nutzen genau diesen Teil des Spektrums, um Fotosynthese zu betreiben. Bereits 1882 konnte der Botaniker Thomas **Engelmann** zeigen, dass die Wellenlängen nicht gleichermaßen zur Fotosyntheseleistung beitragen. Dazu beleuchtete er eine Fadenalge, um die herum sich aerob lebende Bakterien sammelten, die den von der Alge ausgeschiedenen Sauerstoff verwerteten. Engelmann zerlegte nun das Licht durch ein Prisma in ein Spektrum. Wie bei einem Regenbogen kommen dabei die Spektralfarben – also die verschiedenen Wellenlängen des Lichtes – nebeneinander zu liegen. Jetzt sammelten sich die Bakterien bevorzugt an jenen Stellen der Alge, die mit blauem oder mit rotem Licht beschienen worden waren. Engelmann schloss daraus, dass Pflanzen genau diese Bereiche des sichtbaren Lichts zur Fotosynthese nutzen.

Tatsächlich deckt sich die Ansammlung der Bakterien weitgehend mit dem **Wirkungsspektrum** der Fotosynthese. Pflanzen besitzen Blattfarbstoffe, die das Sonnenlicht absorbieren und dadurch **angeregt** werden. Bei der Rückkehr aus dem angeregten in den **Grundzustand** geben sie die aufgenommene Energie wieder ab – in Form von Wärme, von Fluoreszenzlicht oder durch Übertragung eines Elektrons auf ein Redoxsystem. Auf letztere Weise können die Pigmente **photochemische Arbeit** leisten.
Das wichtigste dieser **Pigmente** ist das grüne **Chlorophyll a**, das den größten Beitrag zum Wirkungsspektrum leistet. Ebenso wie **Chlorophyll b** absorbiert es vor allem blaues und rotes Licht. Die orangeroten **Carotinoide** absorbieren dagegen im blaugrünen Bereich. Chlorophyll b und Carotinoide sind sogenannte **Hilfspigmente** oder **akzessorische Pigmente**. Sie übertragen ihre Anregungsenergie auf Chlorophyll a, welches die eigentliche photochemische Arbeit leistet. Dadurch erweitern sie das Wirkungsspektrum der Fotosynthese.

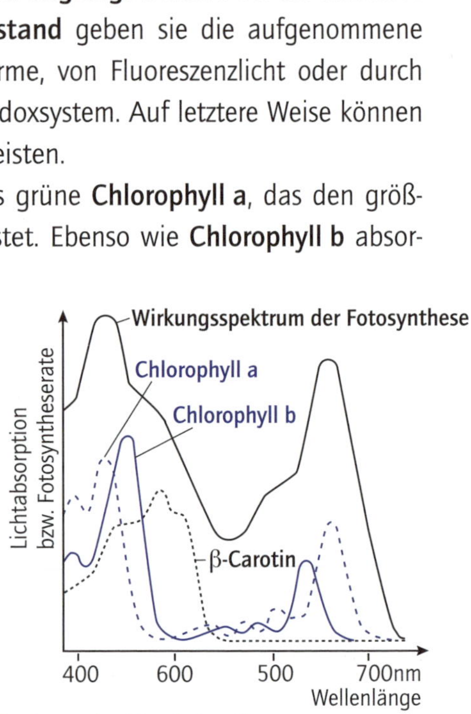

Spektren der Blattfarbstoffe

Lichtreaktion und Fotosysteme

Aus chemischer Sicht ist die Fotosynthese eine Reduktion des Kohlenstoffs: von der Oxidationszahl +4 im CO_2 zu 0 in der Glucose. Für ein Molekül Glucose müssen sechs C-Atome reduziert werden, dafür sind 24 Elektronen notwendig. Sie stammen letztlich aus der Spaltung von 12 Wassermolekülen, die zwei Elektronen abgeben. Der Sauerstoff wird dabei oxidiert und freigesetzt. Die **erweiterte Grundgleichung** der Fotosynthese lautet also:

$$6\,\overset{+4\;-2}{CO_2} + 12\,\overset{+1\;-2}{H_2\mathbf{O}} \xrightarrow{\text{Lichtenergie}} \overset{0\;+1\;-2}{C_6H_{12}O_6} + 6\,\overset{0}{\mathbf{O}_2} + 6\,\overset{+1\;-2}{H_2O}$$

Dass tatsächlich der Sauerstoff aus dem Wasser oxidiert und freigesetzt wird, kann man experimentell beweisen: Verwendet man Wasser mit dem schweren Sauerstoffisotop ^{18}O (statt ^{16}O), findet sich dieser schwere Sauerstoff – in der Gleichung oben farbig markiert – anschließend im freigesetzten Gas, nicht in der Glucose. Wasser wird also mithilfe der Sonnenenergie in Sauerstoff, Protonen und Elektronen gespalten; deshalb spricht man in Anlehnung an die elektrolytische Wasserspaltung auch von einer **Fotolyse**. Sie geschieht im ersten Teil der Fotosynthese, auch **Lichtreaktion** oder **lichtabhängige Reaktion** genannt.

Gesammelt wird die nötige Lichtenergie in den **Fotosystemen**. Diese Molekülkomplexe liegen in der Thylakoidmembran der Chloroplasten und bestehen aus jeweils etwa 300 Pigmentmolekülen sowie einigen Proteinen. Sie heißen auch **Lichtsammelfallen**, weil sie das Sonnenlicht wie in einem Trichter sammeln: Die äußeren Farbstoffmoleküle, **Antennenpigmente** genannt, leiten die Energie ihrer Anregung immer weiter bis auf ein zentrales Chlorophyll-a-Molekül, welches mit einem Protein verbunden ist. Auch bei geringer Lichteinstrahlung konzentriert sich daher auf dieses zentrale Pigment so viel Energie, dass es ein Elektron auf einen **Elektronenakzeptor** übertragen kann.

Es gibt zwei Fotosysteme, die sich im Absorptionsmaximum ihres zentralen Chlorophyllmoleküls unterscheiden. Im **Fotosystem 1** liegt dieses Maximum bei 700 nm, im **Fotosystem 2** bei 680 nm. Die Systeme heißen daher auch P_{700} und P_{680}. Beide sind chemisch betrachtet Redoxsysteme: In angeregtem Zustand sind sie starke Reduktionsmittel und übertragen Elektronen auf einen Akzeptor; die dadurch entstehende **Elektronenlücke** macht sie wiederum zu starken Oxidationsmitteln, die anderen Molekülen Elektronen entziehen können.

P_{680} erhält seine Elektronen letztlich vom Wasser. Ein Enzym an der Innenseite der Thylakoidmembran übernimmt dabei die Fotolyse: Es bindet die Wassermoleküle und entzieht ihnen je zwei Elektronen; immer zwei Sauerstoffatome verbinden sich zu O_2, die entstehenden Protonen werden im Thylakoidinnenraum freigesetzt. Die Elektronen übergibt das Enzym an P_{680}, welches damit seine Elektronenlücke füllt und für eine neue Anregung bereit ist.

Durch Lichteinwirkung bringt P_{680} die Elektronen des Wassers auf ein höheres Energieniveau; dann reicht es sie an eine Elektronentransportkette weiter. Dort wird die Energie der Elektronen wie in der Atmungskette der Mitochondrien dazu genutzt, Protonen durch die Membran in den Thylakoidinnenraum zu pumpen. Es entsteht ein Protonengradient, den wiederum das Enzym ATP-Synthase verwendet, um ATP herzustellen (→ Atmungskette, Seite 32). Diese ATP-Synthese mithilfe des Lichts nennt man **Fotophosphorylierung**.

Am Ende der Transportkette werden die Elektronen auf P_{700} übertragen, welches damit seine Elektronenlücke füllt. Nachdem auch P_{700} angeregt wurde, reicht die Energie der Elektronen aus, um das Coenzym **$NADP^+$** zu reduzieren. Ähnlich wie das NAD^+ bei der Atmung transportiert auch $NADP^+$ Wasserstoff und Elektronen. Anders als NADH dient $NADPH + H^+$ jedoch nicht dem Abbau von Stoffen, sondern deren Aufbau in der Dunkelreaktion der Fotosynthese. Dort liefert das Coenzym die Elektronen für die Reduktion des Kohlenstoffs.

Die Bildung von $NADPH + H^+$ katalysiert das Enzym NADP-Reduktase. Es erhält die nötigen zwei Elektronen pro Molekül $NADP^+$ über den Elektronen-

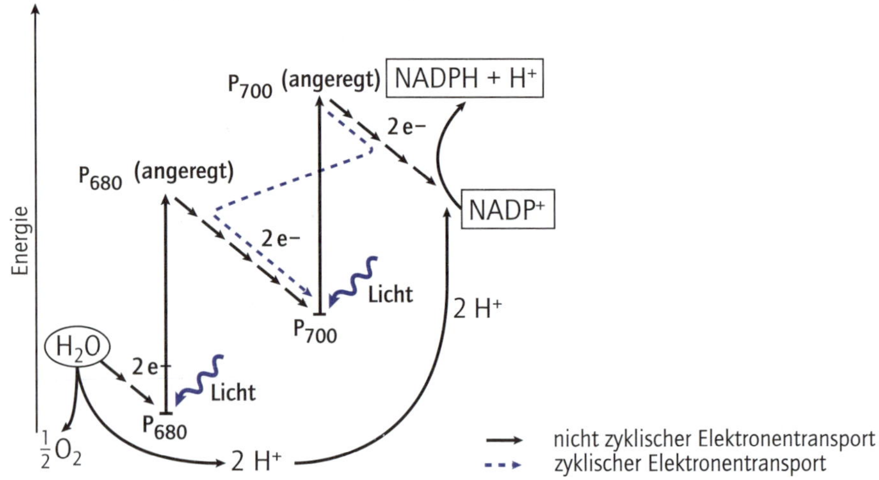

Energieschema der Lichtreaktion

transporter **Ferredoxin**. Falls kein zusätzliches $NADPH^+$ gebraucht wird oder die Sonneneinstrahlung besonders hoch ist, kann Ferredoxin die Elektronen jedoch auch an ein Enzym der Elektronentransportkette weiter reichen. Von dort aus gelangen sie zurück zum P_{700} und tragen dabei immerhin noch zum Aufbau des Protonengradienten bei. Dieser **zyklische Elektronentransport** dient daher nur der ATP-Synthese, es entsteht kein $NADPH + H^+$. Man spricht von einer **zyklischen Fotophosphorylierung.** Insgesamt sind zur Bildung eines Moleküls $NADPH + H^+$ in der Lichtreaktion der Fotosynthese zwei Elektronen notwendig. Das bedeutet, dass jeweils ein Wassermolekül gespalten und vier Fotosysteme angeregt werden müssen. Zusätzlich entsteht ATP.

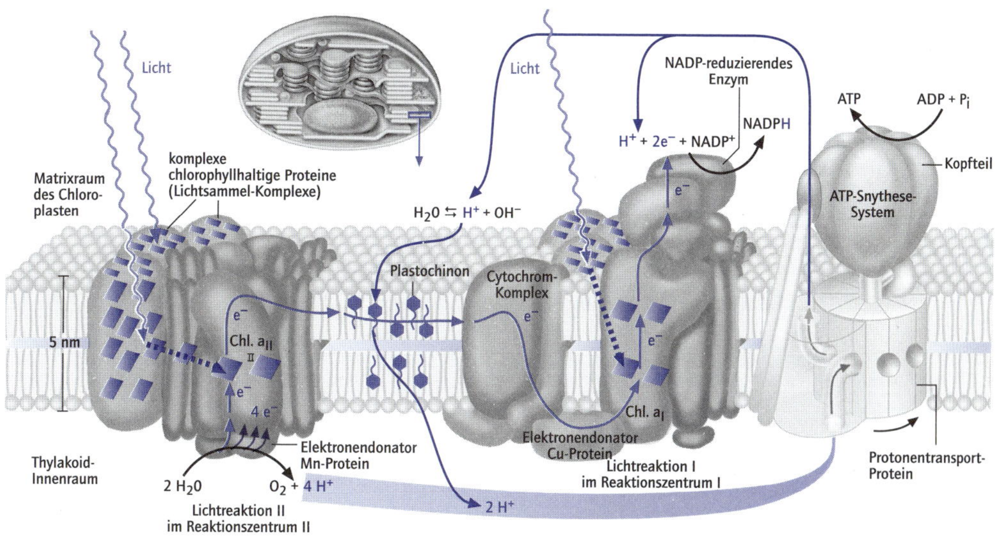

PRÜFUNGSBEISPIEL ▪ Hill-Reaktion

Robert Hill entdeckte 1939, dass isolierte Chloroplasten Sauerstoff produzierten, wenn sie ohne CO_2-Zufuhr in Gegenwart eines Elektronenakzeptors belichtet wurden.

Welche Schlussfolgerungen kann man aus dieser Beobachtung ziehen?

1. Die Fotosynthese ist in mehrere Teile gegliedert. Im ersten Teil ist CO_2 nicht nötig, sondern kann durch einen künstlichen Elektronenakzeptor ersetzt werden.
2. Der erste Teil der Fotosynthese findet allein in den Chloroplasten statt.
3. Der dabei frei werdende Sauerstoff stammt aus dem Wasser, nicht aus CO_2.
4. Im ersten Schritt der Fotosynthese wird Lichtenergie in chemische Energie umgewandelt.

Dunkelreaktion und Calvin-Zyklus

Die in der Lichtreaktion gebildeten Moleküle ATP und $NADPH + H^+$ dienen dazu, CO_2 zu fixieren und Kohlenhydrate aufzubauen. Weil dafür kein Licht mehr nötig ist, fasst man die entsprechenden Vorgänge unter dem Begriff **Dunkelreaktion** oder **lichtunabhängige Reaktion** zusammen. Sie laufen im Stroma der Chloroplasten ab.

Den genauen Ablauf der Dunkelreaktion hat der Chemiker Melvin Calvin mit seinen Mitarbeitern in der Mitte des 20. Jahrhunderts an Algen erforscht. Er setzte CO_2 mit radioaktiv markiertem Kohlenstoff (^{14}C) ein und tötete die Algen zu bestimmten Zeitpunkten nach dessen Zugabe ab. So konnte er die Reihenfolge der Substanzen feststellen, in die der radioaktive Kohlenstoff eingebaut wurde. In drei Schritte lässt sich die Dunkelreaktion gliedern:

1. Schritt: CO_2-Fixierung

Zunächst wird das CO_2 durch ein Enzym an einen Akzeptor, den C_5-Zucker **Ribulose-1,5-bisphosphat**, gebunden. Es entsteht ein instabiles Zwischenprodukt, das unter Anlagerung von Wasser in zwei Moleküle **3-Phosphoglycerinsäure** (3-PGS) zerfällt.

2. Schritt: Reduktion

Die 3-Phosphoglycerinsäure wird dann zum Aldehyd reduziert. Dazu sind jeweils ein Molekül $NADPH + H^+$ und ATP nötig. In diesem Schritt werden also die Produkte der Lichtreaktion gebraucht, um den C_3-Zucker **3-Phosphoglycerinaldehyd** (3-PGA) zu bilden. Zwei Moleküle 3-PGA können sich anschließend zu Fructose-1,6-bisphosphat verbinden, woraus unter Phosphatabspaltung und Isomerisierung Glucose entsteht.

3. Schritt: Regeneration

Nur zwei von zwölf Molekülen 3-PGA werden zur Glucosebildung herangezogen. Die anderen dienen dazu, in einer komplizierten Reaktionsfolge den CO_2-Akzeptor Ribulose-1,5-bisphosphat zu regenerieren: Aus jeweils zehn Molekülen 3-PGA entstehen sechs Moleküle Ribulose-1,5-bisphosphat. Zusätzlich werden dabei sechs Moleküle ATP verbraucht.

Die Dunkelreaktion bildet auf diese Weise einen Kreisprozess, den man **Calvin-Zyklus** nennt.

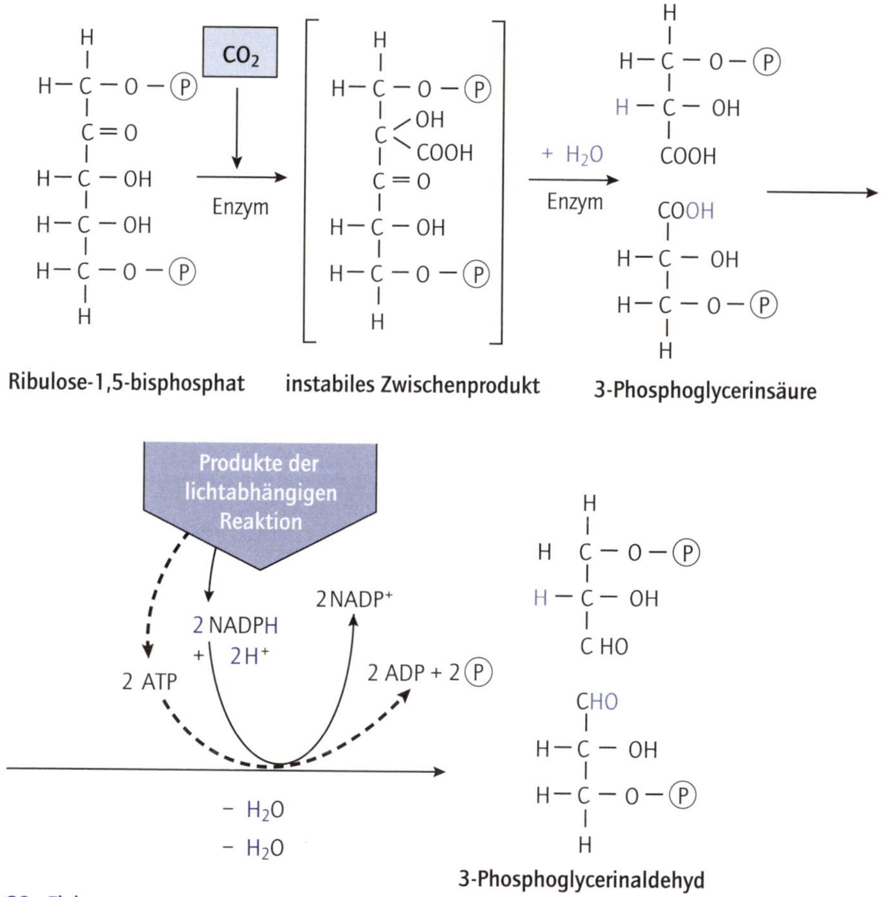

CO_2-Fixierung

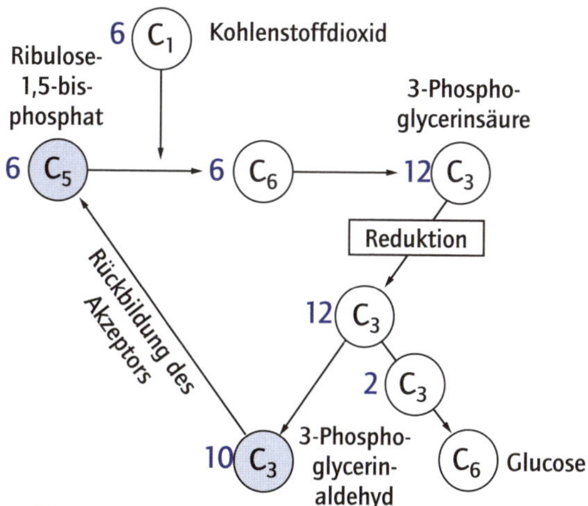

Calvin-Zyklus

C_4- und CAM-Pflanzen

An heißen Standorten müssen Pflanzen ihre Spaltöffnungen weitgehend geschlossen halten, um nicht zu vertrocknen. Dadurch gelangt allerdings auch weniger CO_2 in ihre Blattzellen. Die Fotosynthese kann also gerade in den sonnenreichen Stunden des Tages nur schlecht ablaufen, weil NADPH + H^+ und ATP in der Dunkelreaktion nicht schnell genug verbraucht werden. Manche Pflanzen haben sich durch spezielle Stoffwechselwege an dieses Problem angepasst.

Die sogenannten **C_4-Pflanzen** wie Mais und Zuckerrohr kommen vor allem in den Tropen und Subtropen vor. Sie haben eine besondere Strategie zur Fixierung des CO_2 entwickelt: Sie binden es zunächst an Phosphoenolpyruvat (PEP), ein Zwischenprodukt der Glykolyse. Diese Bindung erfolgt in den **Mesophyllzellen** der Pflanzen und ist wesentlich effektiver als diejenige an Ribulose-1,5-bisphosphat. Es entsteht Oxalacetat, das in Äpfelsäure umgewandelt wird. Diese Verbindungen mit jeweils vier C-Atomen sind der Grund für den Begriff „C_4-Pflanzen"; gewöhnliche Pflanzen sind demnach **C_3-Pflanzen**, weil sie bei der Fixierung des CO_2 eine C_3-Verbindung (3-PGS) bilden. Die Äpfelsäure wird von den Mesophyllzellen der C_4-Pflanzen in die **Bündelscheidenzellen** transportiert und dort wieder in CO_2 und PEP zerlegt. Dadurch ist die CO_2-Konzentration in diesen Zellen erheblich größer als in gewöhnlichen Blattzellen, und die Fixierung des CO_2 an Ribulose-1,5-bisphosphat läuft dort auch bei fast geschlossenen Spaltöffnungen noch in ausreichendem Maße ab.

In ähnlicher Weise haben sich die **CAM-Pflanzen**, zu denen unter anderem die Kakteen gehören, an extrem trockene und heiße Standorte angepasst. Auch sie lagern CO_2 zunächst an PEP an und bilden Äpfelsäure. Anders als bei den C_4-Pflanzen geschieht das allerdings nur nachts – dann nämlich, wenn es für die Pflanzen kühl genug ist, um ihre Stomata zu öffnen. Die Äpfelsäure wird dann in großen Vakuolen gespeichert und tagsüber (bei Sonnenschein und geschlossenen Spaltöffnungen) in denselben Zellen verbraucht. CAM-Pflanzen nutzen die Äpfelsäure also als CO_2-Zwischenspeicher.

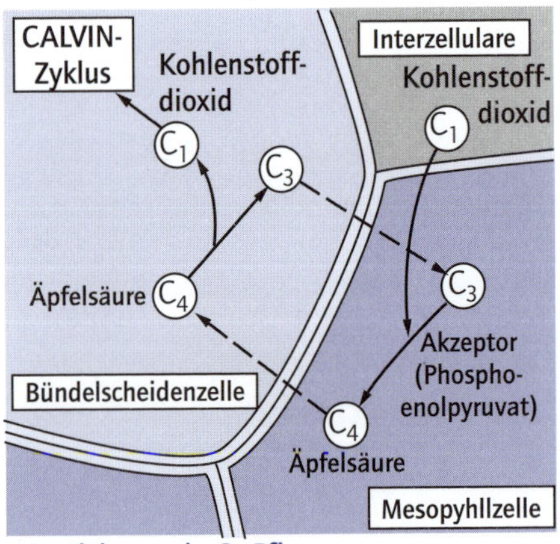

CO_2-Fixierung in C_4-Pflanzen

2.4 Stofftransport und Membranen

Grundlagen

Biologische Membranen bestehen aus einer Doppelschicht von Phospholipiden, deren Fettsäurereste einander zugewandt sind. Sie haben daher hydrophile Oberflächen und einen hydrophoben Kern. Bis auf das kleine Wassermolekül gelangen fast alle gelösten – also hydrophilen – Stoffe nur dann durch den hydrophoben Kern, wenn in der Membran zusätzliche Kanäle dafür geschaffen sind. Biologische Membranen sind also selektiv durchlässig oder **semipermeabel**.

Auf diese Weise stören sie die **Diffusion** von Stoffen, also deren Bestreben, Konzentrationsunterschiede auszugleichen – etwa wenn bestimmte Ionen nur auf einer Seite der Membran vorliegen. Wasser strömt dann auf die Seite der Ionen, weil dort seine Konzentration niedriger ist.

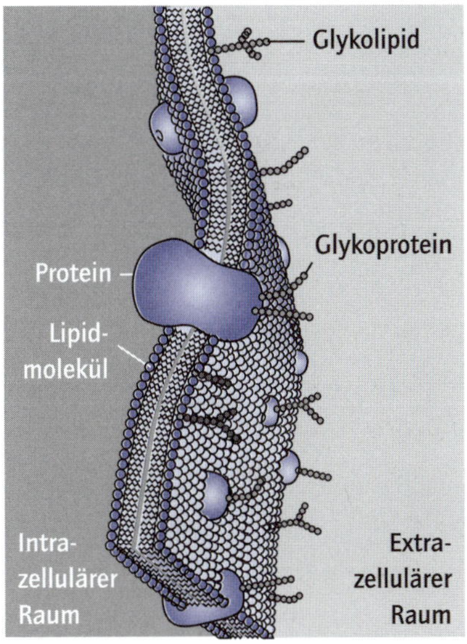

Biologische Membran

Aufgrund dieses **Osmose** genannten Vorgangs nimmt die Gesamtzahl der Moleküle auf der Seite mit Ionen zu. Zellen ohne Zellwand platzen daher, wenn man sie in destilliertes Wasser legt.

In Membranen sind oft dicht an dicht zahlreiche Proteine eingebettet. Sie überragen die Membran oft erheblich und sind in begrenztem Umfang innerhalb der Membranebene beweglich (**„Fluid-Mosaic-Modell"**). Viele dieser Proteine sind **Rezeptoren**, die bestimmte Moleküle außerhalb der Zelle erkennen. Zum Teil sind sie – ebenso wie manche Lipide – mit Ketten von Zuckerresten verknüpft. Solche Moleküle nennt man **Glykoproteine** bzw. **Glykolipide**.

Aktiver und passiver Transport

Ein weiterer großer Teil der Membranproteine sind **Transportproteine**, die auch großen und hydrophilen Stoffen den Durchtritt durch die Membran erlauben. Geschieht dies entlang eines Konzentrationsgefälles – werden also bestehende Konzentrationsunterschiede ausgeglichen – spricht man von einem **passiven Transport**.

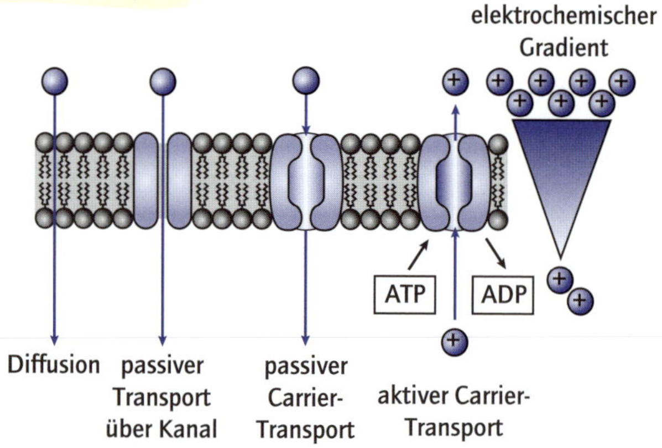

Membranporen wie die Kernporen lassen auch Makromoleküle wie DNA-Polymerasen und mRNA passieren. An Poren lässt sich der Ein- und Ausstrom von Stoffen kaum kontrollieren. Anders bei den schmalen **Kanälen**: Durch sie passen nur Stoffe einer bestimmten Größe. Ebenso wie Poren können sie schnell geschlossen werden. Für einen streng kontrollierten Transport sorgen **Carrier**. Diese Proteine binden ein bestimmtes Substrat und erlauben nur ihm den Durchtritt durch die Membran. Der Transport kann auf eine Richtung beschränkt, aber auch in beide Richtungen möglich sein – letzteres ist auch mit unterschiedlichen Substraten möglich. Manche Carrier sind in der Lage, Stoffe gegen ein Konzentrationsgefälle zu transportieren. Dieser **aktive Transport** muss durch einen anderen, freiwilligen Prozess angetrieben werden – das kann die Hydrolyse von ATP sein, aber auch der gleichzeitige passive Transport eines anderen Substrats.

Große Makromoleküle und Partikel werden von spezifischen Rezeptoren an der Zelloberfläche erkannt und durch **Endozytose** aufgenommen. Handelt es sich dabei um gelöste Stoffe, spricht man auch von **Pinozytose**; die Aufnahme großer Partikel wie Zelltrümmer oder Bakterien heißt dagegen **Phagozytose**. Teile des Zellinhalts können auch wieder nach außen abgegeben werden. Diesen Vorgang nennt man **Exozytose**.

CHECKLISTE

2 Stoffwechsel

Beim Stoffwechsel kommt die Chemie ins Spiel – und das schreckt viele Schüler ab. Dabei hilft es in Prüfungen schon viel, immerhin die Grundprinzipien zu verstehen – und sich ein paar Fremdwörter zu merken:

- Anabolismus heißt der (energieaufwendige) Aufbau von Stoffen, Katabolismus der (energiebringende) Stoffabbbau.
- Autotrophe Lebewesen brauchen niemand anderen zum Überleben, heterotrophe schon.
- Enzyme leisten im Stoffwechsel die meiste Arbeit. Als Biokatalysatoren beschleunigen sie chemische Reaktionen in der Zelle, ohne selbst dabei verändert zu werden. Dazu binden sie Substrate in ihrem aktiven Zentrum.
- Die Leistung von Enzymen hängt unter anderem ab von der Konzentration des Substrats (K_M), der Temperatur (RGT-Regel, Denaturierung) und dem pH-Wert. Inhibitoren hemmen Enzyme kompetitiv oder nichtkompetitiv. Manche Enzyme brauchen Coenzyme.
- Kohlenhydrate sind die wichtigsten Energiespeicher. Glucose wird in der Gykolyse zu Pyruvat abgebaut. Unter anaeroben Bedingungen wird Pyruvat durch Gärung weiterverarbeitet (2 Mol ATP pro Mol Glucose). Unter aeroben Bedingungen finden Citratzyklus und Atmungskette statt (38 ATP pro Mol Glucose).
- Fette sind besonders effektive Energiespeicher. Fettsäuren werden durch β-Oxidation zu Acetyl-CoA abgebaut, welches in den Citratzyklus eingeht. Proteine werden im Harnstoffzyklus abgebaut.
- Bei der Fotosynthese entstehen aus Kohlenstoffdioxid und Wasser Glucose und Sauerstoff. Bei Pflanzen findet dieser Prozess in den Chloroplasten statt. Farbstoffe wie Chlorophylle sammeln Lichtenergie, die in der Lichtreaktion genutzt wird, um Wasser zu spalten. So wird ein Protonengradient aufgebaut, den die ATP-Synthase nutzt, um ATP herzustellen (Fotophosphorylierung). Zudem werden Elektronen aus dem Wasser genutzt, um in der Dunkelreaktion den Kohlenstoff im CO_2 zu reduzieren und so Glucose herzustellen.
- C_4- und CAM-Pflanzen sind an heiße Standorte angepasst.
- Membranen sind semipermeabel. Sie bestehen aus Phospholipiden und eingebetteten Proteinen. Sehr kleine Stoffe können sie durch Diffusion, größere durch passiven oder aktiven Transport passieren.

3 Genetik

Seit Jahrtausenden wissen und nutzen Menschen, dass Merkmale von Lebewesen erblich sind. Diese Erkenntnis erlaubte die Zucht von Nutzpflanzen und Haustieren, lange bevor der Augustinermönch Gregor Mendel (1822 – 1884) mit seinen Versuchen die moderne Genetik einleitete. Mendel fand heraus, dass sich bestimmte Merkmale der Gartenerbse nach festen Regeln vererben. Seine Ergebnisse, veröffentlicht 1866 in der Schrift „Versuche über Pflanzenhybriden", sind heute durch Erkenntnisse der Molekularbiologie untermauert.

Träger der Erbanlagen sind die **Chromosomen**. Sie bestehen aus zwei identischen DNA-Doppelsträngen, den **Chromatiden**. Jede Körperzelle des Menschen enthält in ihrem Zellkern 23 verschiedene Chromosomen, die jeweils paarig vorliegen. Je ein Partner dieser **Chromosomenpaare** ist dabei von der Mutter und einer vom Vater geerbt; man spricht von **homologen Chromosomen**. Zellen, die einen solchen doppelten Chromosomensatz enthalten, heißen **diploid** (2n), Zellen mit einem einfachen Satz **haploid** (n).

Die DNA der Chromatiden ist in Funktionsabschnitte gegliedert, welche unter anderem Bauanleitungen für RNA und Proteine darstellen. Diese **Gene** umfassen jeweils einige Hundert bis einige Tausend **Basenpaare**. In diploiden Zellen liegen von jedem Gen mindestens zwei Kopien auf den homologen Chromosomen vor. Man spricht von **Allelen**. Der größte Teil der DNA besteht allerdings nicht aus Genen: Neben kontrollierenden Regionen, die Informationen für das Ablesen von Genen enthalten, haben weite Bereiche keine bekannte Funktion.

Die Gesamtheit aller Gene eines Organismus (das **Genom**) bestimmt den **Genotyp** eines Lebewesens. Dabei sind manche Gene allein für ein Merkmal verantwortlich; in anderen Fällen wirken viele Gene zusammen, um eine Eigenschaft auszubilden. Zudem hat auch die Umwelt Auswirkungen auf das Erscheinungsbild eines Organismus. Dieses Erscheinungsbild nennt man auch **Phänotyp**.

3.1 Zytogenetik

Bau der Chromosomen

In ausgestreckter Form ist die DNA einer menschlichen Zelle gut zwei Meter lang – und damit mehrere Millionen Mal länger als der Zellkern, in dem sie liegt. Die DNA-Stränge der Chromosomen müssen daher extrem dicht gepackt sein. Das gilt vor allem bei der Zellteilung, wenn die beiden **Schwesterchromatiden** jedes Chromosoms auf die Tochterzellen verteilt werden und zu diesem Zweck maximal verkürzt sind.

An der dichten Packung sind vor allem die **Histone** beteiligt. Um diese kugelförmigen Proteinkomplexe windet sich der DNA-Strang je 2,5-mal und bildet so eine perlenkettenartige Struktur, **Nucleosom** genannt. Die Nucleosomen wickeln sich spiralig zur **Chromatinfaser** auf. Für die Zellteilung werden die Chromatinfasern noch weiter aufspiralisiert und in Schleifen gelegt, bis der DNA-Strang schließlich etwa 5000-fach verkürzt ist.

Derart verkürzt liegen Chromosomen nur bei der Zellteilung vor. Man spricht von **Metaphasechromosomen** (s. u.). Durch Anfärben lassen sie sich lichtmikroskopisch betrachten, zählen und sortieren. Eine solche Aufstellung von Chromosomen nennt man **Karyogramm**. Sie erlaubt es auch, Unregelmäßigkeiten wie fehlende, zusätzliche oder veränderte Chromosomen zu erkennen.

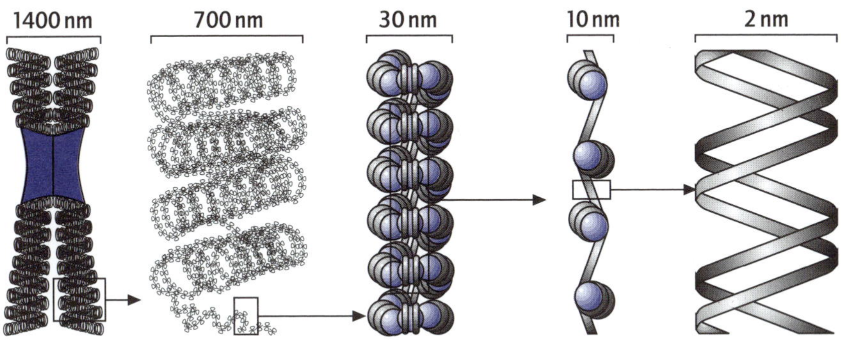

Aufbau eines Chromosoms

Mitose und Zellzyklus

Bei der Zellteilung entstehen zwei genetisch identische **Tochterzellen**. Dafür muss das Erbgut der Mutterzelle verdoppelt und auf die Tochterzellen verteilt werden. Das geschieht in mehreren Phasen eines **Zellzyklus**.

Die eigentliche Zellteilung besteht dabei aus **Prophase**, **Metaphase**, **Anaphase** und **Telophase**; diese Stadien werden unter dem Begriff **Mitose** (Zellkernteilung) zusammengefasst. Anschließend beginnt die **Interphase**, in der die Zelle wächst und ihr Erbgut wieder verdoppelt, bevor sie in einen neuen Zyklus eintritt.

Prophase

Zu Beginn der Mitose beginnen sich die Chromosomen zu verkürzen. Die beiden Chromatiden hängen am **Zentromer** zusammen, was den Chromosomen eine meist x-förmige Gestalt gibt. Von den beiden **Polen** der Zelle aus wachsen Mikrotubulifasern aufeinander zu und bilden den **Spindelapparat** aus. Die Kernmembran wird abgebaut.

Metaphase

Die Chromosomen sind nun auf eine minimale Länge verkürzt und ordnen sich etwa in der Mitte der Zelle in der **Äquatorialebene** an. Die Spindelfasern verbinden sich mit den Zentromeren der Chromosomen.

Anaphase

Die Mikrotubuli des Spindelapparates verkürzen sich und ziehen die Schwesterchromatiden mit den Zentromeren voran zu getrennten Polen. Von jedem Chromosom gelangt eine Kopie in jede Zellhälfte, sodass beide Tochterzellen anschließend einen vollständigen Chromosomensatz enthalten.

Telophase

Die getrennten Chromatiden entfalten sich nun wieder, der Spindelapparat wird abgebaut, und zwei neue Kernhüllen entstehen. In der Äquatorialebene schnürt sich die Zelle ein und bildet zwei Tochterzellen (**Cytokinese**).

Auch die Zeit zwischen zwei Zellteilungen besteht aus verschiedenen Stadien. In der **G_1-Phase** (engl. *gap* = Lücke) wachsen die Zellen zur Größe der Mutterzelle heran. Zellen, die sich nicht mehr teilen, verbleiben in diesem Stadium; man spricht dann von der **G_0-Phase**. Soll sich die Zelle wieder teilen, tritt sie in die **S-Phase** (Synthese-Phase) ein und verdoppelt ihr Erbgut. Nach einer kürzeren **G_2-Phase** kann ein neuer Teilungszyklus beginnen.

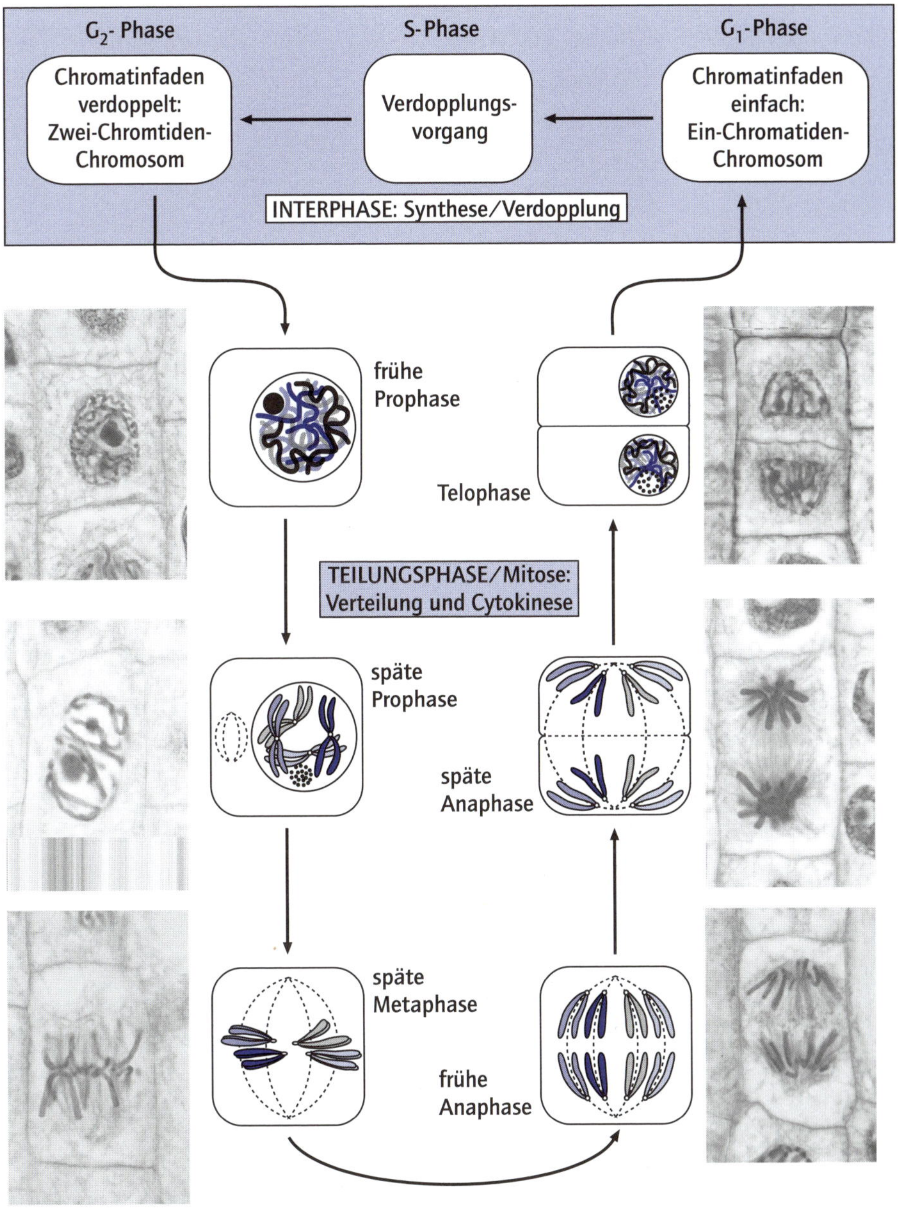

Zellzyklus und Mitose

Meiose und Vererbung

Bei der Mitose entstehen aus einer diploiden Mutterzelle wiederum diploide Tochterzellen. Dabei bleibt das Erbgut der Mutterzelle vollständig und unverändert erhalten.

Viele Lebewesen, vor allem Bakterien und Einzeller, pflanzen sich auf diese ungeschlechtliche Weise fort.

Höhere Lebewesen vermehren sich dagegen in der Regel geschlechtlich (→ Seite 110 f.); sie entwickeln männliche oder weibliche **Keimzellen (Gameten)**, die bei der Befruchtung zur **Zygote** verschmelzen. Dabei vereinigen sich die Zellkerne der Gameten. Damit sich der Chromosomensatz der Zygote nicht bei jeder Generation verdoppelt, müssen Gameten haploid sein. Dafür wird ihr Chromosomensatz in zwei aufeinanderfolgenden Kernteilungen reduziert.

Die **Reifeteilungen I** und **II** laufen weitgehend wie die Mitose ab und bilden zusammen die **Meiose**.

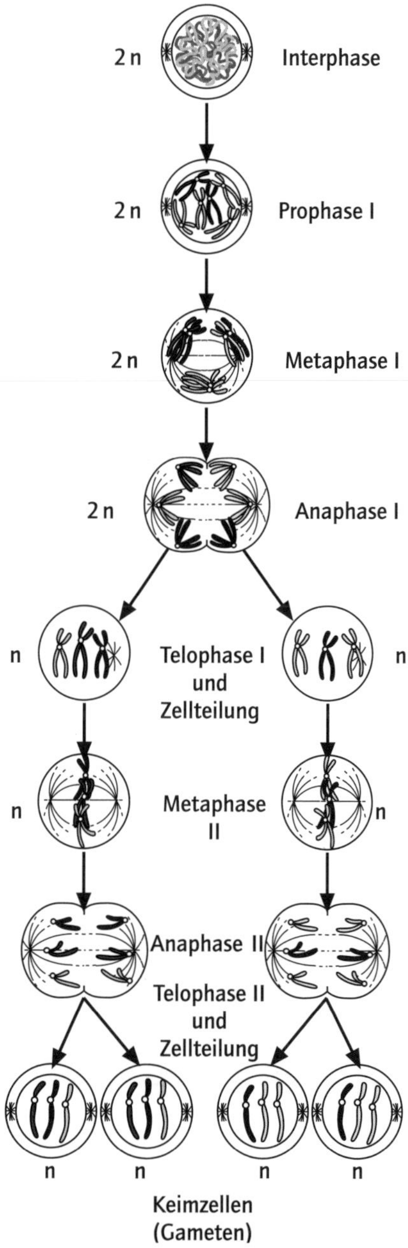

Meiose

In der Reifeteilung I, der **Reduktionsteilung**, werden die homologen Chromosomen getrennt. Wie in der Mitose zerfällt in der **Prophase I** die Kernmembran, die Chromosomen verdichten sich, und der Spindelapparat wird gebildet. Dann jedoch lagern sich die homologen Chromosomen parallel zueinander an und bilden mit ihren insgesamt vier Chromatiden eine **Tetrade**.

Nun können sie durch **Crossing-over** DNA-Stücke austauschen: Die DNA-Stränge zweier nebeneinanderliegender Chromatiden brechen und werden kreuzweise wieder verbunden. Anschließend tragen beide Chromosomen ein Stück ihres homologen Partners. Die Überkreuzungspunkte heißen **Chiasmata**; die Neuordnung der DNA nennt man auch **Rekombination** (→ Seite 111 f.).

Die Tetraden ordnen sich in der **Metaphase I** in der Äquatorialebene an. Spindelfasern verbinden die Zentromere der homologen Chromosomen mit jeweils unterschiedlichen Zellpolen. In der **Anaphase I** werden sie dann in entgegengesetzte Richtungen gezogen, sodass sich in der **Telophase I** an jedem Zellpol ein haploider Chromosomensatz befindet. Deren Chromatiden werden anschließend in der Reifeteilung II – auch **Äquationsteilung** genannt – wie in der Mitose getrennt.

Bei der Reduktionsteilung werden die Chromosomen zufällig auf die beiden Zellpole verteilt. Beim Menschen mit seinen 23 unterschiedlichen Chromosomen gibt es dafür 2^{23} verschiedene Möglichkeiten. Alleine dadurch kann jeder Mensch über 8 Millionen unterschiedliche Gameten bilden.
Wenn die Gameten zur Zygote verschmelzen, steigert sich diese Zahl auf $8 \cdot 8 = 64$ Millionen Kombinationsmöglichkeiten.

Diese Vielfalt an Nachkommen bei der geschlechtlichen Fortpflanzung wird durch das Crossing-over noch erheblich gesteigert: Dabei werden die mütterlichen und väterlichen Erbanlagen nicht nur vermischt, sondern tatsächlich völlig neu geordnet.

> MERKE ▪ **Zellteilung**
> Mitose: **Es entstehen zwei diploide Tochterzellen mit identischem Genom.**
> Meiose: **Es entstehen vier haploide Gameten mit unterschiedlichen Anteilen mütterlicher und väterlicher Erbanlagen.**
> Eselsbrücke: **Nur in der Meiose kommt das Ei vor.**

3.2 Klassische Genetik

Mendel'sche Regeln

Als Gregor Mendel 1866 seine Ergebnisse veröffentlichte, stieß er in der Fachwelt weitgehend auf taube Ohren. Erst um 1900, 16 Jahre nach seinem Tod, entdeckten mehrere Botaniker Mendels Versuche wieder und bestätigten seine Hypothesen an verschiedenen Pflanzen und Tieren. Seine Ergebnisse fügten sich zudem gut in die in der Zwischenzeit entwickelte **Chromosomentheorie** der Vererbung ein.

Drei Grundbedingungen waren entscheidend für den Erfolg von Mendels Versuchen: Erstens führte er seine Beobachtungen an vielen Pflanzen gleichzeitig durch. Schwankungen des Ergebnisses wurden dadurch ausgeglichen. Zweitens konzentrierte er sich auf ganz bestimmte Merkmale wie die Blütenfarbe, deren Weitergabe er gut beobachten konnte. Und drittens suchte er nur **reinerbige** Pflanzen aus – etwa rot blühende, die immer nur rot blühende hervorbrachten. Diese Pflanzen besitzen für das beobachtete Merkmal zwei identische Allele: Sie sind **homozygot**, während **mischerbige** Pflanzen zwei verschiedene Allele besitzen und **heterozygot** sind.

Allgemein nennt man die Mutterpflanzen in Kreuzungsversuchen **Parentalgeneration (P)**. Die Tochterpflanzen sind die **erste Filialgeneration (F_1)** und deren Nachkommen die **zweite Filialgeneration (F_2)**. Mendel erkannte, dass sich Merkmale in diesen Generationen nach festen Regeln verteilten. Diese Regeln – heute **Mendel'sche Regeln** genannt – kann man in sogenannten **Erbschemata** nachvollziehen. Darin sind die Kombinationsmöglichkeiten der Erbanlagen in den Generationen aufgezeigt. Die beteiligten Gene werden dabei mit Buchstaben dargestellt: Dominante Faktoren erhalten einen großen, rezessive einen kleinen Buchstaben.

Erste Mendel'sche Regel – Uniformitätsregel

> **Kreuzt man zwei reinerbige Individuen einer Art, die sich in einem Merkmal unterscheiden, so sind deren Nachkommen in diesem Merkmal identisch – gleich, ob das Merkmal von Mutter oder Vater stammt.**

Setzt man beispielsweise Löwenmaulpflanzen ein, die rot bzw. weiß blühen, so hat die F_1-Generation immer rote Blüten. Die rote Blütenfarbe setzt sich gegenüber der weißen durch – das Merkmal „rot blühend" ist **dominant**, das Merkmal „weiß blühend" **rezessiv**. Man spricht daher von einem **dominant-rezessiven Erbgang**. Verwendet man dagegen rot und weiß blühende Wunderblumen, so sind die Blüten der F_1-Generation durchweg rosa. Hier vermischen sich die beiden Farben – die Merkmale sind **unvollständig dominant**. Man spricht von einem **intermediären Erbgang**.

Zweite Mendel'sche Regel – Spaltungsregel

> **Kreuzt man die Individuen der F_1-Generation, so ist die F_2-Generation nicht uniform, sondern spaltet in bestimmten Zahlenverhältnissen auf.**

Dieses Verhältnis ist beim dominant-rezessiven Erbgang 3:1, drei Viertel der Löwenmaulpflanzen in der F_2-Generation haben rote Blüten, ein Viertel weiße. Beim intermediären Erbgang ist es 1:2:1, ein Viertel der Wunderblumen hat rote, ein Viertel weiße und zwei Viertel haben rosa Blüten. Diese Verhältnisse gelten jedoch nur für den Phänotyp der Pflanzen. Das Verhältnis der Genotypen in der F_2-Generation ist immer 1:2:1. Ein Viertel ist homozygot für

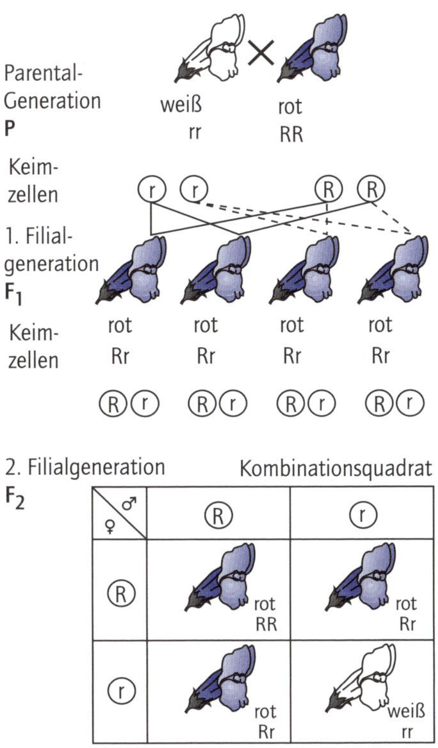

Dominant-rezessiver Erbgang (Löwenmaul)

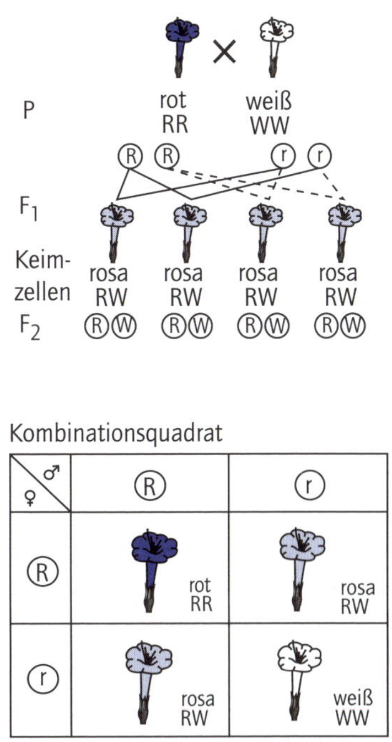

Intermediärer Erbgang (Wunderblume)

ein Merkmal (z.B. rote Blüten), ein Viertel homozygot für das andere (weiße Blüten) und zwei Viertel heterozygot (Löwenmaul: rote Blüten; Wunderblume: rosa Blüten). Nur beim intermediären Erbgang kann man direkt vom Phänotyp auf den Genotyp schließen.

Dritte Mendel'sche Regel – Unabhängigkeitsregel

> **Kreuzt man Individuen einer Art, die sich in mehreren Merkmalen unterscheiden, so werden diese Merkmale unabhängig voneinander nach Uniformitäts- und Spaltungsregel vererbt.**

Betrachtet man bei Kreuzungen nur ein Merkmal, so liegt ein **monohybrider Erbgang** vor. Mehrere Merkmale bedeuten dihybride, trihybride oder allgemein polyhybride Erbgänge. Die Mendel'schen Regeln gelten für jedes Merkmal unabhängig. Ein **dihybrider Erbgang** liegt bei der Kreuzung eines glatthaarigen, weißen Kaninchens mit einem angorahaarigen, schwarzen vor. Die Tiere der F_1-Generation sind alle glatthaarig und schwarz – diese Merkmale sind also dominant. In der F_2-Generation findet man vier Merkmalskombinationen: glatthaarig schwarz, glatthaarig weiß, angorahaarig schwarz und angorahaarig weiß. Das Verhältnis dieser Kombinationen ist 9:3:3:1. Dabei gibt es neun verschiedene Genotypen.

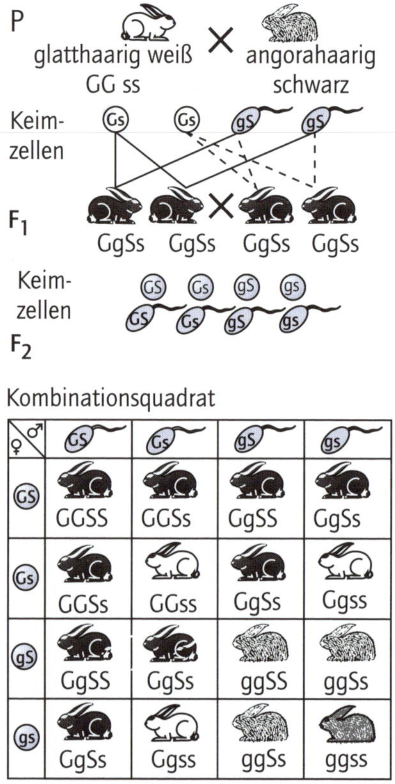

Dihybrider Erbgang (Kaninchen)

> **MERKE ▪ Die Mendel'schen Regeln:**
> 1. **Uniformitätsregel**
> 2. **Spaltungsregel**
> 3. **Unabhängigkeitsregel**

Genkopplung und Genkarten

Gregor Mendel führte in seinen Versuchen viele Arbeitsweisen ein, die noch heute wissenschaftlicher Standard sind. Dazu gehören kontrollierte Versuchsbedingungen (wenige Merkmale reinerbiger Pflanzen) ebenso wie eine statistische Auswertung (Auszählung Tausender Erbsen und Blüten). In einem Punkt jedoch hatte er schlicht Glück: Die Merkmale, die er für polyhybride Erbgänge auswählte, lagen auf unterschiedlichen Chromosomen – andernfalls hätte er seine Unabhängigkeitsregel niemals aufstellen können. Denn wenn die Gene für zwei Eigenschaften auf demselben Chromosom liegen, werden sie in der Regel zusammen vererbt. Man spricht von **gekoppelten** Genen; alle Gene auf einem Chromosom bilden eine **Kopplungsgruppe**. Die Mendel'schen Regeln gelten in diesem Fall nur für die Kombination der entsprechenden Merkmale, nicht für die einzelnen Eigenschaften. Der amerikanische Biologe **Thomas Hunt Morgan** beschäftigte sich Anfang des 20. Jahrhunderts als Erster mit diesem Phänomen bei der Fruchtfliege **Drosophila melanogaster**. Das Tier vermehrt sich mit einer Generationszeit von nur 14 Tagen sehr schnell, ist leicht zu halten, fast überall auf der Welt verfügbar und bringt mit einer Paarung Hunderte von Nachkommen hervor. Drosophila ist noch heute eines der wichtigsten Forschungsobjekte der Biologie – und zugleich wohl der am besten untersuchte Organismus der Welt. Für seine Arbeiten erhielt Morgan 1933 den Nobelpreis für Medizin. Morgan wählte einige rezessive Abweichungen, die leicht unter dem Mikroskop zu verfolgen waren, und führte dafür eine eigene Symbolik ein. So bedeutet „e" eine schwarze Körperfarbe (engl. *ebony*), „w" weiße Augen (*white*) und „vg" stummelflüglig (*vestigial*). Eine normale Fliege, der sogenannte **Wildtyp**, hat rote Augen, über den Körper reichende Flügel und einen graugelben Körper; die entsprechenden Gene werden mit einem „+" symbolisiert. Zudem unterschied Morgan zwischen mütterlichen und väterlichen Erbanlagen. Zum Beispiel bedeutet das Symbol $\frac{+}{+} \times \frac{vg}{vg}$: Ein homozygot normalflügliges Weibchen wird mit einem homozygot stummelflügligen Männchen gekreuzt. Das Weibchen steht immer vor dem Kreuzungssymbol; über dem Strich stehen mütterliche, darunter väterliche Erbanlagen. Die waagerechten Striche stellen die Chromosomen dar. Stehen mehrere Symbole über und unter einem gemeinsamen Strich, sind die Gene gekoppelt. Morgan identifizierte vier Kopplungsgruppen, von denen eine weniger Merkmale umfasste als die anderen. Tatsächlich hat Drosophila ein kleines und drei große Chromosomen. Diese Ergebnisse waren eine wichtige experimentelle Bestätigung für die Chromosomentheorie der Vererbung.

Morgan stellte jedoch auch fest, dass gekoppelte Gene nicht immer zusammen vererbt wurden. Kreuzte er beispielsweise Wildtyp-Fliegen mit schwarz-stummelflügligen, erhielt er wie erwartet heterozygote, graugelb-langflüglige Tiere. Die Weibchen dieser F_1-Generation kreuzte er nun wiederum mit schwarz-stummelflügligen Männchen. Dieses Vorgehen nennt man **Rückkreuzung**, weil ein Tier aus der Filialgeneration mit einem aus der Parentalgeneration gekreuzt wird; abgekürzt wird diese gemischte Generation mit dem Kürzel RF_1.Für die Nachkommen dieser RF_1-Generation kann man je zur Hälfte graugelb-langflüglige und schwarz-stummelflüglige Tiere erwarten. Morgan fand jedoch noch zwei weitere Phänotypen: graugelb-stummelflüglig sowie schwarz-langflüglig. Bei jeweils knapp 10 % der Fliegen waren die Faktoren auf diese Weise entkoppelt. Vergleichbare Ergebnisse erhielt er auch mit anderen gekoppelten Faktoren.

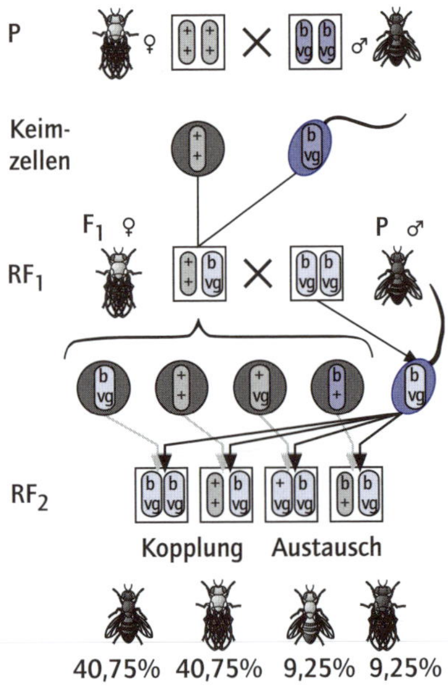

Faktorenaustausch (Drosophila)

Morgan erklärte diese Beobachtung durch die Hypothese des **Crossing-over**: Er nahm an, dass die homologen Chromosomen bei der Bildung der Eizellen mütterliche und väterliche Erbanteile austauschen. Heute ist bekannt, dass das Crossing-over tatsächlich wesentlich zur Neuordnung des Erbmaterials von Eukaryoten beiträgt (→ Meiose und Vererbung, Seite 56). Anders als bei den meisten Pflanzen und Tieren findet bei Drosophila dieser Prozess nur bei

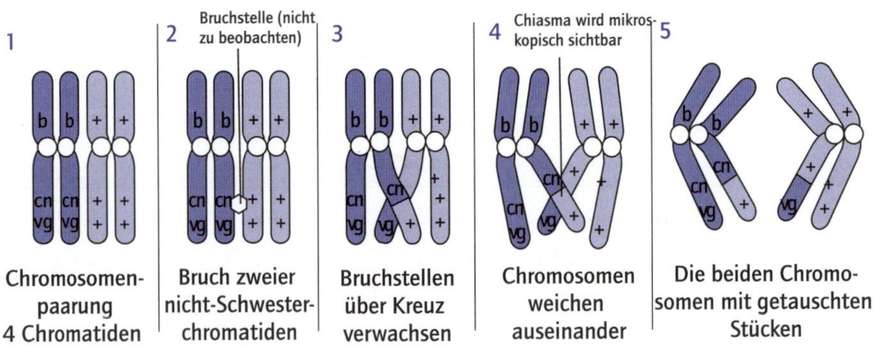

Crossing-Over

Weibchen statt. Der Prozentsatz, mit dem Morgan in seinen Versuchen rekombinierte Eigenschaften fand, variierte je nach Merkmalspaar stark. Der Biologe schloss daraus, dass die entsprechenden Gene unterschiedliche Positionen auf dem Chromosom haben mussten: Je weiter zwei Gene auf einem Chromosom auseinanderlagen, umso wahrscheinlicher fand ein Crossing-over dazwischen statt – und umso häufiger wurden diese Gene und die zugehörigen Merkmale entkoppelt, also **ausgetauscht**. In Tausenden von Versuchen ermittelte Morgan daraufhin **Austauschwerte** für einzelne Merkmalspaare, um die Lage der Gene auf den Drosophila-Chromosomen zu bestimmen und so **Genkarten** zu erstellen. Jahrzehntelang wurden auf diese Weise Karten der Chromosomen unterschiedlichster Organismen erstellt. Erst im neuen Jahrtausend ist die Methode von der immer schneller und billiger werdenden Genomsequenzierung abgelöst worden.

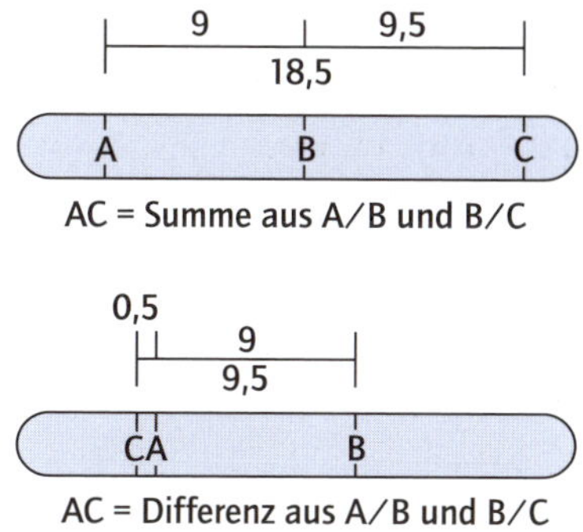

Dreipunktanalyse

Gonosomale Vererbung

Bei vielen Lebewesen – darunter auch der Mensch – wird das Geschlecht durch die **Geschlechtschromosomen** (**Gonosomen**) bestimmt. So besitzen alle Menschen normalerweise 22 **Autosomen** (Nicht-Geschlechtschromosomen). Frauen haben zusätzlich zwei X-Chromosomen, während Männer ein X- und ein Y-Chromosom besitzen. Das Y-Chromosom ist erheblich kleiner als das X-Chromosom und enthält ausschließlich Gene, die zur Ausbildung des männlichen Körpers nötig sind. Die Eizellen der Frauen enthalten immer ein X-Chromosom, während Spermien ein X- oder ein Y-Chromosom tragen können. Nach der Befruchtung entstehen aus XX-Zygoten Frauen, aus XY-Zygoten Männer.

Für die Vererbung von Merkmalen, die auf den Gonosomen liegen, hat das bedeutende Folgen. So werden Gene auf dem Y-Chromosom ausschließlich vom Vater auf den Sohn vererbt. Weil ihnen das zweite X-Chromosom fehlt, besitzen Männer zudem von allen Genen auf dem X-Chromosom lediglich ein Allel – sie sind **hemizygot**. Bei ihnen werden daher auch rezessive Merkmale auf diesem Chromosom ausgeprägt, während bei Frauen ein dominantes Allel auf dem zweiten X-Chromosom deren Ausprägung verhindern kann. Ein Beispiel dafür beim Menschen ist die Farbenblindheit. Weil die Gene für den roten und den grünen Sehfarbstoff auf dem X-Chromosom liegen, haben Männer deutlich häufiger Probleme mit dem Farbsehen als Frauen: Knapp zehn Prozent aller Männer in Deutschland leiden an einer Rot- oder Grünschwäche, aber nur ein halbes Prozent der Frauen.

Erweiterung der Mendel'schen Genetik

Die Mendel'schen Regeln gelten nur für wenige Merkmale von Lebewesen in ihrer einfachen Form. Meist ist die Vererbung von Merkmalen viel komplizierter. Schon die **unvollständige Dominanz** hätte Mendel bei seinen Versuchen wohl verwirrt – intermediäre Erbgänge wurden erst später von anderen Forschern beschrieben. Tatsächlich tragen immer beide Allele eines Gens zum Phänotyp eines Organismus bei – man muss nur genau genug messen, um heterozygote von homozygoten Individuen zu unterscheiden. Auch wird nur ein kleiner Teil aller Merkmale von einem einzigen Gen bestimmt. Meist bilden viele Gene zusammen eine Eigenschaft aus: So gibt es beim Menschen keine einzelnen Gene für die Merkmale „klein" und „groß"; vielmehr hat eine Vielzahl von Erbfaktoren Einfluss auf die Größe eines Menschen. Diese Faktoren können sich ergänzen, aufheben, verstärken und behindern. Eine derartige **polygene Vererbung** ist ausgesprochen schwierig zu verfolgen.

Auch haben viele Merkmale mehr als zwei mögliche Allele. Ein Beispiel sind die vier Blutgruppen des Menschen (→ Seite 65). Man spricht von **multiplen Allelen**. Umgekehrt kann auch ein und dasselbe Gen für mehrere Merkmale verantwortlich sein – ein Phänomen, das man **Pleiotropie** oder **Polyphänie** nennt (→ Seite 68). Und schließlich wird das Erscheinungsbild eines Lebewesens nicht nur von seinen Genen bestimmt: Die Umwelt spielt dabei eine mindestens genauso große Rolle (→ Erbe und Umwelt, Seite 71 f.). Merkmale, die je nach Lebensbedingungen eines Organismus unterschiedlich ausgebildet werden, nennt man **Modifikation**. Der Löwenzahn hat zum Beispiel im Flachland kurze Wurzeln und wächst kräftig, während er im Gebirge klein bleibt und lange Wurzeln ausbildet. Genetisch unterscheiden sich diese Pflanzen nicht – sie haben sich nur ihren Umweltbedingungen angepasst.

MERKE ▪ Genetik

- Genotyp und Phänotyp
- gekoppelte Gene
- unvollständige Dominanz
- Polygenie
- multiple Allele
- Polyphänie
- Modifikation

3.3 Humangenetik

Vererbung der Blutgruppen

Ein Beispiel für einen monogenen Erbgang mit multiplen Allelen ist die Vererbung der Blutgruppen beim Menschen. 1901 stellte der Wiener Arzt **Karl Landsteiner** in Versuchen mit seinem Blut und dem seiner Mitarbeiter fest, dass nicht jedes Blutserum mit allen Blutkörperchen der Beteiligten mischbar war. Auf Basis dieser Versuche schlug er das **AB0-System** der Blutgruppen vor, das heute auch genetisch und molekularbiologisch belegt ist. Rote Blutkörperchen tragen auf ihrer Oberfläche Glykolipide, die als **Blutgruppenantigene** bekannt sind. Für diese existieren drei verschiedene Allele: Eines für den Typ A (Blutgruppe A), eines für den Typ B (Blutgruppe B), und ein drittes führt zu keinem Antigen (Blutgruppe 0). Die Allele A und B sind **codominant** (Blutgruppe AB); 0 ist rezessiv. Im ersten Lebensjahr entwickelt jeder Mensch zudem **Antikörper** gegen diejenigen Antigene, die er selbst nicht hat. Die Antikörper führen zur **Blutgruppenunverträglichkeit**, indem sie Blutkörperchen, die fremde Antigene tragen, verklumpen. Menschen mit der Blutgruppe A besitzen also Antikörper gegen das Antigen B, Menschen mit der Blutgruppe B solche gegen das Antigen A. Bei der Blutgruppe 0 sind beide Arten Blutgruppen-Antikörper vorhanden, bei der Blutgruppe AB überhaupt keine.

Blutgruppe (Phänotyp)	**Genotyp der Körperzelle**	**Antigen auf den Erythrozyten**	**Antikörper im Plasma**	**Häufigkeit in Mitteleuropa (%)**	**Genotyp der Keimzellen**
A	AA A0	A	Anti-B	43	A A und 0
B	BB B0	B	Anti-A	12	B B und 0
AB	AB	AB	nicht vorh.	5	A und B
0	00	keine	Anti-A Anti-B	40	0

Kombinationsmöglichkeiten:

♀ \ ♂	A	B	0
A	AA	AB	A0
B	AB	BB	B0
0	A0	B0	0

ABO-System der Blutgruppen beim Menschen

Neben dem AB0-System gibt es beim Menschen noch ein weiteres wichtiges Oberflächen-Antigen der roten Blutkörperchen: den **Rhesusfaktor**, abgekürzt mit dem Buchstaben D. Der Rhesusfaktor wird dominant-rezessiv vererbt; das Gen für das Ausbilden des Antigens (D) ist dominant, das Allel für das Nichtausbilden des Faktors (d) rezessiv. Der überwiegende Teil der Mitteleuropäer trägt die Genotypen DD oder Dd und ist also Rhesus-positiv (Rh^+), lediglich 15 % tragen den Genotyp dd und sind Rhesus-negativ (Rh^-).

Anders als beim AB0-System bilden Rhesus-negative Personen erst dann Antikörper gegen das fremde Antigen aus, wenn ihr Körper zum ersten Mal mit Rhesus-positivem Blut in Berührung kommt. Das kann bei einer Bluttransfusion, aber auch bei einer Schwangerschaft passieren: Bekommt eine Rhesus-negative Mutter ein Rhesus-positives Kind, können bei der Geburt Blutzellen des Kindes in den Blutkreislauf der Mutter kommen. Die Mutter bildet daraufhin Anti-D-Antikörper, welche bei einer erneuten Schwangerschaft über die Nabelschnur in den Blutkreislauf eines wiederum Rh^+-Fötus gelangen und dort die roten Blutkörperchen des Fötus zerstören können. Das Kind stirbt oder trägt schwere Hirnschäden davon. Um das zu vermeiden, injiziert man Rhesus-negativen Müttern bei der Geburt (oder Fehlgeburt) eines Rhesus-positiven Kindes Anti-D-Antikörper. Diese Antikörper binden die Antigene des eingedrungenen Bluts des Kindes und verhindern dadurch, dass die Mutter selbst Antikörper bildet.

PRÜFUNGSBEISPIEL ▪ Vaterschaftsausschluss

Zwei Männer können der Vater eines Kindes sein.
Die Beteiligten haben folgende Blutgruppen:
Mutter: A, Rh^+;
Kind: 0, Rh^-;
Mann 1: B, Rh^+;
Mann 2: AB, Rh^+.
Geben Sie mithilfe der Genotypen an, welcher Mann *nicht* der Vater sein kann.

Die Genotypen der Beteiligten sind:
Mutter: A0, Dd;
Kind: 00, dd;
Mann 1: B0, Dd;
Mann 2: AB, DD oder Dd.
Mann 2 kann als Vater ausgeschlossen werden, weil er nur die dominanten Blutgruppen A oder B vererbt. Sein Kind kann nicht die Blutgruppe 0 haben.

Erbkrankheiten

Bis auf Infektionen haben fast alle Krankheiten des Menschen zumindest auch genetische Gründe. Meist wirken dabei viele Faktoren zusammen. Einige Erkrankungen gehen jedoch praktisch ausschließlich auf Defekte in einzelnen Genen zurück; diese **Erbkrankheiten** treten in manchen Familien gehäuft auf und werden meist nach den Mendel'schen Regeln vererbt. Je nach Lage und Wirkung des defekten Gens unterscheidet man zwischen autosomalen und gonosomalen sowie zwischen dominanten und rezessiven Krankheiten.

INSIDER-TIPP ▪ Erbkrankheiten

Erbkrankheiten dienen im Abitur oft als Beispiele für Erbgänge. Deshalb muss man wissen, welche Krankheit dominant und welche rezessiv ist. Vorsicht bei gonosomalen Krankheiten: Da ist es hilfreich, sich die möglichen Gameten aufzuzeichnen!

Die meisten Erbkrankheiten werden **autosomal rezessiv** vererbt. Weil heterozygote Personen gesund sind, werden die betreffenden Gene oft über Generationen hinweg unbemerkt an jeweils die Hälfte der Nachkommen weitergegeben. Erst wenn zwei sogenannte **Träger** einer Krankheit zusammenkommen, tritt diese bei statistisch einem Viertel ihrer Nachkommen auf. Bei Verwandten ist dieses Risiko ungleich höher, weil sie das defekte Gen von den gemeinsamen Vorfahren geerbt haben können.

- **Cystische Fibrose (Mukoviszidose):** Die häufigste tödliche Erbkrankheit des Menschen ist die Mukoviszidose. Kennzeichnend ist ein zäher Schleim unter anderem in der Lunge und dem Verdauungstrakt, in dem sich Bakterien ansiedeln und Infektionen auslösen können. Die Bakterien werden mit Antibiotika bekämpft, der Schleim in der Lunge durch Inhalationen und sanftes Klopfen auf die Brust gelöst. Grund für die Krankheit ist ein defektes Gen für ein Membranprotein, das Chlorid-Ionen in die Schleimhautzellen transportiert. Ohne das Protein bleiben zu viele Chlorid-Ionen außerhalb der Zellen und machen dort den Schleim zähflüssig. Die Lebenserwartung der Betroffenen ist seit 1950 von knapp 20 auf heute über 40 Jahre gestiegen.
- **Phenylketonurie (PKU):** Bei dieser Krankheit ist das Gen für ein Enzym defekt, das die Aminosäure Phenylalanin zu Tyrosin umwandelt. Phenyl-

alanin und seine Stoffwechselprodukte reichern sich daraufhin im Körper an und stören unter anderem die Entwicklung des Gehirns. Den Folgen der PKU kann man durch eine strenge, phenylalaninarme und tyrosinreiche Diät entgegenwirken.

Autosomal dominante Krankheiten sind viel seltener als rezessive. Oft führen sie noch vor der Geschlechtsreife der Betroffenen zur Unfruchtbarkeit oder gar zum Tod. Dann werden die verantwortlichen Gene nicht weitergegeben, und die Krankheiten treten nur bei spontanen Veränderungen des Erbguts in den Keimzellen auf – sie sind also streng genommen keine Erbkrankheiten. Vererbt werden dominante Krankheiten nur dann, wenn sie erst in späten Lebensabschnitten oder überhaupt nicht tödlich sind.

- **Chorea Huntington (Veitstanz):** Diese tödliche Nervenkrankheit äußert sich durch Bewegungsstörungen und Gedächtnisschwäche, die 5 bis 20 Jahre lang fortschreiten und in Demenz und Tod münden. Sie kommt bei allen Trägern des **Huntington-Gens** unweigerlich zum Ausbruch, allerdings meist erst im Alter von 40 bis 50 Jahren. Für den Veitstanz gibt es bislang keine Therapie; ein Gentest ist vorhanden, aber aufgrund des vorhersagenden Charakters äußerst problematisch. Als autosomal dominante Krankheit wird der Veitstanz statistisch an die Hälfte der Nachkommen weitergegeben, weshalb die Betroffenen die Entscheidung für einen Kinderwunsch häufig von einem negativen Gentest abhängig machen.

- **Marfan-Syndrom:** Auch diese Erbkrankheit wird autosomal dominant vererbt. Sie beruht auf einem Defekt in einem Gen, das für die Bildung eines wichtigen Bestandteils des Bindegewebes verantwortlich ist. Symptome sind unter anderem verlängerte Gliedmaßen, Verformungen des Augapfels und der Linse, überdehnbare Sehnen und Gelenke sowie ein Herzklappenfehler. Die verschiedenen Auswirkungen des Gendefekts sind ein Beispiel für **Pleiotropie** (→ Seite 64).

Gonosomal vererbte Krankheiten folgen einem besonderen Erbgang (→ Seite 63). Die meisten Gendefekte sind dabei rezessiv und liegen auf dem X-Chromosom; sie wirken sich daher bei Frauen seltener aus als bei Männern, welche nur ein X-Chromosom besitzen.

- **Hämophilie (Bluterkrankheit):** Bei der Hämophilie ist ein Blutgerinnungsfaktor defekt, sodass Wunden sich nicht mehr verschließen. Bluterkranke können daher nach relativ harmlosen Stürzen und Stößen an Wunden oder inneren Blutungen sterben. Heute wird ihnen der fehlende Gerinnungsfaktor gespritzt. Bekannt ist die Krankheit auch deshalb, weil sie in den europäischen Königshäusern weit verbreitet ist. Königin Victoria von England war dabei vermutlich die erste Überträgerin.

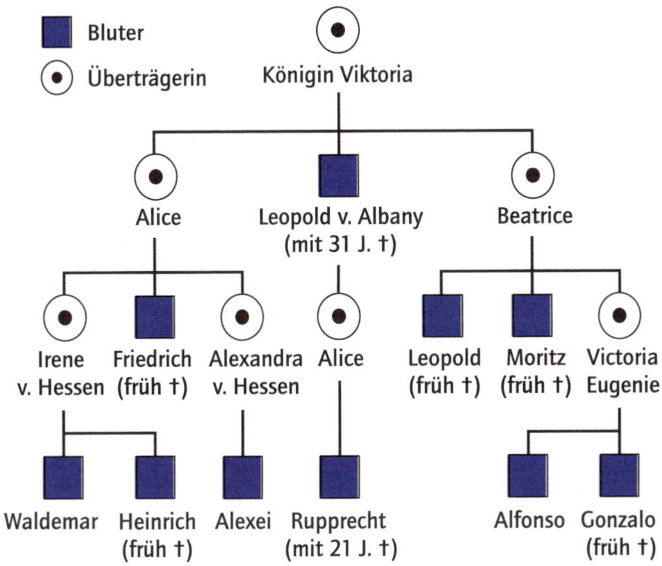

Vererbung der Bluterkrankheit

- **Muskeldystrophie (Muskelschwund)**: Über 30 Formen von erblichem Muskelschwund sind bekannt. Zu den wichtigsten gehören die Duchenne- und die Becker-Kiener-Dystropie, die beide X-chromosomal vererbt werden. Entsprechend sind vor allem Jungen von dem fortschreitenden Abbau von Muskelgewebe betroffen. Die Krankheit verläuft je nach Typ unterschiedlich schnell, greift aber immer nach und nach auf mehr Muskeln zu, zwingt die Betroffenen auf Dauer in den Rollstuhl, führt später zu Pflegebedürftigkeit und schließlich zum Tod.

Einige Krankheiten folgen keinem der beschriebenen, einfachen Erbgänge, sind aber dennoch vererbbar. Das kann beispielsweise daran liegen, dass mehrere Gene auf unterschiedlichen Chromosomen beteiligt sind. Zudem kommt in menschlichen Zellen DNA nicht nur im Zellkern vor: Die seltenen **mitochondrial vererbte** Krankheiten beruhen auf Fehlern in der DNA der Zellorganellen. Weil Spermien keine Mitochondrien enthalten, werden solche Erbkrankheiten nur in mütterlicher Linie weitergegeben.

Chromosomenfehler

Wenn sich bei der Meiose gepaarte Chromosomen nicht trennen, so ist in den entstehenden Gameten der Chromosomensatz verändert. Das führt zu Zygoten, die entweder Chromosomen zu viel oder zu wenig haben; man spricht von Mono- oder Polysomien. Fehltrennungen (**Non-Disjunctions**) von Chromosomen kommen mit steigendem Alter der Eltern häufiger vor. Weil davon sehr viele Gene betroffen sind, stirbt der betroffene Embryo meist früh im Mutterleib. Ausnahmen sind vor allem die Gonosomen und das Chromosom 21.

- **Down-Syndrom:** Bei der Trisomie 21, auch Down-Syndrom oder früher Mongolismus genannt, ist das relativ kleine Chromosom 21 dreifach vorhanden. Die Betroffenen sind meist unterdurchschnittlich intelligent, haben einen gedrungenen Körperbau sowie häufig Herzfehler, Leukämie oder andere Störungen und deshalb eine verringerte Lebenserwartung. Diese Merkmale können sehr unterschiedlich stark ausgeprägt sein.
- **Turner-Syndrom:** Die einzige nicht tödliche Monosomie ist der **XO-Typ**. Die Betroffenen haben nur ein X-Chromosom und sind weiblich. Sie bilden keine funktionsfähigen Eierstöcke aus und kommen nur mit zusätzlichen Hormonen in die Pubertät.
- **Klinefelter-Syndrom:** Menschen mit dem Genotyp XXY sind männlich, steril und können weibliche Merkmale ausbilden.
- **Diplo-Y-Männer:** Männer mit überzähligen Y-Chromosomen sind oft überdurchschnittlich groß, ansonsten aber unauffällig.

Neben der Zahl kann auch die Struktur von Chromosomen verändert sein. Beim sogenannten **Katzenschrei-Syndrom** etwa fehlt ein Stück des Chromosoms 5. Betroffene Kinder sind geistig zurückgeblieben, haben eine typische Kopfform und ihre Schreie erinnern an das Miauen junger Katzen. Sie sterben meist in den ersten Lebensjahren.

Gentests und genetische Beratung

Mit **Gentests** kann man einzelne DNA-Abschnitte nachweisen und somit auch heterozygote Träger von Gendefekten identifizieren. Das bildet eine Grundlage für die Arbeit **genetischer Beratungsstellen**, die Paare mit Kinderwunsch aufklären. Zum Beispiel steigt das Risiko von Chromosomenfehlern mit dem Alter der Eltern; wenn die Partner verwandt sind, treten Erbkrankheiten gehäuft auf; und auch erbgutschädigende Strahlung und Chemikalien können sich auf die Nachkommen auswirken. Ob und wie Paare ihre Familienplanung von genetischen Risiken abhängig machen, bleibt ihnen selbst überlassen.

Manche Gen- oder Chromosomenschäden kann man bereits an Kindern im Mutterleib diagnostizieren. Von dieser **pränatalen Diagnostik** machen Eltern meist dann Gebrauch, wenn das Risiko von Schäden groß ist. Zwei Verfahren sind gebräuchlich: Bei der **Amniozentese** wird in der 14. bis 16. Schwangerschaftswoche über eine Kanüle Fruchtwasser entnommen, das auch Zellen des ungeborenen Kindes enthält; diese werden dann für einen Chromosomen- oder Gentest vermehrt. Bei der **Chorionzotten-Punktion** wird dagegen schon in der 8. bis 9. Schwangerschaftswoche kindliches Gewebe über die Scheide aus der Zottenhaut der Plazenta entnommen.

Beide Methoden der pränatalen Diagnose bergen ein großes Risiko für das Kind: Die Amniozentese führt in 1 %, die Chorionzotten-Punktion in 2 % aller Fälle zu Fehlgeburten. Zudem stehen den diagnostischen Angeboten kaum Möglichkeiten der Therapie gegenüber – nur wenige Krankheiten, wie etwa die Kiefer-Gaumen-Spalte, kann man heute bereits im Mutterleib behandeln. So bleibt bei einem Gen- oder Chromosomenfehler meist nur die Wahl zwischen Geburt oder Abtreibung des Kindes. Eine kompetente Beratung ist daher sowohl vor als auch nach solchen Tests wichtig.

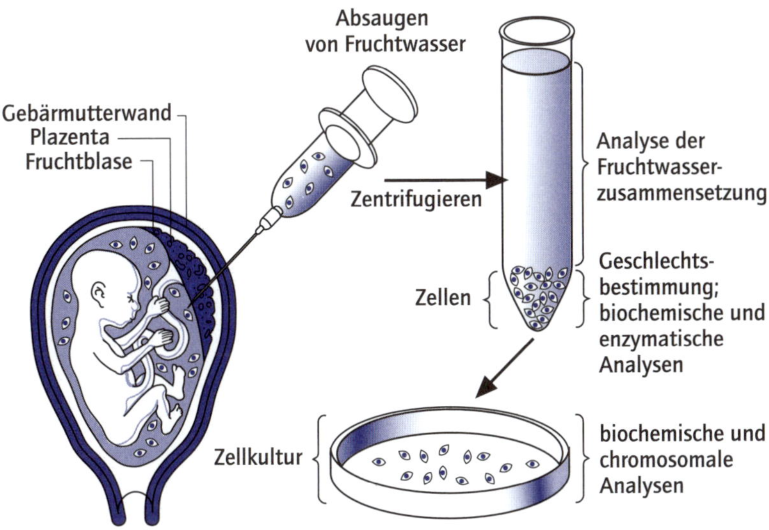

Amniozentese

Erbe und Umwelt

Unser Erbgut ist darauf ausgelegt, dass wir uns möglichst gut in unsere Umwelt einpassen können. Es gibt daher nur den Rahmen vor, in dem sich ein Mensch entsprechend seiner Lebensbedingungen und seinem Verhalten entwickeln kann: Viele Gene entfalten erst unter bestimmten Voraussetzungen ihre Wirkung, und auch Merkmale erwachsener Menschen sind nicht unveränderlich. Ein Beispiel ist das Gehirn. Je nach Bedarf können Hirnbereiche stärker oder schwächer ausgebildet sein. So benötigen Blinde die für den Lichtsinn zuständigen Bereiche des Gehirns nicht; diese werden dann teilweise für die Verarbeitung anderer Sinne, etwa des Tast- oder des Gehörsinns, verwendet. Vor allem von Geburt an Blinde haben oft ein viel besseres Gehör als normalsichtige Menschen.

Doch auch unser Erbgut selbst ist nicht unveränderlich. So können manche Abschnitte auf den Chromosomen so verändert werden, dass sie nicht mehr abgelesen werden. Ohne einen solchen Mechanismus könnten nicht aus einer einzigen Eizelle höchst unterschiedliche Zelltypen – von der Haarwurzelzelle bis zum roten Blutkörperchen – entstehen. Doch auch später kann der Körper noch Bereiche des Genoms seiner Zellen langfristig stilllegen oder aktivieren und damit dauerhaft auf Veränderungen in der Umwelt reagieren. Zu den wichtigsten Mechanismen gehört dabei das Anfügen von **Methylgruppen** an bestimmte Basen in der DNA. Unter gewissen Umständen sind davon auch die Keimzellen betroffen, sodass die damit verbundenen Eigenschaften an die Nachkommen weitergegeben werden. Bei dieser **genomischen Prägung** sind Gene also aktiv oder inaktiv, je nachdem ob sie vom Vater oder von der Mutter geerbt wurden. Auf diese Weise können Erfahrungen nicht nur mündlich weitergegeben, sondern tatsächlich vererbt werden. Die Auswirkungen von DNA-Modifikationen untersucht der relativ junge Forschungszweig der **Epigenetik**.

Zudem gibt es nicht nur im Zellkern DNA. Eine Zygote enthält Mitochondrien mit eigenem Erbgut, das selbst wiederum für Störungen verantwortlich sein kann. Weil Spermien keine Mitochondrien in die Zygote einbringen, werden solche Krankheiten immer nur mütterlich vererbt. Darüber hinaus hat jede Keimzelle eine bestimmte Grundausstattung an Proteinen und RNA, die unter anderem die erste Zellteilung einleiten und Einfluss darauf nehmen, welche Gene zunächst abgelesen werden. Die genaue Zusammensetzung dieser Moleküle nimmt ebenfalls Einfluss auf die weitere Entwicklung des Embryos.

Während der Schwangerschaft kommen schließlich noch weitere Faktoren hinzu. Der Embryo ist über die Nabelschnur mit der Mutter verbunden. Alle Hormone, die etwa durch Stress, Freude, Angst oder Ruhe im Körper der Mutter ausgeschüttet werden, gelangen auch in den Blutkreislauf des Kindes – und können dort seine Entwicklung beeinflussen. Das gleiche gilt für Arzneimittel, Gifte und Nahrungsbestandteile. Inwiefern auch Geräusche und Licht auf das Kind einwirken, ist noch Gegenstand der wissenschaftlichen Diskussion.

3.4 Molekulargenetik

Erbsubstanz DNA

Bis zur Mitte des 20. Jahrhunderts war umstritten, welche Substanz die Erbinformation transportiert. Die Versuche von Gregor Mendel, Thomas Hunt Morgan und anderen Biologen hatten lediglich die Theorie untermauert, dass die Chromosomen in den Zellkernen für die Vererbung verantwortlich sind. Diese bestehen jedoch aus Nukleinsäuren und Proteinen – und ein bedeutender Teil der Wissenschaftler ging davon aus, dass die vielfältigen Proteine dabei die eigentlichen Informationsträger sind, die sehr einheitlich aufgebauten Nukleinsäuren dagegen nur das Stützmaterial.

Den entscheidenden Hinweis, dass unser Erbgut tatsächlich aus DNA besteht, lieferten Versuche mit **Pneumokokken**. Diese Bakterien verursachen beim Menschen und anderen Säugetieren Lungenentzündungen und umgeben sich dabei mit einer schleimig glänzenden Polysaccharidhülle, die sie vor den Angriffen des Immunsystems schützt. Man spricht von der **S-Form** (engl. *smooth* = glatt) der Pneumokokken. Mutanten der Bakterien, die diese Hülle nicht mehr bilden können, werden dagegen vom Immunsystem erkannt und zerstört – sie sind daher für Mensch und Tier ungefährlich. Diese Varianten nennt man **R-Form** (engl. *rough* = rau).

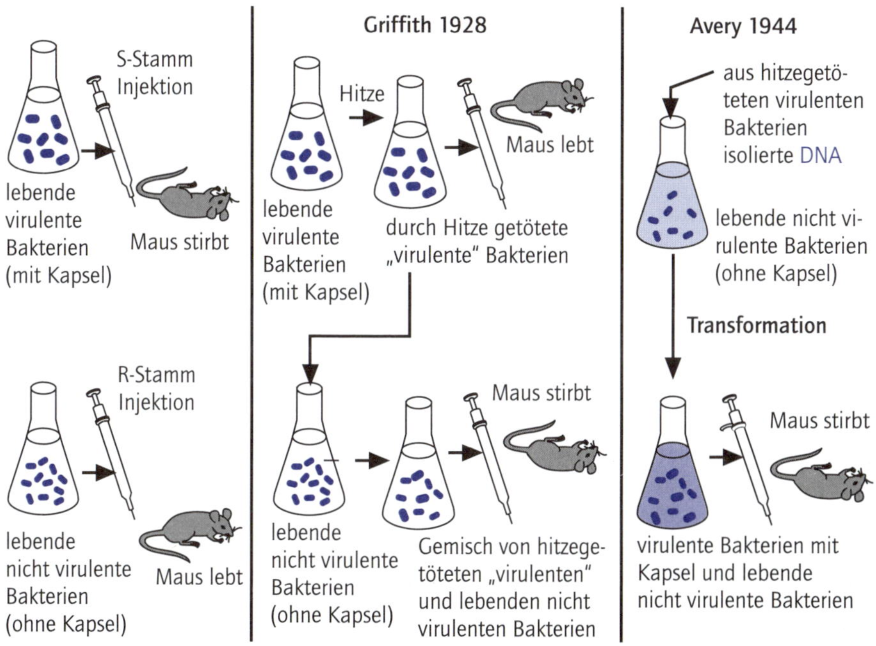

Transformation von Pneumokokken

1928 spritzte der Amerikaner **Fred Griffith** Mäusen eine Mischung von hitzegetöteten Bakterien der S-Form und lebendigen R-Pneumokokken. Zu seiner Überraschung starben die Mäuse – obwohl weder die abgetötete S-Form noch die R-Form alleine gefährlich waren. Zudem konnte er aus den toten Mäusen lebende S-Pneumokokken isolieren. Die harmlose R-Form hatte also die gefährliche Eigenschaft von der abgetöteten S-Form übernommen. Griffith konnte diesen Vorgang auch im Reagenzglas wiederholen, aber mit den damals vorhandenen Methoden nicht klären, welcher Bestandteil der Bakterien dafür verantwortlich war.

Das gelang erst 1944 einer Arbeitsgruppe um **Oswald Avery**. Die Forscher isolierten aus den S-Pneumokokken Proteine, Nukleinsäuren, Kohlenhydrate usw. und gaben die Bestandteile einzeln zu der R-Form. Nur die DNA zeigte die von Griffith beschriebene Wirkung. Damit war bewiesen, dass die Erbinformation aus DNA besteht. Die Übertragung von genetischer Information durch isolierte DNA bezeichnet man als **Transformation**.

Bau der DNA

Nachdem die DNA als Trägerin der Erbanlagen identifiziert war, versuchten Forscher in aller Welt herauszufinden, wie das Molekül diese Aufgabe bewerkstelligt. Dafür musste zunächst die Struktur der DNA bekannt sein. Verschie-

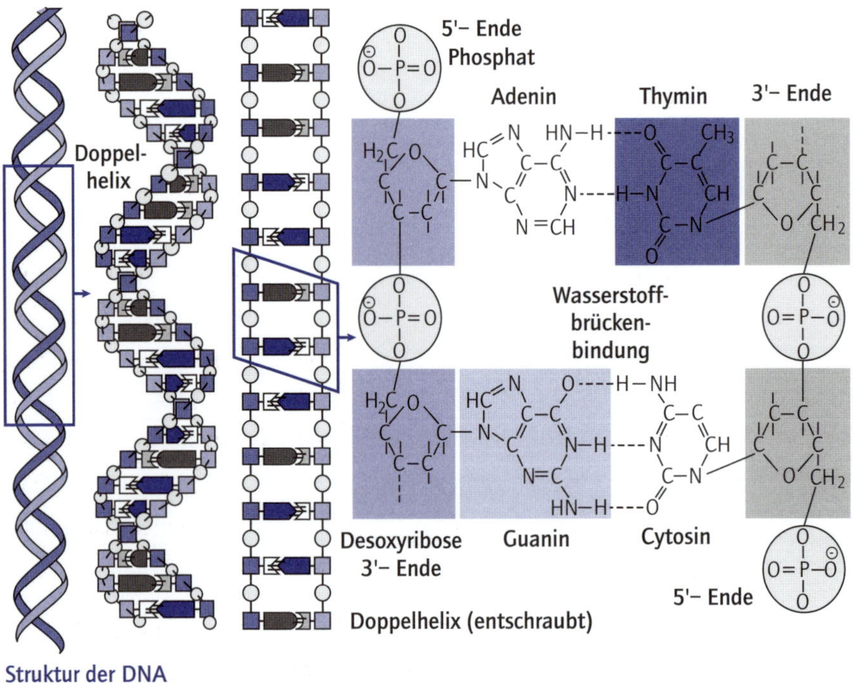

Struktur der DNA

dene Theorien wurden vorgeschlagen, bis 1953 die Amerikaner James **Watson** und Francis **Crick** ihr Modell einer **Doppelhelix** veröffentlichten. Die damals noch völlig unbekannten Forscher hatten ihr Modell anhand von Röntgenbeugungsaufnahmen von DNA-Kristallen aufgestellt, die ihre Kollegin Rosalind Franklin nach einer Methode von Maurice Wilkins gemacht hatte. Watson und Crick erhielten 1962 zusammen mit Wilkins den Nobelpreis für Medizin. Franklin war 1958 an Krebs gestorben.

Nach dem Watson-Crick-Modell besteht die DNA aus zwei gegenläufigen Nukleinsäure-Strängen, deren Basen einander zugewandt in der Mitte liegen, während das Rückgrat aus Zucker- und Phosphatresten außen liegt. Die Struktur ähnelt einer Strickleiter, die um ihre Längsachse verdreht ist – man spricht von einer **Doppelhelix**. Die Basen bilden in der Mitte der Helix Paare, wobei immer Adenin und Thymin über zwei sowie Guanin und Cytosin über drei Wasserstoffbrückenbindungen verbunden sind (→ Nukleinsäuren, Seite 14). Diese Basenpaare stehen senkrecht zur Helixachse und bilden einen hydrophoben Stapel, der für die Stabilität des Moleküls sorgt.

Sowohl den Durchmesser der Helix als auch den Abstand der Basenpaare konnten Watson und Crick aus den Röntgenbeugungsmustern ablesen. So konnten sie errechnen, dass die Doppelhelix pro Windung recht exakt zehn Basenpaare aufweist. Zudem ist die Helix der DNA nicht ganz regelmäßig: Sie bildet eine große und eine kleine Furche aus. Enzyme nutzen diese Furchen, um die Basenabfolge (**Sequenz**) der DNA zu erkennen.

Replikation

Vor jeder Zellteilung muss das Erbmaterial der Mutterzelle verdoppelt werden, um die beiden Kopien auf die Tochterzellen verteilen zu können. Für diesen Vorgang der **Replikation** schlugen Watson und Crick 1953 mit ihrem DNA-Modell einen möglichen Mechanismus vor: Nach ihrer Vorstellung sollten für die Verdopplung die beiden DNA-Stränge getrennt werden, sodass sich neue Nukleotide mit den frei liegenden Basen verbinden könnten; diese Nukleotide würden wiederum zu einem neuen DNA-Strang verbunden. Auf diese Weise entstünden zwei DNA-Doppelstränge, die beide jeweils zur Hälfte aus elterlicher und neu gebildeter DNA bestehen. Man spricht von einer **semikonservativen** DNA-Replikation.

Beweisen konnten dieses Modell die beiden Forscher **Meselson** und **Stahl**. Sie benutzten das Verfahren der Dichtegradienten-Zentrifugation, bei dem sich

Moleküle je nach ihrem Gewicht an unterschiedlichen Stellen eines Zentrifugenröhrchens sammeln. Die Forscher ließen Bakterien zunächst auf einem Nährboden wachsen, der das schwere Stickstoff-Isotop ^{15}N enthielt. Die DNA-Moleküle der Bakterien enthielten daraufhin den schweren Stickstoff und sammelten sich im Zentrifugenröhrchen in einer typischen Bande. Diese lag deutlich tiefer als bei Bakterien, die auf normalem ^{14}N-Nährboden gewachsen waren. Die Forscher setzten die Bakterien auf normalen ^{14}N-Nährboden und ließen sie sich einmal teilen. Die Bakterien-DNA wurde dadurch leichter und bildete im Zentrifugenröhrchen eine Bande genau zwischen denjenigen von ^{14}N- und ^{15}N-DNA. Alle DNA-Doppelstränge enthielten also zu gleichen Teilen ^{14}N und ^{15}N – die alten Doppelstränge waren demnach nicht erhalten geblieben. Ließen die Forscher die Bakterien sich ein zweites Mal teilen, so fanden sie zwei gleich starke Banden: Eine auf mittlerer Höhe und eine auf der Höhe der ^{14}N-DNA. Bei der zweiten Teilung waren also auch DNA-Moleküle entstanden, die nur noch ^{14}N enthielten – das ist nur möglich, wenn die DNA-Stränge bei der Replikation vollständig erhalten bleiben und als Vorlage zur Synthese eines neuen Stranges dienen. Somit war das Modell der semikonservativen Replikation bestätigt.

Dieser Schluss hat sich als richtig herausgestellt. Zu Beginn der Replikation werden die beiden Stränge der DNA durch bestimmte Enzyme, die **DNA-Helicasen**, unter ATP-Verbrauch getrennt. Damit sich die Basen nicht gleich wieder verbinden, lagern sich **einzelstrangbindende Proteine** daran an. So entsteht

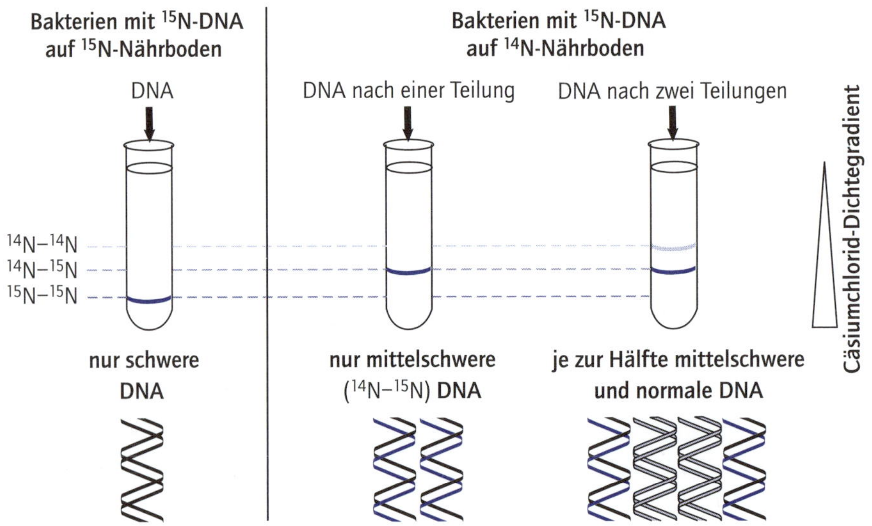

Meselson-Stahl-Experiment

eine **Replikationsgabel**, eine Y-förmige Struktur, die wie beim Öffnen eines Reißverschlusses immer weiter den DNA-Doppelstrang entlang gleitet. Das geschieht an mehreren Orten gleichzeitig, wodurch sich sogenannte **Replikationsblasen** bilden, die immer größer werden und schließlich verschmelzen.
Die Einzelstränge werden unmittelbar nach ihrem Entstehen als Vorlage zur Synthese neuer DNA-Stränge genutzt. Dazu erstellt die **Primase**, eine RNA-Polymerase, ein kurzes Stück RNA, das zu der DNA-Vorlage komplementär ist. Dieser **RNA-Primer** dient als Startpunkt für die DNA-Synthese, also für die eigentliche Replikation. Sie wird von DNA-Polymerasen durchgeführt.
Wichtig für die Replikation sind die **DNA-Polymerasen I** und **III**. Die DNA-Polymerase I entfernt die Ribonukleotide des RNA-Primers und ersetzt sie durch Desoxyribonukleotide. Die DNA-Polymerase III sorgt für die Verlängerung des DNA-Stranges. Der Elternstrang dient dabei als **Matrize** (Vorlage) für das Anfügen neuer Nukleotide.
Allerdings kann die DNA-Polymerase III den neuen Strang nur in 5'→3'-Richtung verlängern – das heißt, sie fügt die Desoxyribonukleotide immer an die 3'-OH-Gruppe des Zuckers am Ende eines wachsenden DNA-Stranges an. Daher kann das Enzym nur an einem der beiden Stränge unmittelbar der Helicase folgen und kontinuierlich den Matrizenstrang entlang gleiten. Diesen durchgehend hergestellten DNA-Strang nennt man **Leitstrang**.
Am anderen Elternstrang synthetisieren die Polymerasen den **Folgestrang** von der Replikationsgabel weg. Die Enzyme müssen dort immer wieder direkt hinter der Helicase ansetzen und ein Stück DNA erstellen, bis die Polymerase III auf das Ende des bereits erstellten Stranges stößt. Auf diese Weise entstehen kurze DNA-Fragmente, die man nach ihrem Entdecker, einem japanischen Biochemiker, **Okazaki-Stücke** nennt. Sie werden von dem Enzym **DNA-Ligase** zu einem zusammenhängenden Strang verknüpft.

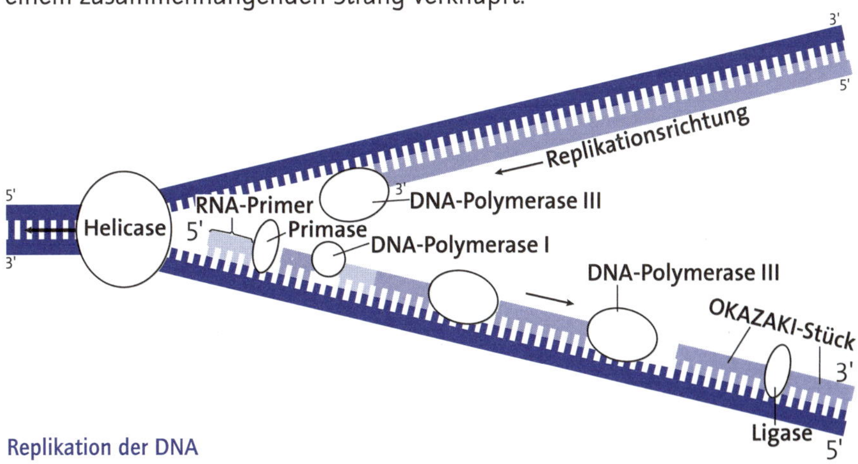

Replikation der DNA

INSIDER-TIPP ▪ DNA-Replikation

Selten wird in einer Abiturprüfung jedes Detail der DNA-Replikation abgefragt. Wichtig ist jedoch das Prinzip:

- **Die Replikation ist semikonservativ.**
- **Helicasen trennen die DNA-Stränge an der Replikationsgabel, es entstehen Replikationsblasen.**
- **RNA-Polymerasen erstellen RNA-Primer, DNA-Polymerasen synthetisieren die neuen DNA-Stränge.**
- **Der Leitstrang wird durchgehend erstellt, am Folgestrang verbinden Ligasen die Okazaki-Fragmente.**

Transkription und Processing

Die Gene in unserem Erbgut sind zum größten Teil Anleitungen für den Bau von Proteinen. Weil die Proteine jedoch in eukaryotischen Zellen im Zellplasma gebildet werden und die DNA den Zellkern nicht verlassen kann, erstellt die Zelle von den Genen Arbeitskopien. Die **Messenger-RNA**, kurz **mRNA** dient dabei als Bote (engl. *messenger*) zwischen Zellkern und Zellplasma. Prokaryoten nutzen dasselbe Prinzip, obwohl sie keinen Zellkern besitzen.

MERKE ▪ Nukleinsäuren

RNA besteht im Gegensatz zur DNA aus Ribonukleotiden. Sie liegt meist einzelsträngig vor und enthält statt Thymin die Pyrimidinbase Uracil.

Grundsätzlich ähnelt dieser **Transkription** genannte Vorgang der Replikation. Jedoch ist in diesem Fall kein Primer nötig: Die RNA-Polymerase setzt an

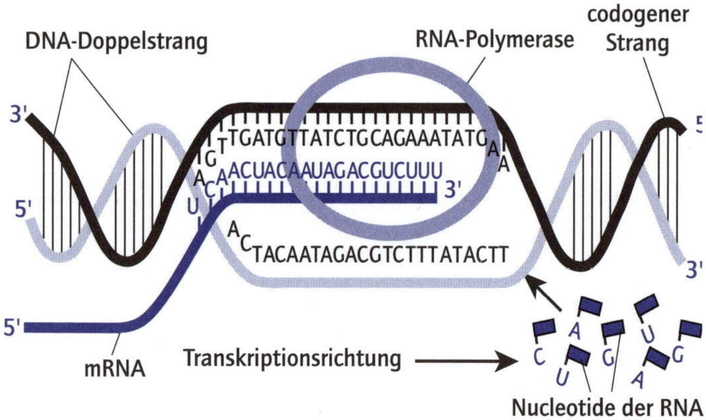

Transkription

einer bestimmten Stelle der DNA an und erstellt von einem der DNA-Stränge eine RNA-Kopie. Dabei wird immer derselbe DNA-Strang verwendet; weil nur dieser Strang Proteine codiert, heißt er **codogener Strang**. Auch der Startpunkt für die RNA-Polymerase ist immer ähnlich: Das Enzym bindet an eine bestimmte DNA-Sequenz, **Promotor** genannt. Vom Promotor aus hängt die RNA-Polymerase zum codogenen Strang komplementäre Ribonukleotide in 5'→3'-Richtung aneinander, bis sie an ein **Endsignal** gelangt und die Synthese beendet.

In prokaryotischen Zellen gelangt genau diese mRNA zu den Ribosomen und dient dort als Bauanleitung für ein Protein. Die mRNA eukaryotischer Zellen ist dagegen deutlich komplizierter aufgebaut. Sie durchläuft einen **Processing** genannten Reifungsprozess, bevor sie tatsächlich ihre funktionelle Form erreicht. Zunächst wird eine sogenannte **Prä-mRNA** gebildet, die wie ihr prokaryotisches Äquivalent eine einfache RNA-Kopie eines DNA-Abschnittes ist. Dieser Prä-mRNA wird am 5'-Ende eine molekulare „Kappe" (engl.: *cap*) angehängt, ein verändertes Nukleotid, welches später das Ablesen der mRNA erleichtert – „Capping" nennt man diesen Vorgang. Am 3'-Ende hängt die Zelle einen sogenannten **Poly-A-Schwanz** aus 100 bis 200 Adenin-Nukleotiden an, der den schnellen Abbau des Moleküls im Zytoplasma verhindert.

Bedeutsam für die Reifung der mRNA ist zudem ein Prozess, den man **Spleißen** nennt. Eukaryotische Gene sind im Gegensatz zu prokaryotischen gestückelt: Sie bestehen aus **Exons**, die die Bauanleitung für Proteine enthalten, und aus **Introns**, die im Verlauf des mRNA-Processings herausgeschnitten werden. Man spricht auch von **Mosaikgenen**. Die einzelnen Exons entsprechen dabei bestimmten Funktionsabschnitten eines großen Proteins; wie in einem Bausatz können sie oft in unterschiedlicher Reihenfolge zu verschiedenen Proteinen zusammengesetzt werden. Nach neueren Forschungsergebnissen übernimmt die RNA der Introns offenbar zumindest zum Teil regulatorische Aufgaben. Das Spleißen der Prä-mRNA übernehmen spezielle Enzyme, die selbst vor allem aus RNA bestehen. Man nennt sie **Spleißosomen**.

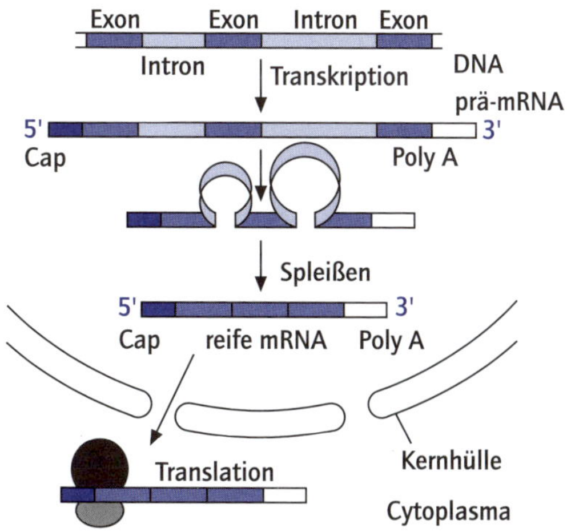

Processing eurokaryotischer mRNA

Translation und genetischer Code

Die DNA besteht aus vier verschiedenen Basen, enthält jedoch die Information für die Anordnung 20 verschiedener Aminosäuren. Daher kann nicht einfach eine Base für eine Aminosäure stehen. Auch die Kombination zweier Basen reicht nicht aus: Sie könnte lediglich 16 (4^2) verschiedene Aminosäuren darstellen. Tatsächlich werden die Aminosäuren der Proteine jeweils durch ein **Triplett** aus drei Basen codiert – man spricht von einem **Codon**.

Dieser **genetische Code**, der die Aminosäure-Abfolge der Proteine bestimmt, wurde in den 1960er-Jahren mithilfe künstlicher mRNA entschlüsselt. Der Amerikaner Marshall Nirenberg fand 1961 auf diesem Weg das erste Codon: Es war das Triplett UUU für Phenylalanin. Für 61 der 64 möglichen Tripletts wurden daraufhin zugehörige Aminosäuren gefunden. Die restlichen drei Tripletts stellten sich als Stop-Signale heraus: An diesen Stellen der mRNA bricht die Proteinbiosynthese ab. Auch ein Startcodon ist bekannt. Es ist das Triplett AUG, das auch die Aminosäure Methionin codiert. Methionin steht daher immer am Anfang eines Proteins, wird jedoch später aus dieser Position entfernt. Weil es zudem mehr Tripletts als Aminosäuren gibt, werden fast alle Aminosäuren von mehreren Tripletts codiert – der genetische Code ist **degeneriert**.

Erste Base	Zweite Base				Dritte Base
5'-Ende	U	C	A	G	3'-Ende
U	Phe	Ser	Tyr	Cys	U
	Phe	Ser	Tyr	Cys	C
	Leu	Ser	„Stopp"	„Stopp"	A
	Leu	Ser	„Stopp"	Trp	G
C	Leu	Pro	His	Arg	U
	Leu	Pro	His	Arg	C
	Leu	Pro	Gln	Arg	A
	Leu	Pro	Gln	Arg	G
A	Ile	Thr	Asn	Ser	U
	Ile	Thr	Asn	Ser	C
	Ile	Thr	Lys	Arg	A
	Met *(Start)*	Thr	Lys	Arg	G
G	Val	Ala	Asp	Gly	U
	Val	Ala	Asp	Gly	C
	Val	Ala	Glu	Gly	A
	Val	Ala	Glu	Gly	G

Der genetische Code

Die Aminosäuren werden von der **Transfer-RNA (tRNA)** transportiert. Diese Moleküle bestehen aus einem Einzelstrang von etwa 70 bis 80 Nukleotiden, deren Basen an manchen Stellen Paare bilden. Im zweidimensionalen Schema ergibt sich eine typische Kleeblattstruktur, tatsächlich aber windet sich die tRNA zu einem L-förmigen Molekül. An dessen langem Arm liegt das **Anticodon**: ein Basentriplett, das im Ribosom an ein bestimmtes Codon der mRNA bindet. Die zu diesem Codon passende Aminosäure hängt am kurzen Arm der tRNA.

Die Anticodons mancher tRNAs passen zu mehreren Codons. Nach der **Wobble-Hypothese** (engl. *to wobble* = wackeln) bindet ihre dritte Base nur locker an die mRNA und erlaubt somit verschiedene Paarungen. Dagegen gibt es für jede Aminosäure eine **Aminoacyl-tRNA-Synthetase**, die sie mit den zugehörigen tRNAs verknüpft.

MERKE ▪ genetischer Code

Verwechslungsgefahr: Der genetische Code bezieht sich auf die Sequenz der mRNA. Der codogene Strang der DNA und das Anticodon der tRNA sind dazu komplementär.

Ein Beispiel:

Aminosäure:	**Lysin**
mRNA:	**AAA**
DNA:	**TTT**
tRNA:	**UUU**

Die Übersetzung des genetischen Codes der mRNAs in eine Aminosäure-Sequenz nennt man **Translation**. Sie erfolgt in den Ribosomen. Diese Zellorganellen bestehen aus ribosomaler RNA (rRNA) und Proteinen. Sie bilden zwei unterschiedlich große **Untereinheiten**, die sich erst für die Translation zusammenlagern. Der Vorgang, an dem neben dem Ribosom noch weitere Enzyme beteiligt sind, lässt sich in drei Schritte gliedern:

- **Initiation (Start):** Die kleine Untereinheit des Ribosoms verbindet sich mit einer Bindungsstelle am 5'-Ende der mRNA. Die Start-tRNA mit der Aminosäure Methionin lagert sich über ihr Anticodon UAC am Startcodon AUG der mRNA an. Dann tritt die große Untereinheit des Ribosoms zum Startkomplex hinzu.
- **Elongation (Kettenverlängerung):** Das vollständige Ribosom besitzt zwei tRNA-Bindungsstellen. Im **Verknüpfungsort P** befindet sich zunächst die

Methionin-tRNA, während im **Erkennungsort A** das freie nächste Codon der mRNA liegt. Dort lagert sich eine passende, mit einer Aminosäure beladene tRNA an. Die beiden Aminosäuren werden verknüpft und auf die tRNA im Ort A übertragen. Die freie tRNA im Ort P verlässt das Ribosom. Das Ribosom rückt nun um ein Triplett auf der mRNA weiter, sodass sich wieder ein freies Codon im Ort A befindet. Dieser Zyklus wiederholt sich so lange, bis im Ort A ein Stopp-Codon vorliegt.

- **Termination (Kettenabbruch):** Liegt ein Stopp-Codon im Ort A, bindet ein **Release-Faktor** (Freisetzungsfaktor) daran und sorgt dafür, dass das fertiggestellte Polypeptid freigesetzt wird. Das Ribosom zerfällt wieder in seine Untereinheiten. Die mRNA kann, solange sie nicht abgebaut wird, von weiteren Ribosomen gelesen werden. Häufig sitzen etliche Ribosomen wie an einer Perlenschnur an derselben mRNA. Diese Gebilde nennt man **Polyribosomen** oder kurz **Polysomen**.

Die gebildete Polypeptidkette ordnet sich noch während der Translation zu einem dreidimensionalen Gebilde an. In vielen Fällen sind jedoch Hilfsproteine nötig, damit ein Polypeptid seine richtige Struktur erhält. Zudem werden manche Proteine nach der Translation noch verändert. So können beispielsweise Lipide, Zucker oder Phosphatreste angehängt werden, wenn sie für die Funktion des Proteins wichtig sind. Manche Polypeptidketten, wie das Hormon Insulin, müssen auch gespalten werden, um aktiv zu sein. Proteine, die zum Einsatz außerhalb der Zelle vorgesehen sind, tragen an ihrem zuerst gebildeten Ende ein etwa 20 Aminosäuren langes **Signalpeptid**, das sie für den Export aus der Zelle kennzeichnet. Das Signalpeptid wird beim Austritt aus dem Cytoplasma entfernt.

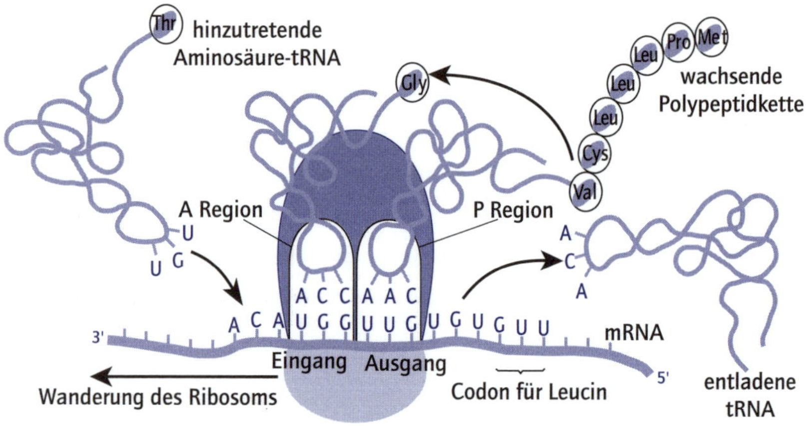

Translation

Gene und Genwirkketten

Mendel verstand unter einem Gen die Erbanlage für ein bestimmtes Merkmal. Jedoch bilden manche Gene gemeinsam ein Merkmal, und umgekehrt kann ein Gen mehrere Merkmale beeinflussen. In den 1940er-Jahren wurde eine neue Definition aufgestellt: Nach der **Ein-Gen-ein-Enzym-Hypothese** sollte jedes Gen ein Enzym codieren.

Forscher hatten festgestellt, dass Schimmelpilze die Aminosäure Arginin in drei Stufen herstellten: Aus einer Vorstufe entstand zunächst Ornithin, dann Citrullin und schließlich Arginin. Nachdem die Wissenschaftler die Pilze mit Erbgut schädigendem UV-Licht bestrahlt hatten, fanden sie Varianten, die jeweils eine Reaktion nicht mehr durchführen konnten. An der Herstellung von Arginin mussten also drei Enzyme beteiligt sein, für die es jeweils ein Gen gab – war das Gen beschädigt, fiel auch das Enzym aus.

In der Synthese von Arginin hatten die Forscher ein Beispiel für eine **Genwirkkette** gefunden. Darunter versteht man Stoffwechselwege, in denen mehrere Gene zusammenwirken, um ein Endprodukt herzustellen. Dennoch traf die Ein-Gen-ein-Enzym-Hypothese nicht ganz zu: Erstens sind nicht alle Proteine Enzyme, und zweitens sind manche Enzyme aus mehreren Polypeptiden zusammengesetzt, die wiederum von unterschiedlichen Genen codiert werden. Man spricht daher heute allgemeiner von der **Ein-Gen-ein-Polypeptid-Hypothese**. Doch auch das trifft nicht ganz zu. So codieren die Introns eukaryotischer Gene keine Polypeptide. Auch können die Exons eines Gens zu mehreren Proteinen zusammengesetzt werden. Und zudem werden auch tRNA und rRNA von Genen codiert. Allgemein ist ein Gen also beispielsweise ein Abschnitt der DNA, der ein funktionelles Produkt codiert.

PRÜFUNGSBEISPIEL ▪ Genwirkketten

Ein Pilzstamm wächst nur auf Nährboden mit Arginin oder Citrullin. Welches Gen ist bei ihm beschädigt?

Beschädigt ist bei dem Pilz das Gen für das Enzym, welches die Umwandlung von Ornithin in Citrullin katalysiert.

Das Gen für die Weiterverarbeitung von Citrullin zu Arginin ist dagegen noch intakt.

Regulation der Genaktivität

Nur ein kleiner Teil des Erbguts, die **konstitutiven** Gene, sind in einer Zelle immer aktiv. Viele Erbanlagen werden lediglich in bestimmten Zellen verwendet oder werden erst dann aktiv, wenn sie benötigt werden – sie nennt man **regulierte** Gene. Durch die Kontrolle der Genaktivität kann sich die Zelle auf ihre Umwelt einstellen. Ein grundlegendes Modell für den Mechanismus, nach dem Zellen Gene stilllegen oder aktivieren können, haben 1961 die französischen Forscher **François Jacob** und **Jaques Monod** vorgeschlagen: das **Operon-Modell**.

Ihr Modell beruhte auf Experimenten mit dem Darmbakterium **Escherichia coli**. Es war bekannt, dass sich E. coli in einem Nährmedium mit Glucose sehr gut vermehrt. Jacob und Monod übertrugen die Bakterien in ein Medium, das Lactose statt Glucose enthielt, und stellten fest, dass die Bakterien die Teilung einstellten. Offenbar konnten sie den Milchzucker nicht verwerten. Nach einigen Stunden begannen sie jedoch wieder, sich zu vermehren.

Die Gene für den Lactoseabbau waren also vorhanden, wurden aber erst aktiviert, nachdem Lactose statt Glucose im Nährmedium vorhanden war. Daraus schlossen Jacob und Monod, dass die Gene für den Lactose-Abbau von einem gemeinsamen Steuerungselement kontrolliert werden mussten, das durch Lactose aktiviert wurde. Diese Einheit aus Steuerungselementen und **Strukturgenen** – so bezeichnet man Gene, die Enzyme codieren – nannten sie **Operon**.

Bei Bakterien liegen Gene, deren Genprodukte gleichzeitig benötigt werden, auf der DNA meist unmittelbar hintereinander. Davor liegen zwei kontrollierende DNA-Abschnitte:

- An den **Promotor** bindet die RNA-Polymerase, um mit dem Erstellen einer mRNA zu beginnen.
- Zwischen dem Promotor und den Genen liegt ein **Operator**, an den ein **Repressor** binden und die Transkription verhindern kann.

Ein Repressor ist ein Protein, das von einem **Regulatorgen** außerhalb des Operons codiert wird. In aktiver Form bindet er an die DNA-Sequenz des Operators und verhindert so, dass die RNA-Polymerase vom Promotor aus die Transkription beginnen kann. Es ist dieser Repressor, der das Signal zum An- oder Abschalten der Gene eines Operons empfängt – und zwar in Form eines **Effektors**, das heißt eines Moleküls, das die Aktivität des Repressors kontrolliert.

Im Fall des Lactose-Operons (kurz: lac-Operon) von E. coli ist dieser Effektor das Lactose-Molekül selbst. Es bindet an den Repressor, welcher dadurch seine Struktur ändert und sich vom Operator trennt. Die RNA-Polymerase kann also mit der Transkription der Strukturgene beginnen. Wenn ausreichend mRNA erstellt und daraufhin an den Ribosomen genügend Enzyme synthetisiert worden sind, kann das Bakterium mit dem Abbau von Lactose beginnen. Die Aktivierung eines Operons durch einen Effektor nennt man **Enzyminduktion**.
Umgekehrt verhält es sich bei einem anderen Operon von E. coli, dem Tryptophan-Operon. Darin sind die Enzyme zusammengefasst, die für die Herstellung der Aminosäure Tryptophan notwendig sind. In diesem Fall wird der Repressor des Operons durch einen Effektor aktiviert: Ist genügend Tryptophan vorhanden, bindet es an den Repressor und bewirkt, dass dieser die Transkription des Operons unterbricht. Auf diese Weise wird sichergestellt, dass nicht mehr Tryptophan als nötig hergestellt wird. Eine solche Inaktivierung eines Operons durch einen Effektor nennt man **Enzymrepression**.

> MERKE ▪ lac-Operon
> **Lactose** inaktiviert **einen Repressor und** aktiviert **dadurch das lac-Operon. Tryptophan** aktiviert **einen Repressor und** reprimiert **dadurch das trp-Operon.**

Regulation in Eukaryoten

Zur Regulation finden sich auch im eukaryotischen Erbgut Promotoren und Operatoren. Allerdings haben Eukaryoten über die Enzyminduktion und -repression hinaus noch eine Vielzahl weiterer Möglichkeiten, um die Aktivität von Genen zu steuern. Einige davon sind erst seit wenigen Jahren bekannt und werden noch intensiv erforscht. Möglicherweise spielen in der Regulation auch Teile jener Genom-Bereiche eine Rolle, für die Forscher bisher keine Aufgabe gefunden haben.
Seit langem bekannt ist, dass die zum Aufbau der Chromosomen nötigen Proteine Gene freilegen oder verbergen können. Zudem beeinflussen bestimmte DNA-Sequenzen die Transkription von eukaryotischen Genen oft über viele tausend Nukleotide hinweg: Sogenannte **Enhancer** (Verstärker) aktivieren dabei die Transkription, **Silencer** (Unterdrücker) hemmen sie. Auch nach der Transkription wird die Wirkung eukaryotischer Gene noch kontrolliert, etwa durch alternatives Spleißen, bei dem je nach Bedarf die einen oder die ande-

ren Abschnitte eines Gens als Exons oder Introns behandelt werden, durch die Regulation der Translation oder durch das An- und Abhängen von Signalpeptiden und das Zerschneiden von Proteinen.

Ein wesentlicher Regulationsmechanismus in Eukaryoten wird erst seit wenigen Jahren intensiv erforscht: die **RNA-Interferenz** (RNAi). In ihrem Zentrum stehen nur zwei dutzend Nukleotide – kurze, einzelsträngige RNA-Abschnitte – die je nach Herkunft miRNA, siRNA oder piRNA genannt werden. Sie nehmen auf mehreren Ebenen auf die Aktivität von Genen Einfluss: So kann RNAi bewirken, dass an die DNA im Bereich bestimmter Gene Methylgruppen angehängt und die Gene damit stillgelegt werden. Häufiger scheinen jedoch Fälle zu sein, in denen die kurze RNA an mRNA bindet und entweder deren Spaltung einleitet oder die Translation blockiert. Ein großer Teil der menschlichen Gene wird offenbar zumindest auch über diesen Weg reguliert.

Auch im eukaryotischen Erbgut finden sich Promotoren und Operatoren. Jedoch sind dort die Enzyminduktion und -repression bei weitem nicht die einzigen Möglichkeiten, um die Aktivität von Genen zu steuern. So können die zum Aufbau der Chromosomen nötigen Proteine Gene freilegen oder verbergen. Zudem werden eukaryotische Gene meist von sogenannten **Enhancern** (Verstärkern) oder **Silencern** (Unterdrückern) beeinflusst: Das sind DNA-Sequenzen, die die Transkription oft über viele tausend Nukleotide hinweg beeinflussen. Auch nach der Transkription wird die Wirkung eukaryotischer Gene noch kontrolliert, etwa durch alternatives Spleißen der mRNA, die Regulation der Translation, das Zerschneiden von Proteinen oder das An- und Abhängen von Signalpeptiden. Im Lichtmikroskop kann man die Aktivität eukaryotischer Gene häufig anhand sogenannter **Puffs** erkennen: Das sind lockere Bereiche in einem ansonsten dicht gepackten Chromosom, die auf aktive Gene hinweisen.

Mutationen und Mutagene

Mutationen sind Veränderungen des Erbguts einer Zelle. Sie können zufällig auftreten, aber auch durch **Mutagene** wie UV-Licht, Röntgenstrahlen und chemische Substanzen (z. B. Nitrosamine oder Teerstoffe wie Anthracen und Benzpyren) ausgelöst werden.

- **Genommutationen**, auch **Ploidiemutation** genannt, liegen vor, wenn die Zahl der Chromosomen einer Zelle verändert ist. Manche Pflanzen können mehrfache Chromosomensätze (3n, 4n) haben. Auch die Vervielfachung einzelner Chromosomen wie die Trisomie 21 beim Menschen ist eine Genommutation.

- **Chromosomenmutationen** entstehen durch Fehler beim Crossing-over. Es können Chromosomenteile verlorengehen (**Deletion**), verdoppelt werden (**Duplikation**), auf andere Chromosomen übertragen (**Translokation**) oder in falscher Orientierung eingebaut werden (**Inversion**).
- **Genmutationen** resultieren aus einer Veränderung der Basenabfolge eines Gens. Dafür gibt es folgende Möglichkeiten:
  - **Genverdopplungen** – ein Gen liegt mehrfach vor.
  - **Inversionen** – umgekehrter Einbau.
  - **Punktmutationen** – nur eine Base ist verändert. Bei der **Substitution** ist sie durch eine andere Base ersetzt; bei der **Addition** kommt eine Base hinzu; und bei der **Eliminierung** geht eine Base verloren.

Additionen und Eliminierungen von Basen führen dazu, dass sich das Leseraster der mRNA verschiebt – man spricht daher auch von **Rastermutationen**. Vom Ort der Mutation an werden bei der Translation andere Aminosäuren in das Protein eingebaut. Ein funktionsfähiges Genprodukt kann daher nur entstehen, wenn die Rastermutation kurz vor dem Ende des Gens liegt.

Substitutionen wirken sich dagegen nur auf ein Codon aus. Steht das neue Codon für dieselbe Aminosäure, spricht man von einer **stummen Mutation**. Codiert es jedoch eine chemisch völlig andere Aminosäure, kann das Protein dadurch seine Funktion verlieren. Dasselbe passiert, wenn durch eine Punktmutation ein Stopp-Codon im Gen entsteht. In diesen Fällen spricht man von **Nonsense-Mutationen**.

Sehr große Auswirkungen haben Mutationen in Keimzellen, weil sie den ganzen entstehenden Organismus beeinflussen. Ähnliches gilt für **Stammzellen**, das heißt für Zellen, die sich auch beim Erwachsenen noch teilen – sie geben mögliche Mutationen an alle Tochterzellen weiter. Doch auch Körperzellen, die sich nicht mehr teilen, können durch Mutationen gefährlich werden, wenn sie der Wachstumskontrolle des Körpers entkommen und sich ungehindert vermehren. Solche Zellen bilden Geschwüre und können sich zu Krebszellen weiterentwickeln.

Alle Arten von Mutationen können positive, negative oder neutrale Auswirkungen haben. Sind wichtige Gene von ihnen betroffen, wirkt sich das meist negativ aus – so führen Genommutationen und Chromosomenmutationen in den Keimzellen des Menschen fast immer zu schweren Schäden, wenn der entstehende Embryo überhaupt lebensfähig ist. Andererseits sind Mutationen aber auch ein Motor der Evolution: Durch Veränderungen im Erbgut eines Lebewesens können neue Eigenschaften und neue Arten entstehen.

3.5 Genetik der Bakterien und Viren

Rekombination bei Bakterien

Die Form, Funktion und Regulation bakterieller Gene entspricht im Prinzip jener von Eukaryoten. Weil Bakterien jedoch nur ein einziges Chromosom haben und sich ungeschlechtlich vermehren, nahm man lange Zeit an, dass es bei ihnen keine genetische Rekombination gibt. Erst die Experimente von Griffith und Avery zeigten, dass Bakterien durch **Transformation** neue Eigenschaften hinzugewinnen können (→ Erbsubstanz DNA, Seite 73). 1946 wurde dann bewiesen, dass Bakterien auch direkt genetisches Material austauschen können.

Forscher untersuchten zwei Bakterienstämme, die ein jeweils unterschiedliches Paar Aminosäuren nicht selbst herstellen konnten. Die Organismen wuchsen nur dann, wenn der Nährboden die betreffenden zwei Aminosäuren enthielt – eine Eigenschaft, die man **Auxotrophie** nennt. Als die Forscher die Bakterienstämme gleichzeitig auf Nährboden ohne Aminosäuren auftrugen, wuchsen jedoch Bakterien heran, die alle vier Aminosäuren selbst herstellen konnten – sie waren **prototroph** geworden. Die beiden Stämme mussten also Erbmaterial ausgetauscht haben.

Die direkte Übertragung von Erbmaterial zwischen Bakterien nennt man **Konjugation**. Voraussetzung dafür ist das **F-Plasmid**, auch **Fertilitätsfaktor** genannt. Plasmide sind kleine, ringförmige DNA-Moleküle, die in manchen Bakterien neben dem Chromosom vorkommen. Bakterien mit F-Faktor sind per Definition männlich (F^+), andere weiblich (F^-). F^+-Zellen können einen langen, röhrenförmigen **Pilus** ausbilden und darüber Kontakt zu einer F^--Zelle aufnehmen. Der Pilus verbindet das Zellplasma beider Zellen, daher spricht man auch von einer **Plasmabrücke**. Durch den Pilus überträgt die männliche Spenderzelle eine Kopie des Fertilitätsfaktors auf die weibliche Empfängerzelle, welche dadurch selbst zur F^+-Zelle wird.

PRÜFUNGSBEISPIEL ▪ F-Faktor

Wird eine F^+-Zelle durch Übertragung des F-Plasmids zur F^--Zelle? Falls nicht, wie kann dies geschehen?

Bei der Konjugation wird nur eine Kopie des F-Plasmids übertragen, die Spenderzelle bleibt also männlich. Der Fertilitätsfaktor kann aber durch Mutation seine Funktion verlieren, etwa nach Bestrahlung mit UV-Licht.

Auf dem F-Plasmid können weitere Gene liegen, die dann ebenfalls auf die Empfängerzelle übertragen werden. Sie können zum Beispiel **Resistenzen** gegen Antibiotika vermitteln. Bei manchen Bakterien ist das F-Plasmid in das Chromosom eingebaut. Diese Bakterien heißen **Hfr-Zellen** (*high frequency of recombination*), weil sie besonders häufig genetisches Material austauschen. Sie können über den Pilus eine Kopie ihres ganzen Chromosoms übertragen. Teile davon werden in der Empfängerzelle durch Rekombination in das Erbgut integriert. Allerdings bricht die Transduktion meist vorzeitig ab; in der Regel werden daher nur Gene übertragen, die auf dem Bakterienchromosom nahe dem Fertilitätsfaktor liegen.

Bau und Vermehrung der Viren

Viren befallen alle Arten von Zellen und sind wichtige Krankheitserreger von Mensch, Tier und Pflanze. Sie haben keinen eigenen Stoffwechsel und können sich nur in ihren Wirtsorganismen vermehren. Außerhalb der von ihnen befallenen Zellen sind sie praktisch leblose Molekülkomplexe. Ihr Erbgut besteht entweder aus DNA oder aus RNA, und sie enthalten immer nur eine Art von Nukleinsäuren. Äußerlich unterscheiden sie sich sehr stark.

Viren, die Bakterien befallen, nennt man **Bakteriophagen** oder kurz **Phagen**. Ein gut untersuchtes Beispiel ist der **T-Phage**, der E. coli befällt. Er besteht aus einer kugeligen Proteinhülle, die einen DNA-Faden enthält, sowie einem gleich langen Schwanzteil. Der Schwanz enthält einen steifen, hohen Stift, der von einer flexiblen Scheide umgeben ist. An seinem unteren Ende befindet sich eine mit spitzen Spikes besetzte Platte, von der sechs lange Schwanzfäden ausgehen.

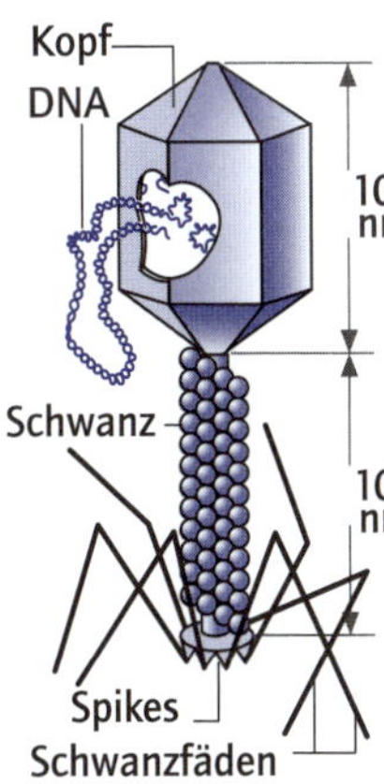

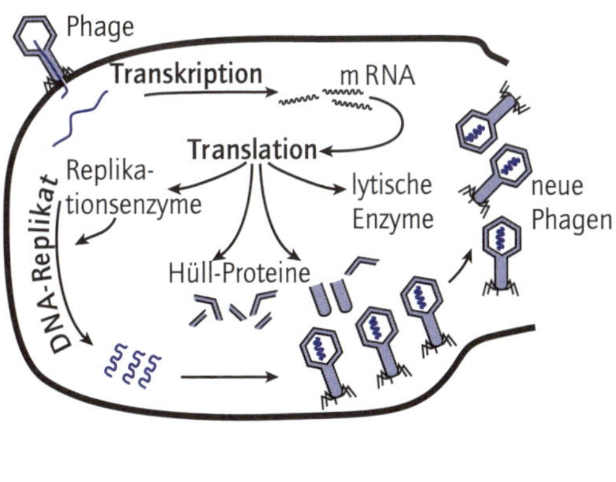

Vermehrung von T-Phagen

Mit der Schwanzplatte heftet sich der Phage an bestimmte Oberflächenstrukturen der Wirtszelle. Diese Strukturen machen die **Wirtsspezifität** der Viren aus, weil sie bei jeder Zellart unterschiedlich sind. Hat sich der Phage festgeheftet, löst er mit einem Enzym die Zellwand des Bakteriums unter sich auf. Seine Schwanzscheide zieht sich zusammen, der darin verborgene Stift bohrt sich durch die Zellmembran der Wirtszelle, und die Virus-DNA wird durch den Stift in das Plasma gepresst. Die leere Phagenhülle bleibt zurück.

Die Virus-DNA wird nun in der Bakterienzelle transkribiert und die genetische Information an den Ribosomen umgesetzt. Zuerst werden **lytische Enzyme** gebildet, die den Stoffwechsel der Wirtszelle umstellen: Die Virus-DNA wird repliziert, das Bakterienchromosom abgebaut und der ganze Proteinsyntheseapparat zur Herstellung neuer **Hüllproteine** herangezogen. Diese werden dann mit Virus-DNA zu neuen Phagen zusammengesetzt. Schließlich wird das Enzym **Lysozym** gebildet, das die Zellwand der Bakterien auflöst. Die Zellmembran platzt, und die Phagen werden freigesetzt.

Der Zeitraum vom Eindringen der Virus-DNA bis zur Herstellung neuer Phagen kann unterschiedlich groß sein. Nach dieser **Latenzphase** führt die Infektion mit einem **virulenten Phagen** wie dem T-Phagen immer zur Lyse, also zur Auflösung der Wirtszelle. Man spricht daher von einem **lytischen Zyklus** der Phagenvermehrung.

Temperente Phagen wie der E.-coli-Phage λ integrieren dagegen ihre DNA nach der Infektion in das Bakterienchromosom und überdauern dort als **Prophage** Generationen lang still. Dieser **lysogene Zyklus** kann durch äußere Signale, etwa ver-

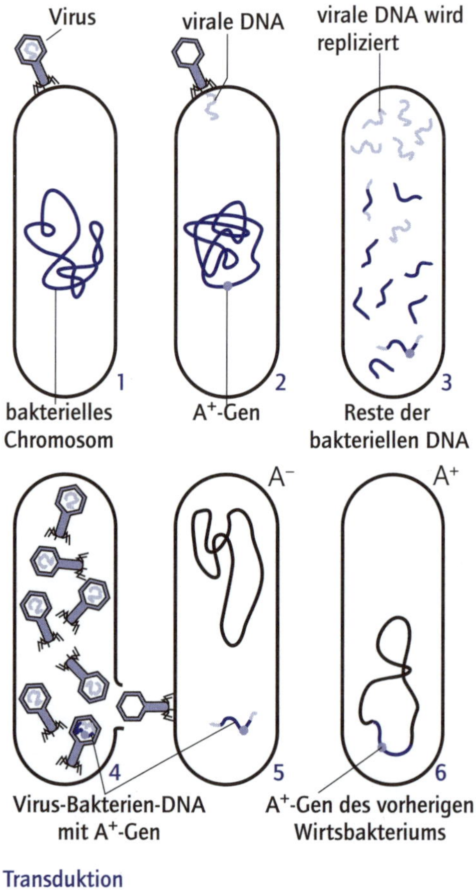

Transduktion

schlechterte Lebensbedingungen des Bakteriums, in den lytischen Zyklus übergehen.

Beim Zusammenbau der neuen Phagen können anstelle der Virus-DNA auch Teile des zerschnittenen Bakterienchromosoms in die Phagenhüllen und bei einer neuen Infektion in die Wirtszelle gelangen. Auf diese Weise können Phagen bakterielle Gene übertragen – ein Vorgang, den man **Transduktion** nennt. Man unterscheidet **allgemein transduzierende** Phagen, die jeden beliebigen Teil der Wirts-DNA übertragen können, von **speziell transduzierenden**, bei denen nur bestimmte Abschnitte in die Phagen gelangen können. Letzteres geschieht nur bei temperenten Phagen, die sich wie der Phage λ immer an einer bestimmten Stelle in das Bakterienchromosom integrieren. Beim Ausschneiden der Virus-DNA kann es zu Fehlern kommen, sodass benachbarte Bakteriengene mitgenommen werden.

Grundsätzlich verläuft die Vermehrung bei allen Viren ähnlich. Allerdings gibt es Viren, die als Erbgut RNA statt DNA besitzen. Bei manchen dieser **RNA-Viren** dient ihr Erbgut in der Wirtszelle als mRNA. Die **Retroviren** dagegen schreiben die RNA zunächst mithilfe des viralen Enzyms **Reverse Transkriptase** in DNA um, bevor diese repliziert und ins Wirtsgenom integriert wird. Die Reverse Transkriptase ist ein sehr ungenaues Enzym, das bei der Übersetzung der RNA in DNA relativ viele Fehler macht. Daher ändert sich das Erbgut der Viren oft von Generation zu Generation – das Immunsystem des Wirtes hat es daher schwer, die Viren zu erkennen, weil diese immer wieder anders aussehen.

Das wichtigste Retrovirus beim Menschen ist das **Human Immunodeficiency Virus**, kurz **HIV**. Es befällt **T-Helferzellen**, die eine wichtige Funktion in der Immunabwehr übernehmen (→ Seite 105). Oft verbleibt das Virus jahrelang unauffällig im Genom der Zellen, bevor es ausbricht und die T-Zellen zerstört. Sinkt die Zahl dieser Zellen daraufhin zu stark, kann das Immunsystem nicht mehr richtig

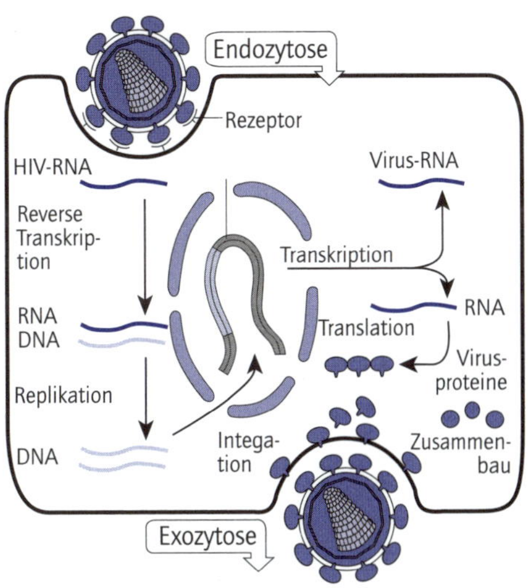

Vermehrung des HI-Virus (HIV)

arbeiten und die Infizierten sterben an vergleichsweise harmlosen Infektionskrankheiten. Diese erworbene Immunschwäche nennt man **AIDS** (Acquired ImmunoDeficiency Syndrom).

PRÜFUNGSBEISPIEL ▪ Hershey-Chase-Experiment

Die Amerikaner Hershey und Chase führten 1952 mithilfe von Bakteriophagen einen weiteren Beweis, dass Nukeinsäuren und nicht Proteine Träger des Erbguts sind. Dafür markierten sie die Proteine bestimmter Phagen mit radioaktivem Schwefel (^{35}S) und die DNA anderer Phagen mit radioaktivem Phosphor (^{32}P). Anschließend infizierten sie Bakterien mit den einen oder anderen Phagen und untersuchten, wo die Radioaktivität sich angesammelt hatte. Was beobachteten sie und was schlossen sie daraus?

Bei den mit den ^{35}S-Phagen infizierten Bakterien blieb die Radioaktivität außerhalb der Zellen. Bei mit ^{32}P-Phagen infizierten gelangte sie dagegen in die Zellen und fand sich in der DNA neu gebildeter Phagen. Also war für die Vermehrung der Phagen nur DNA nötig

3.6 Gentechnik und Biotechnologie

Zucht und Klonierung

Die klassische Zucht von Pflanzen und Tieren beruht vor allem auf der **Auslese (Selektion)** möglichst **reinerbiger** Individuen mit geeigneten Merkmalen. Durch **Kombination** können deren Eigenschaften in ihren Nachkommen vereint werden. Wichtig sind dabei **Inzucht** und **Rückkreuzung**, weil bei nah verwandten Individuen die Zahl möglicher Genotypen stark verringert ist. Eine modernere Entwicklung ist die **Mutationszucht**, bei der Mutagene eingesetzt werden, um in kurzer Zeit möglichst viele neue Eigenschaften zu erhalten.

Auf natürlichem Weg lassen sich nur Individuen derselben Art kreuzen. Durch chemische Behandlung der Keimzellen kann das jedoch auch über Artschranken hinweg gelingen (**sexuelle Hybridisierung**). Es entstehen **Artbastarde**. Bei der **somatischen Hybridisierung** werden dagegen Körperzellen zweier Arten verschmolzen. Es entsteht ein tetraploides Individuum mit Eigenschaften beider Arten. Diese Zuchtmethoden werden seit einigen Jahren an Pflanzen erprobt.

Der Erhaltung bestimmter Eigenschaften dient die **Klonierung**. Unter einem **Klon** versteht man ein Individuum, das exakt das gleiche Erbgut hat wie ein anderes. Bei Pflanzen ist es oft direkt möglich, aus einer einzelnen Körperzelle eine neue Pflanze zu züchten. Bei Tieren dagegen entnimmt man dazu einer befruchteten Eizelle den Zellkern und führt den Kern einer Körperzelle ein.

Gentechnische Methoden

In der zweiten Hälfte des 20. Jahrhunderts hat sich mit der **Gentechnologie** ein Wissenschaftszweig entwickelt, der deutlich gezielter als die klassischen Zuchtmethoden auf das Erbgut von Lebewesen Einfluss nimmt. So kann man Gene in Organismen einführen, ausschalten oder neu kombinieren. Unter dem Begriff **Gentechnik** fasst man heute alle Methoden zusammen, mit denen DNA unterschiedlicher Herkunft verknüpft wird.
Die wichtigsten Werkzeuge der Gentechnik sind die **Restriktionsenzyme**. Sie zerschneiden die DNA an genau definierten Stellen, wobei jedes Enzym eine bestimmte **Erkennungssequenz** hat. Die DNA-Stränge werden dabei meist nicht glatt, sondern um einige Nukleotide versetzt durchtrennt. Die überstehenden Nukleotide sind für jedes Enzym typisch und lagern sich leicht wieder zu einem Doppelstrang zusammen – daher werden sie auch **„sticky ends"** (klebrige Enden) genannt. Durch **DNA-Ligasen** können die DNA-Fragmente wieder verknüpft werden. Zerschneidet man DNA unterschiedlicher Organismen mit demselben Restriktionsenzym, lagern sich die entstandenen DNA-

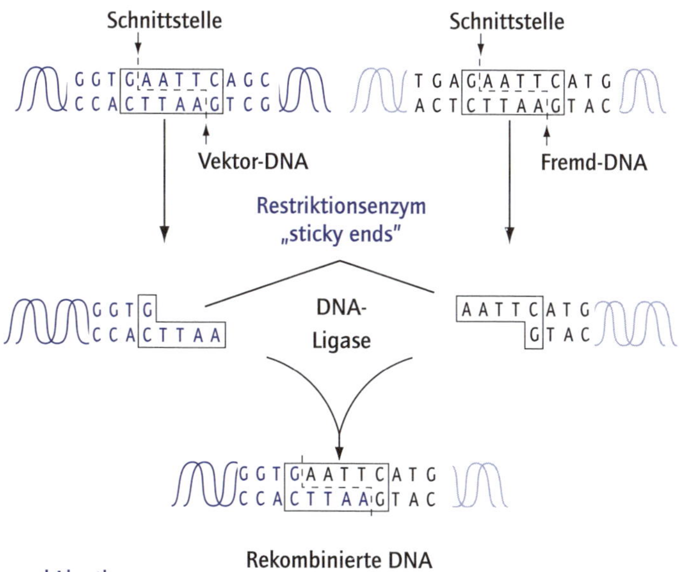

Restriktion und Ligation

Fragmente zufällig aneinander. Es entsteht daher auch **rekombinante DNA**, die Fragmente beider Organismen enthält.
Auf diese Weise ist es möglich, Fragmente fremder DNA in einen Organismus einzuführen. Man bedient sich dazu bestimmter Genfähren, der **Vektoren** – das können zum Beispiel Plasmide, Phagen oder Viren sein. Häufig verwendet man Plasmide, die zwei Resistenzgene für Antibiotika (etwa für Ampicillin und für Tetracyclin) tragen. Man wählt ein Restriktionsenzym, dessen Erkennungssequenz auf dem Plasmid nur einmal im Ampicillin-Resistenzgen vorkommt. Wird bei der Ligation die fremde DNA in das Gen eingebaut, geht die Resistenz verloren.

Die Plasmide schleust man dann in Bakterien ein. Dazu macht man deren Zellmembran meist durch Zugabe von Salzen oder von Polyethylenglycol porös. Streicht man die Bakterien anschließend auf einem Nährboden aus, der Tetracyclin enthält, wachsen darauf nur Bakterien, die das Plasmid enthalten. Anschließend überträgt man die Bakterienkolonien auf einen weiteren Nährboden, der neben Tetracyclin auch Ampicillin enthält. Die darauf wachsenden Bakterien enthalten Plasmide ohne Fremd-DNA. Das gesuchte DNA-Fragment befindet sich also nur in Bakterien, die auf Nährboden mit Tetracyclin, nicht aber auf Nährboden mit Tetracyclin und Ampicillin wachsen.

Organismen, die Anteile fremder DNA enthalten, nennt man **transgen**. Auch in eukaryotische Zellen kann man auf verschiedenen Wegen fremde DNA einführen:

- **Viren** können als Vektoren dienen.
- **Laser** brennen Löcher in Zellwand und Zellmembran, durch die Fremd-DNA eindringen kann.
- Bei der **Elektroporation** erzeugen starke Stromstöße kurzzeitig Löcher in der Zellmembran.

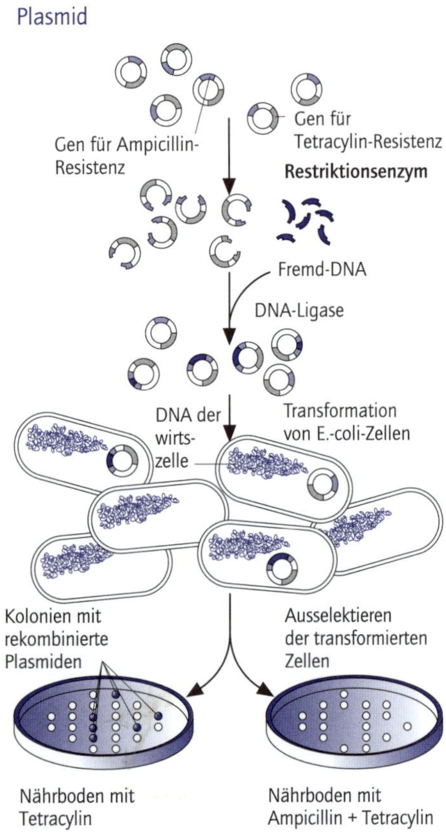

Plasmide als Vektoren

- **Liposomen** – von einer Lipiddoppelschicht umschlossene Vesikel mit DNA im Innern – verschmelzen mit der Zellmembran.
- Eine **Partikelpistole** schießt mit DNA beschichtete Goldpartikel bis in den Zellkern.
- Bei der **Mikroinjektion** wird Fremd-DNA durch eine sehr feine Kanüle direkt in den Zellkern gespritzt.

Gentechnik in der Landwirtschaft

Viele Nutzpflanzen werden heute gentechnisch verändert, um ihren Ertrag zu steigern oder ihren Anbau zu vereinfachen. Der wichtigste Vektor ist dabei das **Ti-Plasmid** aus **Agrobacterium tumefaciens**. Dieses Bakterium befällt Pflanzenzellen, schleust das Plasmid in deren Zellkern ein und erregt daraufhin Krebs. Für den Gentransfer werden die tumorerzeugenden Gene auf dem Ti-Plasmid durch die gewünschte DNA ersetzt. Das rekombinierte Plasmid wird dann entweder über die Bakterien oder mit Partikelpistolen oder Mikroinjektion durch die Zellwand in den Zellkern der Zielzelle gebracht.
Auf diesem Wege kann man zum Beispiel Gene in Pflanzen einführen, die Resistenzen gegen Krankheiten oder Parasiten vermitteln. Ein Beispiel ist ein Gen für das Gift des Bodenbakteriums **Bacillus thuringiensis**. Dieses Gift tötet die Larven von Insekten, die Mais fressen. Transgene Pflanzen (**„BT-Mais"**), die dieses Gift selbst bilden, werden von den Insekten nicht mehr befallen. In ähnlicher Weise werden Kulturpflanzen heute auch resistent gegen Herbizide gemacht und an extrem heiße oder trockene Standorte angepasst.

PRÜFUNGSBEISPIEL ▪ „Grüne" Gentechnik

Gentechnisch veränderte Pflanzen sind in den USA weit verbreitet, in Deutschland jedoch höchst umstritten. Nennen Sie Argumente für und gegen ihre Verwendung.

Diese Pflanzen sind meist weniger anfällig gegenüber Krankheiten und Parasiten und wachsen auch an extremen Standorten. Sie bringen auf diese Weise in der Regel einen höheren und sichereren Ertrag – auch in landwirtschaftlich armen und trockenen Gegenden, etwa in der dritten Welt. Allerdings lassen sich die Früchte solcher Pflanzen meist nicht als Saatgut verwenden, sodass Bauern die Saat jedes Jahr aufs Neue von den Herstellern kaufen müssen. Auch können gentechnisch veränderte Pflanzen ihre neuen Gene auf andere Pflanzen übertragen und das ökologische Gleichgewicht stören. Außerdem ist unbekannt, wie sich die Erbgutveränderungen und die anderen Wachstumsbedingungen auf den Menschen auswirken.

Gentechnik in Medizin und Forschung

Ein wichtiges Anwendungsgebiet der Gentechnik ist die Medizin. Viele Medikamente, wie das Hormon **Insulin**, auf das Diabetiker angewiesen sind, werden heute gentechnisch hergestellt. Die entsprechenden menschlichen Gene sind in Bakterien eingebracht worden, die nun die Arzneistoffe produzieren. Noch vor wenigen Jahrzehnten musste Insulin umständlich aus den Bauchspeicheldrüsen von Rindern oder Schweinen isoliert werden.

Doch nicht nur gentechnisch veränderte Bakterien kommen in der Medizin zum Einsatz: Pflanzenzellen dienen heute ebenso wie (Hefe-)Pilze, tierische und sogar menschliche Zellen als Mini-Fabriken zur Medikamentenproduktion. Nachdem die pharmazeutische Industrie jahrzehntelang vor allem auf chemisch gewonnenen Arzneimitteln basierte, sind durch den Einsatz von Gentechnik und Biotechnologie in den vergangenen Jahren ganz neue Wirkstoffklassen entstanden. Ein Beispiel dafür sind **monoklonale Antikörper**, bei denen man sich die natürlichen Bindungseigenschaften von Antikörpern zunutze macht, um sehr spezifisch Zielmoleküle im Körper unschädlich zu machen.

Auch der Einsatz von RNA-Interferenz für therapeutische Zwecke wird derzeit erforscht. Weniger erfolgreich sind dagegen bislang Versuche zur **Gentherapie** verlaufen, bei denen Mediziner fremde Gene direkt in die Zellen von Patienten einbringen, um etwa Erbkrankheiten zu heilen. In die **Keimbahn** einzugreifen und auf diesem Wege etwa Menschen zu klonieren, ist in Deutschland wie in den meisten Ländern der Welt verboten.

Erhebliche medizinische Bedeutung hat auch die **Genomik** gewonnen. Dieser Wissenschaftszweig betrachtet die Gesamtheit der Gene eines Organismus und ihren Einfluss auf dessen Phänotyp. So kann man viele für Krankheiten verantwortliche Gene heute durch eine **DNA-Analyse** erfassen. Die wichtigste Methode ist dabei die **Polymerase-Kettenreaktion (PCR)**: Mit ihrer Hilfe lassen sich winzige Mengen DNA-Moleküle nahezu unbegrenzt vervielfältigen, sodass sie leicht analysiert werden können.

Die Methode beruht auf der Wirkung von **DNA-Polymerasen**, die für die Replikation zuständig sind; zusätzlich werden der Lösung mit der zu vervielfältigenden DNA **freie Nukleotide** sowie **Primer** zugegeben, das sind kurze Nukleinsäure-Ketten, die zu bestimmten Bereichen der gesuchten DNA komplementär sind. In einem zyklischen Prozess wird zunächst die Lösung

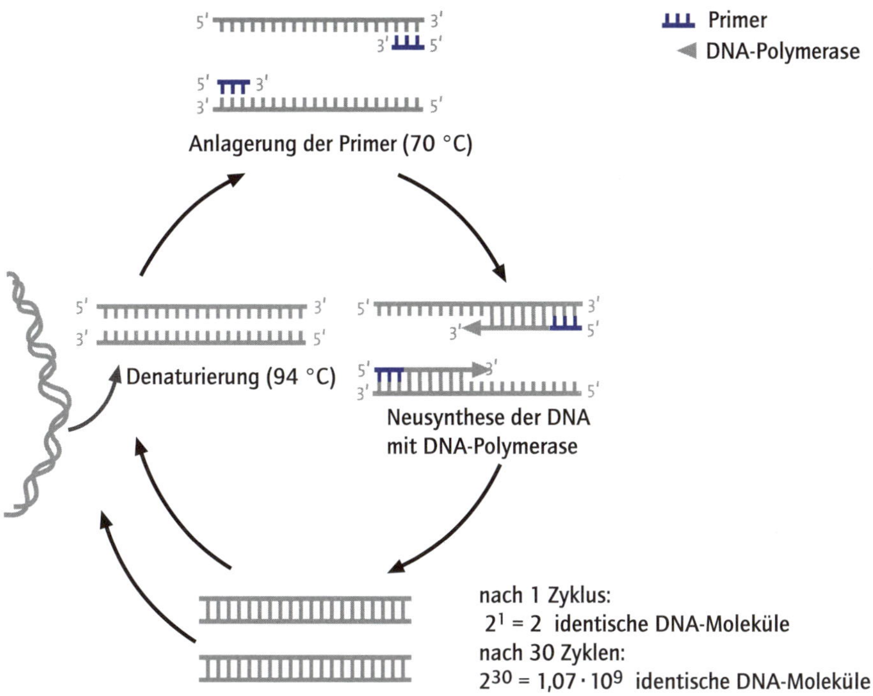

Polymerase-Kettenreaktion (PCR-Methode)

so weit erhitzt, dass sich die beiden DNA-Stränge trennen (**Denaturierung**). Anschließend lässt man sie etwas abkühlen, sodass sich die Primer mit jeweils einem der Stränge verbinden (**Hybridisierung**) und die DNA-Polymerasen sie mithilfe der freien Nukleotide zu einem vollständig komplementären Doppelstrang auffüllen können und ein neuer Zyklus beginnt.

Theoretisch genügt dafür ein einziges DNA-Molekül – was die PCR zu einer der empfindlichsten biologischen Techniken überhaupt macht. Inzwischen ist auf diese Weise im Rahmen des **Human-Genom-Projekts** (HUGO) das Genom des Menschen **entschlüsselt**, das heißt seine Sequenz festgestellt worden. Die gewonnenen Daten dienen unter anderem als Grundlage für die Erforschung des Einflusses von Genen auf Krankheiten.

Biotechnologie

Die Biotechnologie nutzt Mikroorganismen und eukaryotische Zellen zur Herstellung von Produkten. Dazu gehört die Produktion von Brot, Jogurt und Käse ebenso wie die Vergärung von Traubensaft und Hopfen-Malz-Extrakt zu Wein und Bier. Die moderne Biotechnologie nutzt zudem die Methoden der

Gentechnik, um Stoffe effektiv und großtechnisch herzustellen, umzuwandeln oder abzubauen.

Die – gegebenenfalls gentechnisch veränderten – Zellen werden dafür zunächst herangezogen und ausgewählt und dann in sogenannten **Bioreaktoren** vermehrt. Darunter versteht man große, mit Nährflüssigkeit gefüllte Behälter, in denen optimale Bedingungen für das Wachstum der gewünschten Organismen und für die Produktion der gefragten Stoffe herrschen. Man spricht auch von **Fermentern**.

Unter anderem werden auf diesem Weg heute Medikamente, Antibiotika und Impfstoffe hergestellt. Zellkulturen können auch eingesetzt werden, um Chemikalien nachzuweisen, Abgase zu reinigen oder Böden zu entgiften. Dabei nutzt man die Fähigkeit von Mikroorganismen, für den Menschen schädliche Substanzen abzubauen.

CHECKLISTE

3 Genetik

Die Genetik hat sich in den vergangenen Jahrzehnten stark verändert – auch in der Schule: Die klassische Genetik hat (fast) nur noch historische Bedeutung, die Molekulargenetik wird immer wichtiger. Das spiegelt sich auch in den Abiturprüfungen wider, in denen zudem gern beide Themen verknüpft werden. Es lohnt sich, die Genetik als Reise vom Großen ins Kleine, vom Allgemeinen ins Spezielle zu verstehen:

Die Zytogenetik kann man größtenteils noch im Lichtmikroskop verfolgen. Es geht um:

- **Chromosomen, Chromatiden und ihren Aufbau**
- **haploide, diploide und polyploide Zellen**
- **Basenpaare, Gene und Allele**
- **Mitose und Meiose (ja, die Phasen und ihre Namen muss man kennen!)**

Die klassische Genetik passt sich in die Chromosomentheorie ein. Ihre Aussagen sind grob, aber grundsätzlich immer noch richtig – und werden auch weiterhin abgefragt:

- Mendel'sche Regeln:
  Uniformitätsregel, Spaltungsregel, Unabhängigkeitsregel
- homozygot und heterozygot
- dominante, rezessive und intermediäre Erbgänge
- Genkopplung, Crossing-over und Genkarten

Die Humangenetik bezieht die Erkenntnisse der klassischen Genetik auf den Menschen. Lehrer glauben, dass das interessant für Schüler sein könnte – und fragen gern nach:

- Blutgruppen und ihrer Vererbung
- Erbkrankheiten: autosomal/gonosomal, dominant/rezessiv
- Chromosomenfehlern, Gentests und genetischer Beratung
- Genetischer Vererbung und Umwelteinflüssen (Diskussion!)

Die Molekulargenetik betrachtet die Vererbung auf molekularer Ebene. Wer sie versteht, findet die Mendel'schen Regeln logisch. Wichtig:

- die Erbsubstanz DNA, ihr Aufbau und ihre Replikation
- Gene mit ihrer Funktion und ihrem Aufbau in Pro- und Eukaryoten
- Regulation in Prokaryoten:
  Operon-Modell, Induktion und Repression
- Regulation in Eukaryoten:
  Puffs, Silencer/Enhancer, RNA-Interferenz
- die verschiedenen Formen von Mutationen und ihre Folgen
- molekulare Genetik der Bakterien
  (Transformation, Konjugation, Resistenzen)
- molekulare Genetik der Viren
  (Phagen, Transduktion, DNA-/RNA-Viren, Retroviren)

Gentechnik und Biotechnologie nutzen diese Erkenntnisse. Ihre Bedeutung im Alltag – und in Prüfungen – wird immer größer.
Kennen sollte man:

- die klassischen Zuchtmethoden und ihre Begriffe
- Gentechnische Methoden mit Restriktionsenzymen, Ligasen, Vektoren
- Anwendungen der Gentechnik in der Landwirtschaft (z. B. transgene Pflanzen) Medizin (z. B. Gentherapie), Forschung (z. B. PCR) und Biotechnologie (z. B. Bioreaktoren)

4 Immunbiologie

Unser Körper ist ständigen Angriffen ausgesetzt. Viren, Bakterien, Pilze, Einzeller und Parasiten versuchen, sich in ihm einzunisten und zu vermehren. Als Schutz gegen diese Infektionen haben sich drei Abwehrmechanismen entwickelt: unspezifische Immunabwehr, spezifische Immunabwehr und Immungedächtnis.

Die äußerste Verteidigungslinie bilden **Haut** und **Schleimhäute**. Talg- und Schweißdrüsen sorgen für ein saures Milieu, in dem die meisten Mikroorganismen zugrunde gehen; auch ist die Haut dicht mit harmlosen Bakterien besetzt, die Krankheitserreger am Einnisten hindern. Speichel, Tränen und Schleim enthalten zudem antibakterielle Enzyme wie das **Lysozym**, das Bakterien-Zellwände auflöst. Und der saure pH-Wert im Magen verhindert das Eindringen von Erregern über die Nahrung. Überwinden können Erreger diese **Infektionsbarrieren** nur dann, wenn sie besonders widerstandsfähig sind oder Haut und Schleimhäute durch Verletzungen oder Krankheiten geschwächt sind.

Die Sekrete der Haut und Schleimhäute sind Teil der **unspezifischen Immunabwehr**, die sich allgemein gegen alles Körperfremde richtet.

Dazu gehört auch die zweite, innere Verteidigungslinie des menschlichen Körpers, die vor allem aus bestimmten **weißen Blutkörperchen**, den **Fresszellen**, besteht. Dringen Bakterien oder Viren etwa durch eine Wunde in tiefere Hautschichten ein, senden die betroffenen Hautzellen chemische Signale aus und locken die Fresszellen an. Diese verschlingen die Fremdkörper und machen sie unschädlich – man spricht von **Phagozytose**. Ein wichtiges Merkmal dieses Teils der unspezifischen Immunabwehr sind **Entzündungen**. Die beschädigten und von Bakterien oder Viren befallenen Körperbereiche werden stärker durchblutet und sind daher geschwollen und gerötet.

Fremdkörper, die dennoch bis in die Blutbahn vordringen, bekämpft die **spezifische Immunabwehr**, an der bestimmte Proteine – die **Antikörper** – sowie verschiedene weiße Blutkörperchen beteiligt sind. Dieses **Immunsystem** richtet sich gezielt gegen bestimmte Fremdkörper, wird im Laufe des Lebens immer weiter verfeinert und entwickelt sogar ein **Immungedächtnis**.

4.1 Immunantworten und Immungedächtnis

Antigene und Antikörper

Die wichtigste Aufgabe des Immunsystems ist es, körperfremde Stoffe von körpereigenen zu unterscheiden. Das geschieht anhand bestimmter Oberflächenstrukturen, die vor allem aus Polysacchariden und Proteinen bestehen und jeweils typisch für einen eindringenden Organismus sind. Allgemein werden Strukturen, die eine Abwehrreaktion hervorrufen, **Antigene** genannt. Tatsächlich erkennt das Immunsystem meist nur einen kleinen Bereich eines Makromoleküls. Diesen Abschnitt bezeichnet man als **Epitop** oder **antigene Determinante**. Große Makromoleküle können mehrere Epitope tragen – sie sind **polyvalent**.

Die Erkennung von Antigenen, die sich außerhalb der Körperzellen befinden, geschieht durch **Antikörper**. Das sind meist Y-förmige Proteine, die an ein bestimmtes Antigen binden. Es sind mehrere **Klassen** von Antikörpern bekannt, die unterschiedliche Aufgaben haben. Sie werden auch unter dem Namen **Immunglobuline** (**Ig**) zusammengefasst. Das häufigste Immunglobulin ist **IgG**. Der IgG-Antikörper besteht aus vier Polypeptidketten. Zwei identische, kurze **L-Ketten** (engl. *light*) und zwei ebenfalls identische, lange **H-Ketten** (engl. *heavy*) sind über **Disulfidbrücken** miteinander verbunden. Die meisten Aminosäuren dieser Ketten sind in allen Antikörpern gleich. An einem Ende der Ketten befinden sich jedoch **variable Bereiche**, die in jedem Antikörper verschieden sind. Sie bilden die **Antigen-Bindungsstelle**, die nach dem Schlüssel-Schloss-Prinzip ein bestimmtes Epitop erkennt. Weil jeder Antikörper zwei identische Antigen-Bindungsstellen besitzt, kann er zwei Fremdkörper miteinander verbinden. Mehrere gleiche Antikörper können auf diese Weise Viren oder Bakterien zu einem Komplex vernetzen, der daraufhin schnell von Fresszellen erkannt und unschädlich gemacht wird.

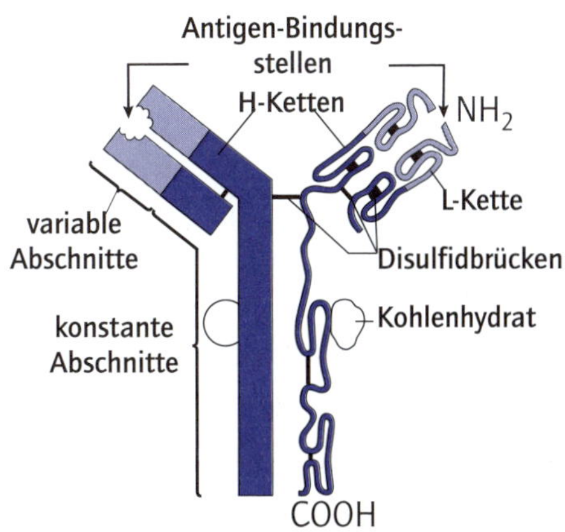

Struktur des IgG-Antikörpers

Eine wichtige Rolle für die Zerstörung der eingedrungenen Organismen spielt das **Komplementsystem**. Es besteht aus verschiedenen Proteinen, die durch die gebundenen Antikörper aktiviert werden und selbst die Immunreaktion verstärken. So locken manche dieser Proteine Fresszellen an. Andere binden an die Oberfläche fremder Zellen und markieren sie so für die Phagozytose. Ein weiterer Teil des Komplementsystems greift die Membran der eingedrungenen Zellen an. Und schließlich sorgen Proteine des Komplementsystems dafür, dass die Reste zerstörter Zellen abtransportiert und in Leber und Milz abgebaut werden.

Genetische Vielfalt und monoklonale Antikörper

Kurz nachdem unser Körper zum ersten Mal mit einem Erreger in Kontakt gekommen ist, bildet sein Immunsystem Antikörper dagegen. Sogar synthetische Antigene, die in der Natur nicht vorkommen, führen zur Bildung spezifischer Antikörper. Unser Immunsystem scheint auf jedes nur denkbare Antigen vorbereitet zu sein. Das ist umso erstaunlicher, als Antikörper – wie alle Proteine – von Genen codiert werden: Nach der Ein-Gen-ein-Protein-Hypothese müsste jeder Mensch viele Milliarden Gene alleine für Antikörper besitzen. Nach Schätzungen umfasst unser Erbgut jedoch nur wenige zehntausend Gene – die Vielfalt der Antikörper muss also auf anderem Wege zustandekommen.

Die Peptidketten der Antikörper werden aus mehreren Exons zusammengesetzt. Während für den konstanten Teil der Ketten immer die gleichen Exons codieren, gibt es für die variablen Bereiche mehrere Hundert Exons, die in jedem Lymphozyten auf unterschiedliche Weise zu einem Gen aneinandergehängt werden. Alleine dadurch ergeben sich mehrere Millionen Kombinationsmöglichkeiten. Zudem kommen in den Exons der variablen Bereiche offenbar besonders häufig Mutationen vor, sodass jeder Mensch viele Milliarden verschiedene Antikörper bilden kann.

Die Fähigkeit der Antikörper, Epitope spezifisch zu erkennen, macht sie auch zu einem wichtigen Werkzeug der Forschung. Mit ihrer Hilfe lassen sich gezielt molekulare Strukturen in einer Probelösung aufspüren. Spritzt man zum Beispiel einer Maus eine Antigen-Lösung, so bildet sie Antikörper gegen die entsprechenden Epitope. Verschmilzt man nun eine Antikörper produzierende Zelle mit einer Maus-Krebszelle (**Myelomzelle**), so erhält man Zellen, die sich unbegrenzt teilen und dabei den gewünschten spezifischen Antikörper produzieren. Diese **monoklonalen Antikörper** werden in vielen Bereichen der biologischen Forschung und der Medizin eingesetzt. Auch als Arzneimittel gewinnen monoklonale Antikörper an Bedeutung. Dabei machen sich die Mediziner spezifischen Bindungseigenschaften der Moleküle zunutze.

Zunächst suchen sie nach Zielmolekülen im Körper, die an der Entstehung von Krankheiten beteiligt sind: Das können zum Beispiel Rezeptoren auf der Oberfläche von Krebszellen sein, die ein Wachstumssignal an die Zellen weitergeben. Anschließend entwickeln die Forscher **therapeutische Antikörper**, die an genau diesen Rezeptor binden und ihn blockieren. Um Immunreaktionen auszuschließen, werden heute meist die menschlichen Gene durch **Rekombination** in die Antikörper produzierenden Zellen eingebracht.

INSIDER-TIPP ▪ Antikörper-Gene

Die Genetik der Antikörper wird häufig als Beispiel für die Struktur eukaryotischer Gene verwendet. Die Bedeutung der Exons, Introns und des Spleißens (→ Seite 79) sollte man auf jeden Fall erklären können.

Immunantwort

Die **Immunantwort** der meisten Lebewesen besteht lediglich aus einer unspezifische Immunabwehr. Neben der Haut und den Schleimhäuten mit ihren Sekreten besteht diese vor allem aus phagozytotischen Zellen, die eingedrungene Fremdkörper aufnehmen und vernichten. Im Menschen übernehmen **Granulozyten** im Blut und **Makrophagen** in der Lymphe diese Aufgabe.

Die Wirbeltiere, zu denen auch der Mensch gehört, verfügen zudem über eine spezifische Immunabwehr. Dieses **Immunsystem** wird getragen von bestimmten weißen Blutkörperchen, den **Lymphozyten**. Zwei Typen sind dabei von besonderer Bedeutung: **B-Lymphozyten** (B-Zellen) und **T-Lymphozyten** (T-Zellen). Beide entstehen aus gemeinsamen Vorläuferzellen im Knochenmark. B-Zellen gehen von dort direkt ins Blut über; sie produzieren Antikörper und bekämpfen Fremdkörper, die sich außerhalb der Körperzellen im Blut oder der Lymphe befinden. Dieses Abwehrsystem nennt man **humorale Immunantwort** (lat. *humor* = Flüssigkeit). T-Zellen dagegen entwickeln sich in der Thymusdrüse weiter; sie sind Teil der **zellulären Immunantwort**, die sich gegen Viren, Bakterien und Parasiten richtet, die in Körperzellen eingedrungen sind.

Humorale Immunantwort: B-Lymphozyten sind darauf ausgerichtet, jeweils einen spezifischen Antikörper herzustellen. Zunächst bildet jede Zelle nur einige Antikörper-Moleküle, die außen an der Zellmembran angebracht sind. Dort dienen sie als Rezeptoren und melden der B-Zelle, sobald sie mit ihrem spezifischen Antigen in Kontakt gekommen sind. Aus den vielen Milliarden B-Lymphozyten im Körper werden auf diese Weise nur diejenigen aktiviert, deren Antikörper zum Antigen passen: Genau sie beginnen sich zu teilen. Es entstehen Klone identischer B-Zellen, daher nennt man diesen Mechanismus **klonale Selektion**. Die Zellen eines Klons beginnen sich dann zu **differenzieren**, das heißt zu spezialisieren. Die meisten von ihnen entwickeln sich zu **Plasmazellen**, deren Stoffwechsel ganz auf die Antikörperproduktion ausgerichtet ist. Andere werden zu **B-Gedächtniszellen**, die zunächst keine Antikörper bilden, aber auch nach dem Ende einer Infektion erhalten bleiben. Dringt ein Erreger erneut in den Körper ein, können die Gedächtniszellen sehr schnell Plasmazellen bilden.

Nur wenige Antigene lösen die humorale Immunantwort direkt aus. In den meisten Fällen müssen die B-Zellen nach dem Kontakt mit dem Antigen zunächst von T-Zellen aktiviert werden. Dazu nehmen einige B-Zellen das Antigen durch Phagozytose auf und präsentieren Bruchstücke davon auf ihrer Oberfläche. **T-Helferzellen** (s. u.) erkennen die Bruchstücke und schütten Botenstoffe aus, die wiederum die B-Zellen zur Teilung und Differenzierung anregen.

Zelluläre Immunantwort: Wie B-Zellen tragen auch undifferenzierte T-Zellen antikörperähnliche Rezeptoren an ihrer Zelloberfläche. Diese Rezeptoren reagieren jedoch nicht auf freie Antigene, sondern auf solche, die ihnen von Körperzellen präsentiert werden. Die Körperzellen verbinden die antigenen Determinanten dafür mit bestimmten Membranproteinen, die aufgrund

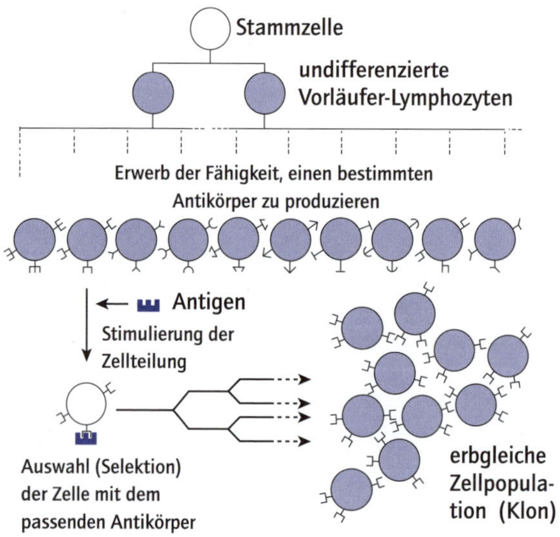

Klonale Selektion

ihrer Bedeutung für Abstoßungsreaktionen bei Organtransplantationen als **Haupthistokompatibilitätskomplex**, kurz **MHC** (engl. *major histocompatibility complex*) bekannt sind.

Makrophagen sind meist die ersten Immunzellen, die mit Fremdkörpern in Berührung kommen. Sie nehmen Viren, Bakterien und Parasiten durch Phagozytose auf und präsentieren Bruchstücke davon auf ihrer Zelloberfläche. Kommt ein passender T-Lymphozyt mit einem solchen Antigen in Kontakt, beginnt er sich zu teilen und zu differenzieren. Mehrere Arten von T-Lymphozyten sind dabei von Bedeutung. Im Zentrum des Immunsystems stehen die **T-Helferzellen**, die nach Kontakt mit dem Antigen Botenstoffe ausschütten. Damit stimulieren sie einerseits B-Zellen, andererseits jedoch auch weitere T-Zellen. Einige davon entwickeln sich zu **T-Killerzellen**, welche die Zellmembran infizierter Körperzellen mit Enzymen zerstören. So werden auch die darin vorhandenen Erreger unschädlich gemacht. Neben T-Killerzellen werden zwei weitere T-Lymphozyten gebildet. Zum einen sind das **T-Gedächtniszellen**, die in ihrer Funktion den B-Gedächtniszellen entsprechen. Zum anderen entstehen **T-Unterdrückerzellen**, die mit Hemmstoffen auf die anderen T-Zellen einwirken. Dadurch beenden sie die Immunantwort, wenn die Erreger bekämpft sind und die Krankheit ausgestanden ist.

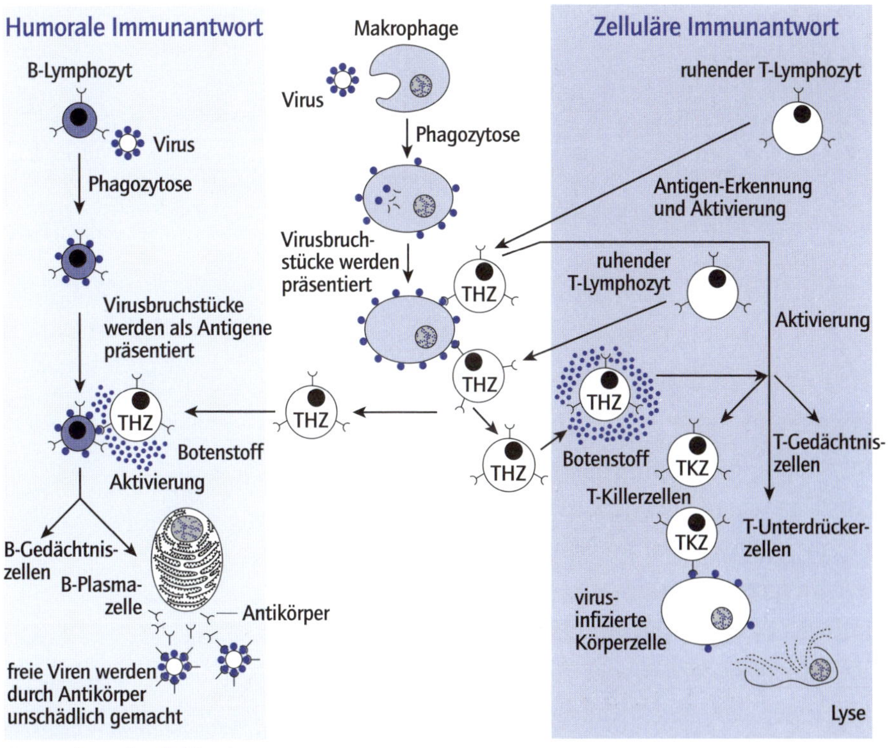

Humorale und zelluläre Immunantwort

MERKE ▪ Die Abwehrmechanismen des menschlichen Körpers

Unspezifische Immunabwehr:

a) Haut, Schleimhäute und Sekrete

b) Fresszellen (u.a. Makrophagen, Granulozyten) und Entzündungen

Spezifische Immunabwehr (Immunsystem):

a) Zelluläre Immunantwort: T-Lymphozyten

b) Humorale Immunantwort: B-Lymphozyten, Antikörper und Komplementsystem

Immungedächtnis und Impfungen

Kommt das Immunsystem zum ersten Mal mit einem Krankheitserreger in Kontakt, werden erst nach ein bis zwei Wochen in großen Mengen Antikörper dagegen gebildet. In diesem Zeitraum bis zur **Primärantwort** des Immunsystems können die Erreger sich im Körper verbreiten und Krankheiten auslösen. Gelangt derselbe Erreger dann ein zweites Mal in den Körper, verläuft die **Sekundärantwort** schneller – so schnell, dass die Krankheit gar nicht erst zum Ausbruch kommt. Der betreffende Mensch oder das Tier ist **immun** geworden. Verantwortlich dafür sind Tausende von langlebigen B- und T-Gedächtniszellen, die nach dem Erstkontakt mit einem Erreger gebildet werden. Bei **Impfungen** nutzt man diesen Mechanismus, um künstlich Immunität herzustellen. Dafür verabreicht man gesunden Personen geschwächte oder abgetötete Erreger, die keine Infektion mehr auslösen können, bzw. deren Bestandteile oder Gifte. Die Körper der Betroffenen reagieren darauf mit einer Immunantwort, in deren Verlauf auch Gedächtniszellen entstehen. Kommt eine auf diese Weise geimpfte Person anschließend mit dem aktiven Erreger in Kontakt, beginnt sofort eine Sekundärantwort und die Erkrankung bleibt aus. Weil der Körper sich bei der Impfung selbst durch eine Immunantwort vor einer Infektion schützt, spricht man von **aktiver Immunisierung**. Ist eine Person dagegen bereits erkrankt, kann es hilfreich sein, sie mit Antikörpern gegen den betreffenden Erreger zu behandeln. In diesem Fall spricht man von **passiver Immunisierung**.

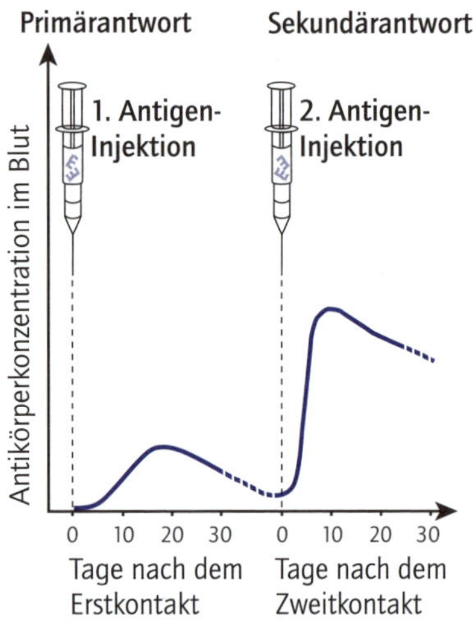

Primär- und Sekundärantwort bei einer Infektion

4.2 Störungen des Immunsystems

Allergien

Das Immunsystem schützt uns vor Infektionen, indem es Viren, Bakterien und Parasiten erkennt und unschädlich macht. In manchen Fällen reagiert es jedoch auch auf harmlose Substanzen mit einer starken Immunantwort. Die Folge sind **Allergien**. Die auslösenden Substanzen – zum Beispiel Pollen, Katzenhaare oder Hausstaubmilben – werden **Allergene** genannt.
An der Entstehung der meisten Allergien ist der Antikörper IgE beteiligt, der im Körper zum Beispiel für die Abwehr von Würmern zuständig ist. Der Erstkontakt mit einem Allergen führt zur Bildung einer Plasmazelle, die spezifische IgE-Antikörper gegen ein Epitop des Allergens produziert. Einige dieser Antikörper binden daraufhin mit dem Schwanzende an **Mastzellen**, das sind Immunzellen, die an der Entstehung von Entzündungen beteiligt sind. Die betreffende Person ist nun gegenüber dem Allergen **sensibilisiert**.
Bei einem neuerlichen Kontakt kann das Allergen mehrere der Antikörper auf der Oberfläche der Mastzelle vernetzen. Die Zelle schüttet daraufhin **Histamin** aus. Dieser Botenstoff erweitert Blutgefäße und macht deren Wände durchlässig, sodass Blut in das umgebende Gewebe einströmen kann. Die Folge sind Symptome wie Hautrötungen und -schwellungen, eine laufende Nase und Atembeschwerden. In extremen Fällen können die Blutgefäße derart abrupt erweitert werden, dass der Blutdruck rapide abnimmt. Ein solcher **anaphylaktischer Schock** kann innerhalb von Minuten zum Tod führen.

Autoimmunkrankheiten

B- und T-Lymphozyten entwickeln sich aus gemeinsamen Vorläuferzellen im Knochenmark. Während dieser Entwicklung werden jene Zellen aussortiert und getötet, die sich gegen körpereigene Strukturen richten. So wird sichergestellt, dass das Immunsystem tatsächlich nur auf Fremdkörper antwortet. Dennoch läuft diese Kontrolle in seltenen Fällen aus dem Ruder, und körpereigene Zellen oder Proteine werden Opfer des Immunsystems. Die Folge sind meist schwere Krankheiten. Der Diabetes-Typ I (insulinabhängige Diabetes) und die Multiple Sklerose sind Beispiele für solche **Autoimmunkrankheiten**.
Immunzellen, die sich gegen körpereigene Strukturen richten, nennt man **autoreaktiv**. Die entsprechenden Antikörper, meist der Klasse IgG, heißen **Autoantikörper**. Die Gründe für diese Fehlleitung des Immunsystems sind noch nicht bekannt. Es gibt Hinweise darauf, dass genetische Faktoren bei der

Entstehung von Autoimmunkrankheiten eine Rolle spielen. Außerdem scheinen auch Umweltfaktoren wie Stress, Ernährung und vor allem Infektionen Einfluss zu haben.

Immunschwäche und AIDS

Der Ausfall von Komponenten des Immunsystems kann schwerwiegende Folgen haben. So führen bei manchen Menschen genetische Defekte dazu, dass die humorale oder die zelluläre Immunantwort nicht mehr richtig funktioniert. Die Folge sind häufige Infektionen, die besonders schwer verlaufen. Beim „schweren kombinierten Immundefekt" *(Severe Combined Immunodeficiency, SCID)* sind sogar beide Arme des Immunsystems betroffen; die Betroffenen sind daher auf Knochenmarkstransplantationen angewiesen.
Auch ohne offensichtliche Defekte kann das Immunsystem durch verschiedene Faktoren beeinträchtigt werden. So sinkt zum Beispiel bei Stress die Zahl der weißen Blutkörperchen deutlich; allgemein gibt es viele Hinweise darauf, dass zwischen Psyche und Immunsystem eine enge Verbindung besteht. Auch verschiedene Gifte und Strahlung können das Immunsystem beeinträchtigen. Zudem sind auch Immunzellen anfällig für Krankheiten. Die bekannteste und wichtigste Immunschwächekrankheit ist **AIDS** (→ Seite 91 f.). Der Erreger der Krankheit, das **HI-Virus**, befällt und zerstört Makrophagen und vor allem T-Helferzellen. Auf diese Weise schwächt es beide Arme des Immunsystem, sodass die Betroffenen schließlich an relativ harmlosen Infektionen sterben.

CHECKLISTE

4 Immunbiologie

Die Immunbiologie gehört zu den kompliziertesten Prüfungsthemen – auswendig lernen ist hier praktisch zwecklos. Am besten versetzt man sich in die Lage eines Krankheitserregers und versucht gedanklich, alle Barrieren der Immunabwehr zu überwinden:

- **Die unspezifische Immunabwehr mit Haut, Schleimhäuten, Sekreten, Fresszellen und Entzündungen**
- **Die spezifische Immunabwehr mit zellulärem Teil (T-Lymphozyten) und humoralem (B-Lymphozyten, Antikörper, Komplementsystem)**
- **Das Immungedächtnis und Impfungen**

Die Störungen des Immunsystems (Allergien, Autoimmunkrankheiten, Immunschwäche) sind danach leicht zu verstehen.

5 Entwicklungsbiologie

Wie aus einer einzigen befruchteten Eizelle innerhalb von neun Monaten ein Mensch mit Hunderten Billionen hoch spezialisierter Körperzellen wird, ist eines der größten Rätsel der Biologie. Die einzelnen Zellen durchlaufen dabei verschiedene Phasen der Teilung und der Differenzierung, also der Weiterentwicklung.
Dabei gibt es zwischen verschiedenen Organismen viele Gemeinsamkeiten, aber auch große Unterschiede.

Der erste Schritt zur Entstehung eines neuen Organismus ist die Fortpflanzung. Diese kann **ungeschlechtlich** (**vegetativ**) erfolgen – in diesem Fall entsteht die Tochtergeneration direkt aus dem Mutterorganismus und enthält daher das gleiche Erbgut. Oder die Fortpflanzung geschieht auf **geschlechtlichem** (**sexuellem**) Weg – das heißt, durch die Bildung von geschlechtlich getrennten **Keimzellen**, die bei der Befruchtung verschmelzen und so einen Organismus mit mütterlichen und väterlichen Genomanteilen hervorbringen.

Ein besonderer Fall der Fortpflanzung sind **Generationswechsel**, bei denen sich Organismen sowohl geschlechtlich als auch ungeschlechtlich vermehren. Wechselt dabei ihr Chromosomensatz z. B. zwischen haploider und diploider Generation, spricht man zusätzlich von einem **Kernphasenwechsel**.

Die Entwicklung einer oder mehrerer Ursprungszellen zum vollständigen Organismus ist bei höheren Lebewesen ein sehr komplexer Prozess. Der Organismus durchläuft verschiedene **Embryonalstadien**, in deren Verlauf die Funktionseinheiten und Organe des Körpers ausgebildet werden. Viele dieser Stadien sind allen Wirbeltieren einschließlich des Menschen gemeinsam.

Die Information für diese Prozesse ist grundsätzlich im **Genom** eines Organismus codiert. Botenstoffe wie die **Hormone** steuern die Abläufe während der Embryonalentwicklung, aber auch im ausgewachsenen Organismus. Allerdings können auch **Umweltbedingungen** einen Einfluss auf die Entwicklung von Organismen haben.

5.1 Fortpflanzung

Ungeschlechtliche Fortpflanzung

Nicht immer steht eine Zygote am Anfang der Entwicklung eines Lebewesens. Viele Organismen – Bakterien und Einzeller, aber auch viele Pflanzen und niedere Tiere – pflanzen sich **vegetativ**, das heißt **ungeschlechtlich** fort:

- **Zweiteilung:** Bakterien und Einzeller wie Augentierchen und Amöben vermehren sich durch einfache mitotische Teilung.
- **Sprossung und Sporenbildung:** Hefen und Pilze gliedern einzelne Zellen aus einem Zellverbund ab, aus denen neue Organismen entstehen können.
- **Knospung:** Niedere Tiere (Schwämme, Korallen) gliedern Zellgruppen ab, die zu neuen Tieren heranreifen. Viele Pflanzen (Erdbeerpflanzen, Kartoffeln) bilden über- oder unterirdische **Ableger** als Vermehrungsorgane.
- **Stecklingsvermehrung:** Einzelne Stängel von Pflanzen bilden Wurzeln, wenn man sie in die Erde steckt.
- **Polyembryonie:** Streng genommen ist auch die Bildung eineiiger Zwillinge eine vegetative Vermehrung. Dabei teilt sich der Embryo in einem sehr frühen Stadium.

Geschlechtliche Fortpflanzung

Bei der geschlechtlichen Fortpflanzung wird das Erbgut zweier Individuen gemischt. Damit ist eine aufwendige Partnerwahl, Balz und Kopulation verbunden; aber die Vermischung der Genome vergrößert die genetische Vielfalt einer Art und erlaubt es ihr, sich auch bei langen Generationszeiten und kleinen Nachkommenzahlen schnell an eine veränderte Umwelt anzupassen.

Grundlage für sexuelle Fortpflanzung ist die Bildung von geschlechtlich differenzierten **Keimzellen**, den **Gameten**. Ihr Chromosomensatz ist durch Meiose halbiert. Bei der **Befruchtung** verschmelzen männliche und weibliche Keimzellen zur **Zygote**, die wieder den vollständigen Chromosomensatz trägt. Weibliche und männliche Gameten sind meist unterschiedlich gebaut. In der Regel sind Eizellen **unbeweglich** und **plasmareich**. Entwickelt sich die Zygote außerhalb des Mutterleibes, sind die Eier zusätzlich durch **Schalen** vor Austrocknung und Beschädigung geschützt und mit viel nährstoffreichem **Dotter** versehen. Männliche Gameten sind dagegen meist **beweglich** und **plasmaarm**.

Bei Tieren bewegen sich die männlichen Gameten – die **Spermien** – mithilfe von Geißeln gezielt zur Eizelle. Diese schüttet Botenstoffe aus, die den Spermien die Orientierung erleichtern. Ist ein Spermium in die Eizelle eingedrungen, bildet diese eine **Befruchtungsmembran** aus, um weitere Spermien abzuwehren. Die eigentliche **Befruchtung** findet dann durch das Verschmelzen der beiden Zellkerne statt.

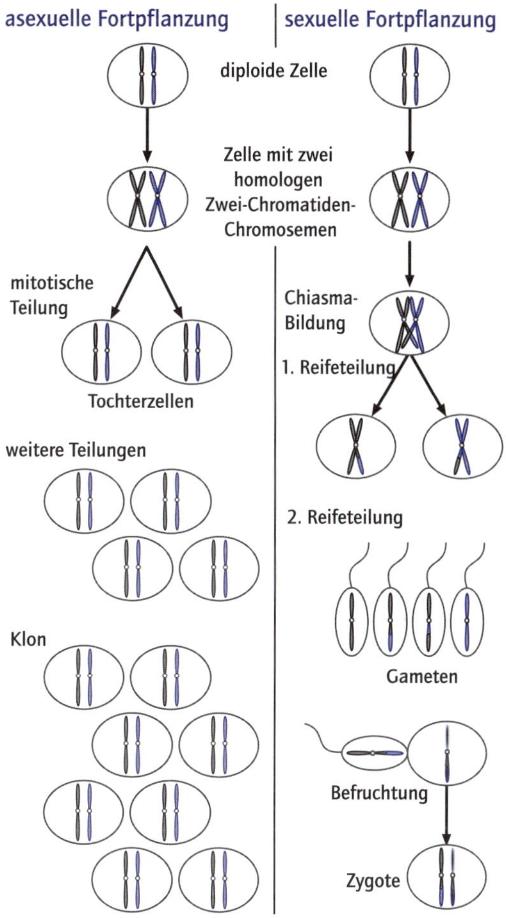

Die Keimdrüsen, in denen später die Keimzellen gebildet werden, werden bei Mensch und Tier schon sehr früh in der Embryonalentwicklung angelegt. In diesen Drüsen entstehen zunächst die – diploiden – **Ureizellen** (Oogonien) bzw. **Urspermienzellen** (Spermatogonien), aus denen durch Meiose die haploiden Gameten hervorgehen. Beim Menschen werden alle Ureizellen schon vor der Geburt gebildet; nach der Pubertät wird lediglich ihr Reifungsprozess vollendet. Die männlichen Spermien werden dagegen ständig neu gebildet.

Das Geschlecht des Menschen und der meisten Tiere ist genetisch eindeutig festgelegt – man spricht von **genotypischer Geschlechtsbestimmung**. Bei einigen Tieren findet man jedoch eine **modifikatorische (phänotypische) Geschlechtsbestimmung** nach Umweltbedingungen wie Temperatur und Nahrungsangebot. Auch Zweigeschlechtlichkeit (**Zwittrigkeit**) kommt vor, etwa bei manchen Schnecken und Würmern. Ein Sonderfall ist auch die **Parthenogenese** (Jungfernzeugung), bei der auch aus unbefruchteten Eizellen Nachkommen entstehen. Zum Beispiel werden bei Honigbienen daraus die Drohnen.

INSIDER-TIPP ▪ Fortpflanzung

Sie sollten Unterschiede, Vor- und Nachteile und Beispiele zur ungeschlechtlichen und geschlechtlichen Fortpflanzung kennen.

5.2 Embryonalentwicklung des Menschen

Mit der Verschmelzung der Zellkerne von Spermium und Eizelle beginnt bei vielzelligen Tieren die **Embryonalentwicklung**. Durch vielfache mitotische Teilung der Zygote und durch Differenzierung der entstandenen Zellen werden dabei die verschiedenen Körperbereiche des Organismus und seine Organe angelegt. Bei den meisten Säugetieren einschließlich des Menschen beginnt dieser Prozess im oberen Teil des Eileiters, wo die Befruchtung stattgefunden hat. Die Zygote teilt sich bereits auf dem Weg zur Gebärmutter, die sie nach etwa sechs Tagen erreicht. Nach sieben Tagen hat sich der Keim zu einer flüssigkeitsgefüllten **Blastocyste** entwickelt. Aus deren inneren Zellschicht, dem **Embryoblast**, entsteht der eigentliche Embryo. Die äußere Zellschicht, der **Trophoblast**, entwickelt sich dagegen zum fetalen Teil der Plazenta.

Die Zellen des Embryoblasten bilden zunächst eine **zweiblättrige Keimscheibe** aus Ektoderm und Entoderm, die von zwei Hohlräumen begleitet wird: Oberhalb des Ektoderms entsteht die **Amnionhöhle**, unterhalb des Entoderms der **Dottersack**. Zu Beginn der dritten Schwangerschaftswoche stülpt sich das Ektoderm rinnenförmig ein. Über diese **Primitivrinne** wandern einige Ektodermzellen zwischen die Keimblätter und bilden das Mesoderm. Auf ähnliche Weise entsteht später als Stützorgan die **Chorda dorsalis**. Am Ende der dritten Schwangerschaftswoche nimmt der Embryo über die **Allantois** Kontakt zum Blutkreislauf der Mutter auf.

Mit der Bildung der Chorda dorsalis, des Neuralrohres und der Somiten beginnt nun die **Embryonalphase**, in der bis zur achten Schwangerschaftswoche alle wichtigen Organsysteme angelegt werden. Aus dem Ektoderm gehen unter anderem die Haut sowie Nerven- und Sinneszellen hervor. Aus dem Entoderm entwickeln sich zum Beispiel Magen, Darm und die Atmungsorgane. Muskulatur, Knochen und Bindegewebe, aber auch Herz, Nieren und Keimdrüsen entstehen aus dem Mesoderm.

Im dritten Schwangerschaftsmonat, dem Beginn der **Fetalphase**, ist die endgültige Körperform des Kindes bereits erkennbar. Durch rasche Zellteilungen legt der Fetus zunächst an Länge, dann auch an Gewicht erheblich zu. Frühgeborene Kinder sind in der Regel ab dem siebten Schwangerschaftsmonat, in Ausnahmefällen auch schon im sechsten Monat lebensfähig.

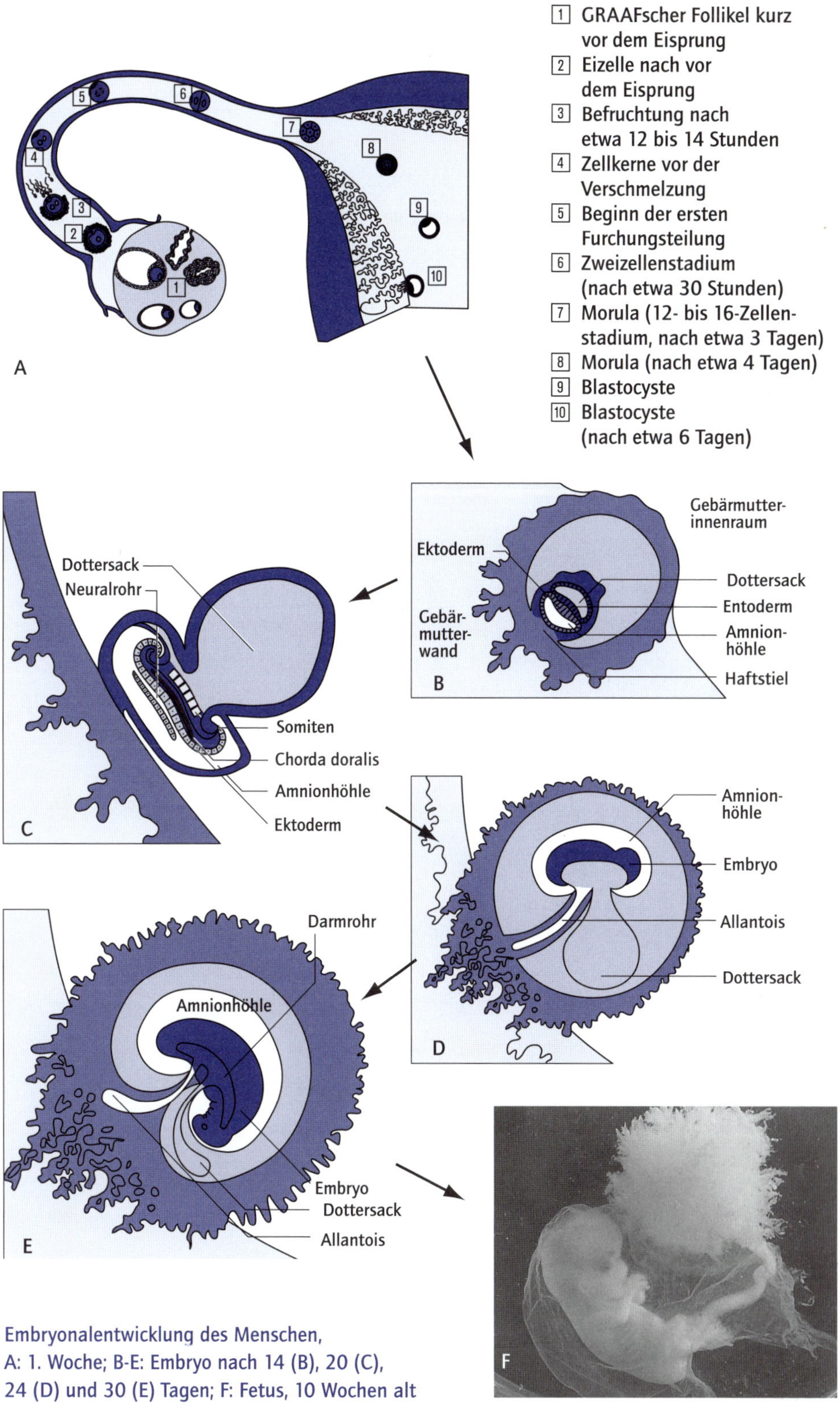

Embryonalentwicklung des Menschen,
A: 1. Woche; B-E: Embryo nach 14 (B), 20 (C), 24 (D) und 30 (E) Tagen; F: Fetus, 10 Wochen alt

5.3 Rahmenbedingungen der Entwicklung

Steuerung

Die Teilung und Differenzierung der embryonalen Zellen muss streng kontrolliert sein, damit sich die Keimblätter und Organe in korrekter Reihenfolge und Anordnung entwickeln. Das geschieht über eine Steuerung der **Genexpression** in den Zellen des Embryos.

Bei vielen Tieren führt eine ungleiche Verteilung von Proteinen und mRNA im Plasma der befruchteten Eizelle schon bei der ersten Teilung dazu, dass in den Tochterzellen unterschiedliche Gene aktiviert und so verschiedene Entwicklungswege eingeschlagen werden. Bei anderen Tieren, etwa den Säugetieren, können sich dagegen aus den ersten Zellen noch jeweils vollständige Organismen entwickeln. Beim Menschen kommen so eineiige Zwillinge zustande.

Wie sich im weiteren Verlauf der Embryonalentwicklung die Zellen gegenseitig beeinflussen, zeigt ein Experiment, das 1920 von dem deutschen Zoologen **Hans Spemann** und seinen Mitarbeitern durchgeführt wurde. Die Forscher entnahmen einem Embryo im frühen Entwicklungsstadium Zellen und fügten sie an der gegenüberliegenden Seite wieder ein – woraufhin dort später ein zweiter (sekundärer) Embryo entstand. Das transplantierte Gewebe hatte also bei den umgebenden Zellen zu einer eigentlich nicht vorgesehenen Entwicklung geführt.

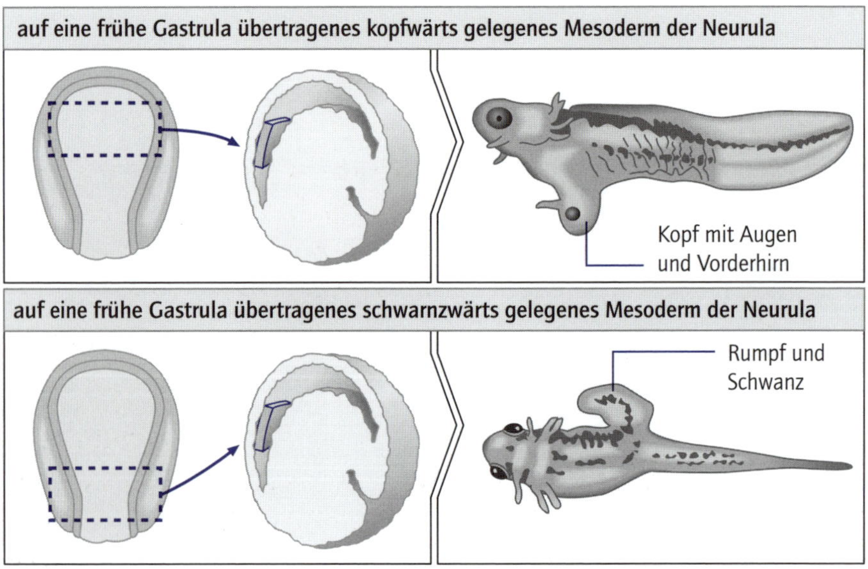

Diesen Vorgang bezeichnet man als **Induktion**. Ein Gewebeteil, der die Entwicklung anderer Zellen induzieren kann, heißt **Organisator**. Beispielsweise induzieren die Zellen der dorsalen Urmundlippe die Bildung des Nervensystems. Häufig findet man auch **Induktionsketten**, in denen jeweils ein Entwicklungsschritt den nächsten induziert. Auf diese Weise entwickeln sich bei vielen Tieren zum Beispiel komplexe Organe wie das Auge.

Das Signal für die Induktion wird durch Botenstoffe übertragen, welche von den Organisatoren ausgeschüttet werden. In den Empfängerzellen wirken die Botenstoffe als genetische Effektoren, indem sie **Entwicklungskontrollgene** an- oder ausschalten. Diese Gene entscheiden über das weitere Schicksal der Zelle.

Kennzeichnend für Entwicklungskontrollgene ist eine etwa 180 Nukleotide lange Gensequenz, die man als **Homöobox** bezeichnet. Der dadurch codierte Proteinbereich heißt **Homöodomäne**. Die Sequenz der Homöobox ist in allen Tieren nahezu identisch und findet sich in leicht veränderter Form sogar in Pflanzen und Einzellern. Das deutet darauf hin, dass die Homöobox sehr früh in der Evolution entstanden und für alle Organismen von elementarer Bedeutung ist.

INSIDER-TIPP ▪ Embryonalentwicklung

Häufig soll in Prüfungen die Steuerung der Embryonalentwicklung durch Induktion anhand des Operon-Modells der Molekulargenetik (→ Seite 84) erklärt werden.

Entwicklungsstörungen und Krebs

Störungen in der Embryonalentwicklung eines Organismus haben meist schwerwiegende Folgen. Werden Keimblätter oder Organe nicht richtig angelegt, ist der Embryo missgebildet und stirbt häufig noch vor der Geburt ab. Der Grund für solche Störungen können zum Beispiel Umwelteinflüsse während der Entwicklung und Mutationen in den Keimzellen oder den Körperzellen des Embryos sein.

Zu den keimschädigenden (**teratogenen**) Umwelteinflüssen gehören beim Menschen zum Beispiel Viruserkrankungen wie Röteln, Mumps, Hepatitis und AIDS, die während der Schwangerschaft zu Fehlbildungen des Kindes führen können. Gleiches gilt für ionisierende Strahlung wie Röntgen- oder

γ-Strahlung. Auch Medikamente können die Entwicklung des Kindes negativ beeinflussen, ebenso wie Alkohol, Giftstoffe und Hormone. Zu Fehlbildungen aufgrund von teratogenen Einflüssen kommt es besonders während der Ausbildung der Organe. In früheren Stadien der Entwicklung werden die Schäden dagegen entweder repariert oder der Embryo stirbt ab. Störungen in der Fetalphase führen meist zu weniger schweren Schäden. Mutationen in den Keimzellen führen vor allem dann zu Entwicklungsstörungen, wenn Entwicklungskontrollgene betroffen sind. Allerdings werden vorhandene Schäden bei der Meiose in der Regel repariert oder die entstehenden Keimzellen aussortiert. Daher wirken sich erbgutverändernde Einflüsse meist nicht auf Dauer auf die Keimzellen aus. In den Körperzellen des wachsenden Embryos gibt es eine solche Kontrolle nicht. Mutationen im Erbgut dieser Zellen wirken sich daher auf alle Tochterzellen aus. Je früher eine Schädigung eintritt, umso größer ist der betroffene Körperbereich.

Auch im erwachsenen Menschen können Entwicklungsschäden auftreten. Körperzellen sind einer strengen Wachstums- und **Zellteilungskontrolle** unterworfen, sind meist hoch spezialisiert (differenziert) und teilen sich nicht mehr. Lediglich einige Stammzellen teilen sich noch und ersetzen abgestorbene Zellen. Durch Mutationen können jedoch auch differenzierte Zellen die Fähigkeit zur Teilung zurückgewinnen und **Tumoren** (Geschwüre) bilden.

Wächst ein Geschwür nur langsam und bleiben seine Zellen weitgehend differenziert, spricht man von einem **gutartigen Tumor**. Die Polypen der Nasenschleimhaut sowie Myome in Magen, Dünndarm oder der Gebärmutter sind Beispiele für solche meist harmlose Wucherungen. **Bösartige Tumoren** sind dagegen gekennzeichnet durch entdifferenzierte Zellen und ein rasches Wachstum. Solche **Karzinome** (Krebsgeschwüre) wachsen aggressiv in umliegendes Körpergewebe ein und zerstören es dabei. Auch benachbarte Organe und Gefäße können betroffen sein. Zudem produzieren die Krebszellen giftige Stoffwechselprodukte, die den Körper insgesamt belasten.

Aus bösartigen Tumoren können sich einzelne Zellen ablösen und über die Blutbahn oder das Lymphsystem in andere Körperregionen gelangen. Dort wachsen sie zu neuen Geschwüren heran, die man **Metastasen** nennt. Wie schnell ein Karzinom wächst und wann es beginnt, Metastasen zu bilden, hängt unter anderem vom Ursprungsort der Krebszellen und der Schwere der vorhandenen Mutationen ab.

5.4 Hormone

Bildung und Wirkung

Damit die verschiedenen Funktionen innerhalb eines Organismus koordiniert ablaufen, müssen seine Körperzellen Informationen austauschen. Dafür gibt es zwei Kommunikationssysteme: Das Nervensystem (→ Seite 128 f.) und das **endokrine System**, auch **Hormonsystem** genannt. Hormone sind chemische Botenstoffe, die Signale auch über größere Entfernungen im Körper übertragen. In der Zielzelle lösen sie bestimmte Reaktionen aus, indem zum Beispiel Gene oder Proteine aktiviert oder gehemmt werden.

Ein Beispiel ist das Hormon **Glucagon**. Dieses Protein wird in der **Bauchspeicheldrüse** gebildet und über den Blutkreislauf im Körper verteilt. An der Oberfläche bestimmter Leberzellen bindet es an spezifische **Rezeptoren**. Dadurch wird im Zellinneren das Enzym **Adenylatcyclase** aktiviert, welches ATP in **cyclisches Adenosinmonophosphat** (**cAMP**) umwandelt. Das cAMP wirkt als innerzellulärer, zweiter Botenstoff (**second messenger**) und aktiviert letztlich ein Glycogen spaltendes Enzym. Das geschieht über mehrere weitere Aktivierungsschritte, die das ursprüngliche Hormonsignal verstärken – man spricht von einer **Aktivierungskaskade**. Die Leberzelle setzt schließlich Glucose frei, wodurch der Blutzuckerspiegel steigt.

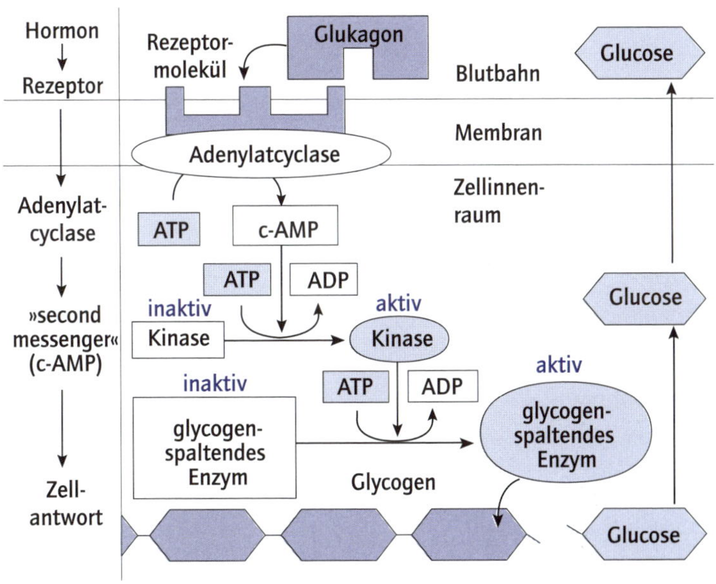

Wirkung von Glucagon (vereinfacht)

Dieses Prinzip findet sich in vielen Signalwegen. Neben dem bedeutendsten second messenger, cAMP, kommen je nach Zelltyp und Signal beispielsweise die chemisch ähnliche Substanz cGMP, Calcium-Ionen oder Stickstoffmonoxid zum Einsatz. Viele neue Medikamente greifen an dieser Stelle an: Manche Krebszellen beispielsweise reagieren auf bestimmte hormonelle Signale falsch und beginnen sich zu teilen. Mit Wirkstoffen wie monoklonalen Antikörpern versuchen Mediziner gezielt Hormon-Rezeptoren dieser Zellen zu blockieren, damit kein Signal mehr an den second messenger in den Zellen weitergegeben wird. So verhindern sie gezielt die unerwünschte Reaktion der Zellen, ohne den ursprünglichen Botenstoff zu beeinflussen, der in der Regel noch andere, sinnvolle Aufgaben erfüllt.

Ohne Rezeptoren kommen zum Beispiel Sexualhormone aus. Sie gehören zur Klasse der Steroidhormone, sind also lipophile Substanzen. Sie können daher die Zellmembran ihrer Zielzellen durchdringen und binden erst im Zellplasma an einen spezifischen Rezeptor. Dieser **Hormon-Rezeptor-Komplex** wandert in den Zellkern und kann dort bestimmte Gene aktivieren und andere hemmen.

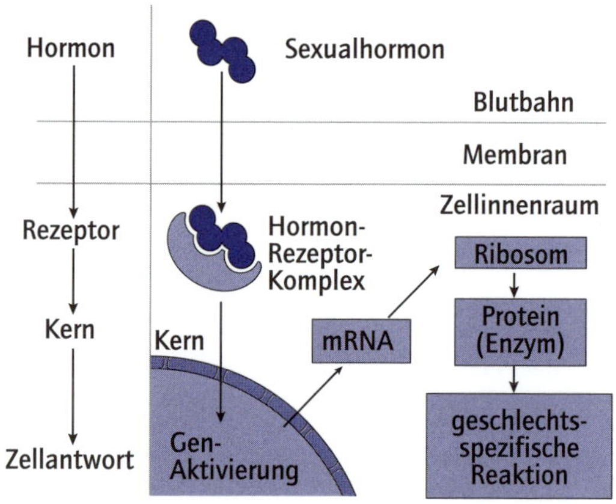

Wirkung eines Sexualhormons (vereinfacht)

Obwohl die meisten Hormone über das Blut und die Lymphe fast alle Körperzellen erreichen, wirken sie jeweils nur auf bestimmte Zielzellen. Grundlage dafür sind die spezifischen Rezeptoren, die nur ihre Zielzellen besitzen. Gebildet werden Hormone meist in Drüsen. An oberster Stelle steht dabei die **Hypophyse**: Ihre Hormone können einerseits direkt den Stoffwechsel des Körpers beeinflussen, aber andererseits auch andere Drüsen steuern. Weitere wichtige Hormondrüsen sind:

- Die **Schilddrüse** regelt in der Jugend das Wachstum und greift zusammen mit der **Nebenschilddrüse** auch allgemein in den Stoffwechsel ein.
- Die **Bauchspeicheldrüse**, auch **Pankreas** genannt, steuert über die Hormone **Insulin** und **Glucagon** den Blutzuckerspiegel.

- Das **Nebennierenmark** schüttet unter anderem **Adrenalin** aus, welches den Blutzuckerspiegel steigert. Die **Nebennierenrinde** produziert weitere Hormone.
- Die **Gonaden** (Keimdrüsen) regeln über **Geschlechtshormone** die Ausbildung der Geschlechtsmerkmale und die Sexualfunktionen des Körpers.

Eireifung und Spermatogenese

Auch die Bildung und Differenzierung der menschlichen Gameten wird von Hormonen gesteuert. Bei beiden Geschlechtern kommt der **Hypophyse** (Hirnanhangsdrüse) bei der Steuerung eine Schlüsselrolle zu. Diese wird wiederum vom Zwischenhirn kontrolliert.

Bei der Frau beginnt die Hypophyse während der Menstruation mit der Produktion des **follikelstimulierenden Hormons** (FSH), welches die Eireifung im Ovar stimuliert. Innerhalb von 14 Tagen reift das Ei in einem bläschenförmigen Raum, dem **Follikel**, heran. Der Follikel schüttet dabei das Hormon **Östradiol** aus, welches erstens den Aufbau der Gebärmutterschleimhaut fördert und zweitens im Zwischenhirn dafür sorgt, dass die Hypophyse noch mehr FSH bildet. Durch diese positive Rückkopplung steigt der Östradiolspiegel im Blut der Frau gegen Ende der zweiten Zykluswoche stark an.

Nun beginnt die Hypophyse mit der Produktion des **luteinisierenden Hormons** (LH), welches den **Eisprung** auslöst. Der leere Follikel bildet sich zu einem **Gelbkörper** um und stellt das Hormon Progesteron her. **Progesteron** hemmt die Tätigkeit des Zwischenhirns und damit auch die Bildung von FSH und LH – so wird verhindert, dass ein zweites Ei heranreifen kann. Zugleich bereitet Progesteron die Uterusschleimhaut auf die Aufnahme der befruchteten Eizelle vor.

Hat tatsächlich eine Befruchtung stattgefunden, nistet sich der Keim im Uterus ein. Die Schleimhaut produziert daraufhin Hormone, die anregend auf den Gelbkörper wirken – Progesteron wird also verstärkt hergestellt und damit ein weiterer Eisprung sowie der Abbau der Gebärmutterschleimhaut verhindert. Hat keine Befruchtung stattgefunden, verkümmert der Gelbkörper, und die Uterusschleimhaut wird in der **Menstruation** abgestoßen.

In empfängnisverhütenden Hormonpräparaten – meist **Pille** genannt – sind Östradiol und Progesteron bzw. verwandte Moleküle in einem bestimmten

Mischungsverhältnis enthalten. Sie bewirken, dass zwar die Gebärmutterschleimhaut normal auf- und abgebaut, der Eisprung aber verhindert wird.

Die **Spermatogenese**, also die Bildung und Reifung der Spermien beim Mann, wird ebenfalls von der Hypophyse kontrolliert. Als männliches Geschlechtshormon wirkt das **Testosteron** nicht nur auf die Spermienproduktion ein, sondern auch auf die Ausprägung der sekundären Geschlechtsmerkmale des Mannes. Auch das Verhalten und der Stoffwechsel werden von ihm beeinflusst. Einen festen Hormonzyklus findet man bei Männern nicht.

CHECKLISTE

5 Entwicklungsbiologie

Die Entwicklungsbiologie beruht letztlich auf der Genetik – weshalb sie in manchen Bundesländern auch dort behandelt wird. Zugleich wird hier die Rolle von Proteinen als Botenstoffe sehr deutlich.

In Abituraufgaben dienen die Aspekte der Entwicklung und die Hormone daher häufig als Beispiele oder Anknüpfungspunkte für Aufgaben, die sich eigentlich um Genetik oder Molekularbiologie drehen.

Um dann keine Punkte zu verschenken, sollten Sie sich merken:

- **die Unterschiede zwischen und Beispiele für geschlechtliche und ungeschlechtliche Fortpflanzung (Mitose und Meiose wiederholen!)**
- **zumindest Grundzüge der menschlichen Embryonalentwicklung (Befruchtung, Embryonalphase, Fetalphase)**
- **wie die Entwicklung gesteuert wird und sich Krebs entwickeln kann (siehe auch Genregulation!)**
- **Bildung und Wirkung von Hormonen (second messenger, Aktivierungskaskaden)**
- **Grundzüge der Eireifung (Zyklus der Frau) sowie der Verhütung (Möglichkeiten und Risiken; häufig mit Diskussion, auch über sexuell übertragbare Krankheiten wie HIV!)**

6 Neurobiologie

Jeder Organismus braucht zum Überleben Informationen über sich und seine Umwelt. Nur so kann er sich den inneren und äußeren Notwendigkeiten anpassen. Die chemischen oder physikalischen Signale, die ihm diesen Eindruck vermitteln, sind Reize.

Die Fähigkeit, einen bestimmten Reiz zu erkennen, nennt man **Sinn**. Der Mensch besitzt zum Beispiel Sinne für Licht, Geräusche, Berührungen, Temperatur, chemische Substanzen, Drehungen und die Schwerkraft. Andere Organismen haben andere Sinne: So haben Fledermäuse einen Ultraschall-Sinn, und Zugvögel orientieren sich über einen Magnetsinn am Magnetfeld der Erde. Auch Pflanzen haben Sinne, etwa für Licht, Temperatur und Schwerkraft.

Erfasst werden Reize durch **Rezeptoren**. Sie bestehen aus spezialisierten **Sinneszellen**, die Informationen über die Beschaffenheit der Umgebung sammeln und weitergeben. Ein Rezeptor reagiert auf einen **adäquaten**, also zu ihm passenden Reiz, sobald dieser eine bestimmte **Reizschwelle** überschreitet. Dann erfolgt die Reaktion meist nach dem **Alles-oder-Nichts-Prinzip**, also in voller Intensität.

In den **Sinnesorganen** höherer Tiere wirken viele Sinneszellen zusammen. Sie geben ihre Reizinformation an **Nervenzellen** weiter, die miteinander vernetzt sind und je nach Menge der erregten Sinneszellen einen stärkeren oder schwächeren Reiz in die **Nervenbahnen** leiten. Die verschiedenen Nervenbahnen und die übergeordneten Nervenzentren bilden das **Nervensystem**, das für alle schnellen Kommunikationsvorgänge im Körper von Tieren zuständig ist und ihnen eine schnelle Wahrnehmung und Bewegung ermöglicht.

Als oberste Schaltzentrale dient beim Menschen das **Gehirn**. Zusammen mit dem **Rückenmark** bildet es das **Zentralnervensystem**, in dem fast alle Informationen über den Zustand des Körpers und seiner Umgebung verarbeitet und in Handlungsbefehle umgesetzt werden. Der erfassende und ausführende Teil des Nervensystems heißt dagegen **peripheres Nervensystem**.

6.1 Bau und Funktion der Nervenzelle

Bau der Nervenzelle

Nervenzellen bilden bei Tieren und Menschen ein hoch spezialisiertes, extrem schnelles Kommunikationssystem. Im Gegensatz zu Pflanzen, die kein Nervensystem besitzen, können Tiere kurzfristige Veränderungen ihrer Umwelt erfassen und darauf sofort reagieren – eine unabdingbare Voraussetzung für schnelle Bewegungen.

Eine Nervenzelle – auch **Neuron** genannt – besteht aus einem Zellkörper, dem **Soma**, der am **Axonhügel** in das längliche **Axon** (**Neurit**) übergeht. Während das Soma die Größe einer normalen Körperzelle hat, kann das Axon über einen Meter lang sein. Vom Soma des Neurons gehen feine Verzweigungen aus, die man **Dendriten** nennt. Eine einzelne Nervenzelle kann Zehntausende Dendriten ausbilden, über die sie Signale von anderen Nervenzellen erhält.

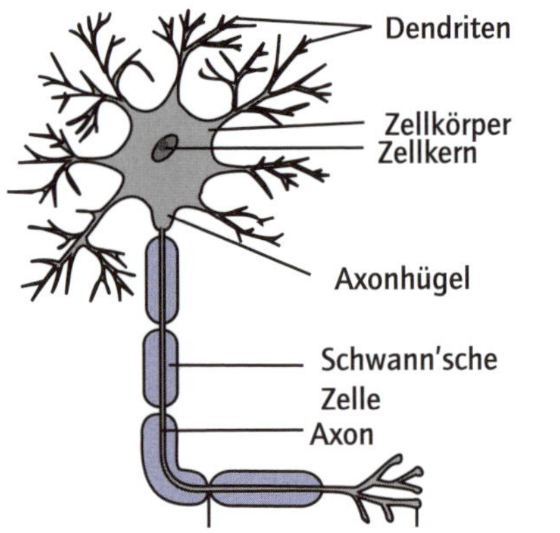

Schema eines Neurons

Auch das Axon ist meist stark verästelt. Über blasenförmige **Synapsenendknöpfchen** gibt es Signale an andere Nervenzellen oder an **Effektoren** wie Muskel- oder Drüsenzellen weiter. Die Richtung der Informationsübertragung im Neuron ist also festgelegt: von den Dendriten über das Soma durch das Axon hin zur nächsten Zelle.

Bei Wirbeltieren und manchen Krebsen ist das Axon vieler Neuronen von einer isolierenden Hülle, der **Markscheide**, umgeben. Sie besteht aus **Schwann'schen Zellen**, die sich spiralig um das Axon wickeln und eine mehrschichtige, lipid- und proteinreiche Hülle aus **Myelin** bilden. In regelmäßigen Abständen ist die Markscheide von **Ranvier'schen Schnürringen** unterbrochen, die eine wichtige Funktion bei der Reizweiterleitung haben.

Ruhepotenzial

Zwischen dem Innenraum und dem Außenraum jeder Körperzelle besteht eine elektrische Ladungsdifferenz, ein **Membranpotenzial**. Die Grundlage für die-

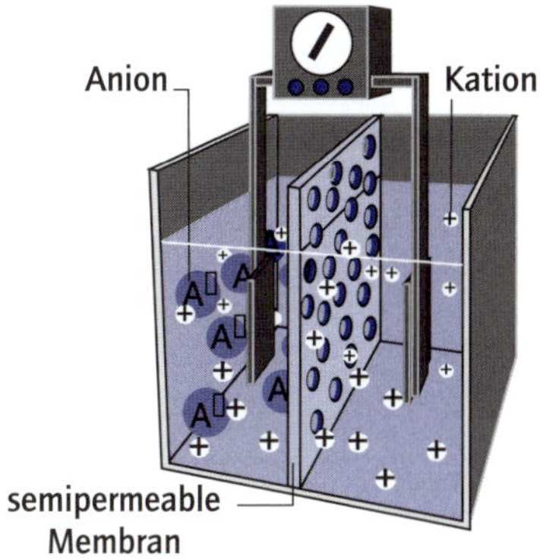

Membranpotenzial

ses Potenzial bildet die selektiv permeable Plasmamembran, die geladene Substanzen nicht unkontrolliert passieren lässt. Für manche Ionen gibt es in der Membran spezielle Poren, während andere aufgrund ihrer Größe oder ihrer Ladung zurückgehalten werden. So kommt es zu einer ungleichen Verteilung von Ionen auf beiden Seiten der Membran, die noch durch aktive Transportvorgänge gesteigert wird. Es liegt also einerseits ein Konzentrationsgefälle der betreffenden Stoffe und andererseits ein elektrochemisches Potenzial vor. Beides nutzen Zellen, um Energie verbrauchende Stoffwechsel- und Transportvorgänge anzutreiben.

Messen kann man das Membranpotenzial mithilfe sogenannter **Mikroelektroden**. Eine solche Elektrode wird durch die Zellmembran gestochen, die andere wird daneben außerhalb der Zelle platziert. Über die Elektroden fließt dann ein Strom, den man mit einem empfindlichen Oszilloskop erfassen kann. Führt man diese Messung mit einem unerregten Neuron durch, so erhält man ein Membranpotenzial von −70 mV. Man spricht vom **Ruhepotenzial** der Nervenzelle. An seiner Entstehung sind verschiedene Ionen beteiligt: In der Zelle liegen vor allem Kalium-Ionen und organische Anionen vor, außerhalb der Zelle sind es Natrium- und Chlorid-Ionen.

Kalium-Ionen können die Zellmembran von Neuronen durch **Poren** passieren. Natrium- und Chlorid-Ionen gelangen dagegen zunächst kaum durch die Membran, und organische Anionen können diese Barriere gar nicht überwinden. Kalium-Ionen diffundieren daher dem Konzentrationsgefälle folgend nach Außen. Dadurch wird die Ladung des Zellinneren negativer und des umgebenden Mediums positiver – ein Membranpotenzial entsteht, wobei das Zellplasma gegenüber der Umgebung negativ geladen ist.

Die positive Ladung außerhalb der Zellmembran begrenzt den Ausstrom an Kalium-Ionen, fördert aber zugleich den Einstrom von Natrium-Ionen. Eine ATP verbrauchende **Natrium-Kalium-Pumpe** bringt daher die Natrium-Ionen wieder nach außen und transportiert zugleich Kalium-Ionen nach innen. Der Transport der beiden Ionen-Arten ist dabei **gekoppelt**: Für drei Natrium-Ionen, die der Carrier aus der Zelle transportiert, bringt er zwei Kalium-Ionen herein.

Aktionspotenzial

Nervenzellen nutzen das Membranpotenzial zur Reizweiterleitung. Ein **Nervenimpuls** besteht aus einer kurzzeitigen Polarisationsumkehr an der Axonmembran: Innerhalb einer Millisekunde dreht sich das Membranpotenzial von −70 auf +30 mV – das Zellinnere ist also gegenüber dem Außenmedium positiv geladen. Dieser Impuls, **Aktionspotenzial** genannt, entsteht meist am Axonhügel und wandert von dort aus mit einer Geschwindigkeit von bis zu 120 m/s über das Axon. Fast ebenso schnell wird die Polarisationsumkehr wieder rückgängig gemacht und das Ruhepotenzial wiederhergestellt.

Der Auslöser für ein Aktionspotenzial ist eine **Depolarisation** der Nervenzellenmembran. In der Membran befinden sich spannungsabhängige **Natrium-Poren**; sie öffnen sich, sobald sich das Ruhepotenzial bis zu einem bestimmten **Schwellenwert** abschwächt, das Zellinnere also im Vergleich zur Umgebung positiver wird. Dieser Schwellenwert liegt bei etwa −50 bis −55 mV. Ist er erreicht, baut sich das Aktionspotenzial nach dem **Alles-oder-Nichts-Prinzip** in immer gleichem Umfang auf. Durch die geöffneten Poren strömen Natrium-Ionen entlang des Konzentrations- und Spannungsgefälles in die Zelle und erhöhen dort die positive Ladung. Sehr schnell kehren sich dadurch die Ladungsverhältnisse an der Membran um: Im Inneren der Zelle befinden sich nun mehr positive Ladungen als außen. Dieser Prozess wird dadurch begrenzt, dass sich zeitlich versetzt auch spannungsabhängige Kalium-Poren öffnen. Durch sie strömen **Kalium-Ionen**, also positive Ladungen, nach außen und wirken der Polarisationsumkehr entgegen. Gleichzeitig schließen sich die Natrium-Poren langsam wieder. Damit beginnt die **Repolarisation**: Durch den starken Ausstrom von Kalium-Ionen und den immer geringer werdenden Eintritt von Natrium-Ionen wird das Zellinnere nun wieder negativer. Für einen kurzen Zeitraum ist das Membranpotenzial sogar negativer als das Ruhepotenzial – ein Prozess, den man **Hyperpolarisation** nennt. Nun schließen sich auch die spannungsabhängigen Kalium-Poren wieder, und die Natrium-Kalium-Pumpe sorgt für die Wiederherstellung des Ruhepotenzials.

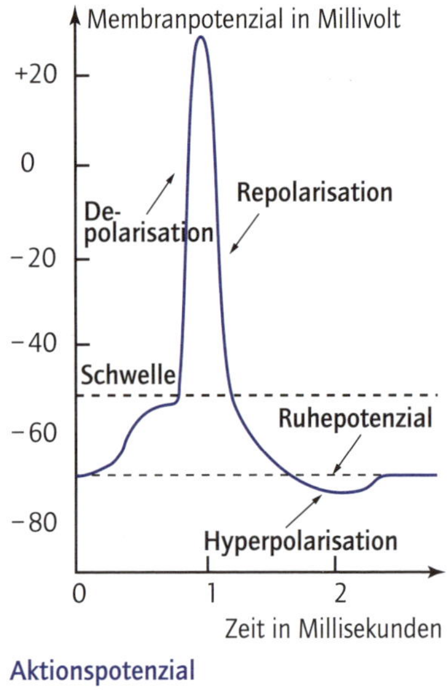

Aktionspotenzial

In der Zeit vom Beginn des Aktionspotenzials bis zum Ende der Hyperpolarisation ist der betreffende Membranbereich des Axons nicht erregbar. Man spricht von einer **Refraktärphase**. Sie stellt sicher, dass sich ein Aktionspotenzial vom Soma aus nur in einer Richtung des Axons fortbewegen kann: Empfängt eine Nervenzelle ein Signal, so wird dieses in Form einer Depolarisation der Membran bis zum Axonhügel geleitet und bewirkt dort die Entstehung eines Aktionspotenzials. Ionen aus dem benachbarten Membranbereich wandern nun zum Ort des Aktionspotenzials, um das entstandene Ladungsgefälle auszugleichen. Daraus ergibt sich neben dem Aktionspotenzial wiederum eine Depolarisation, die ihrerseits zu einem neuen Aktionspotenzial führt. Auf diese Weise wird der Reiz kontinuierlich über die Axonmembran bis zur Synapse geleitet.

MERKE ▪ Aktionspotenzial

- **Das Ruhepotenzial beruht vor allem auf dem Ausstrom an Kalium-Ionen.**
- **Das Aktionspotenzial beruht auf dem schnellen Einstrom an Natrium-Ionen und dem verzögerten Ausstrom von Kalium-Ionen durch spannungsabhängige Poren.**
- **Die Natrium-Kalium-Pumpe sorgt für die Wiederherstellung und Beibehaltung des Ruhepotenzials.**

Eine besondere Form der Erregungsleitung findet man bei markhaltigen Axonen. Weil der größte Teil ihrer Membran durch die Markscheide vom umgebenden Medium isoliert ist, können Aktionspotenziale nur an den Ranvier'schen Schnürringen entstehen. Tatsächlich „springt" in diesen Axonen das Aktionspotenzial von einem Schnürring zum nächsten – man spricht daher von einer **saltatorischen Erregungsleitung** (lat. *saltare* = springen). Sie hat gegenüber der kontinuierlichen Erregungsleitung den Vorteil, dass die Energie für die Arbeit der Ionenpumpen nur noch an den Schnürringen aufgewendet werden muss. Zudem kommt der Reiz auf diese Weise wesentlich schneller voran.

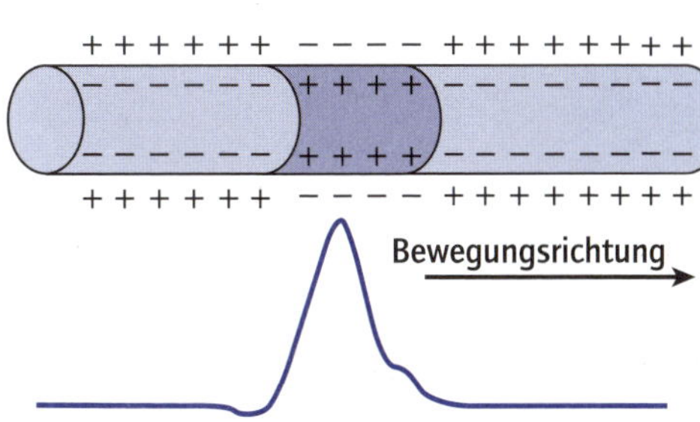

Reizleitung am marklosen Axon

Synapsen

Eine **Synapse** ist eine Übertragungsstelle für Nervensignale von einer Zelle zur nächsten. Sie besteht aus dem Endknöpfchen der vorangehenden Nervenzelle, dem **synaptischen Spalt** und der Membran der nächsten Zelle. Die **präsynaptische Membran** der ersten Zelle und die **postsynaptische Membran** der zweiten berühren sich nicht. Die Übertragung des Signals über den synaptischen Spalt geschieht mittels chemischer Botenstoffe, der **Neurotransmitter**. Dazu gehören zum Beispiel **Acetylcholin**, **Noradrenalin** und **Dopamin**.

Die Transmittersubstanzen werden in den Endknöpfchen der Nervenzellen in einer großen Zahl von **Vesikeln** gespeichert. Gelangt ein Aktionspotenzial zum Endknöpfchen, verschmelzen diese Vesikel mit der präsynaptischen Membran, und die Transmitter werden in den synaptischen Spalt freigesetzt. Die Transmitter diffundieren zur postsynaptischen Membran, und binden dort an spezifische **Rezeptoren**. Diese sind mit Natrium-Poren verbunden, welche sich öffnen und Natrium-Ionen in die postsynaptische Zelle lassen. Die Membran der Zelle wird dadurch depolarisiert und ein neues Potenzial aufgebaut.

Die Transmittersubstanzen werden dann von Enzymen gespalten, wodurch die Rezeptoren wieder frei werden und sich die Natrium-Poren wieder schließen. Die Spaltprodukte der Transmitter werden wieder in das Endknöpfchen der präsynaptischen Zelle aufgenommen und dort zur Herstellung neuer Transmitter verwendet. Weil diese Transmitter-Synthese sehr energieaufwendig ist, finden sich in Synapsenendknöpfchen besonders viele Mitochondrien.
Neben solchen **erregenden (excitatorischen) Synapsen**, die in der Empfängerzelle ein Aktionspotenzial hervorrufen, gibt es auch **hemmende (inhibitorische) Synapsen**. Ihre Transmitter öffnen in der postsynaptischen Membran **Chlorid-Kanäle**, sodass es dort zu einer Hyperpolarisation kommt. Wirken

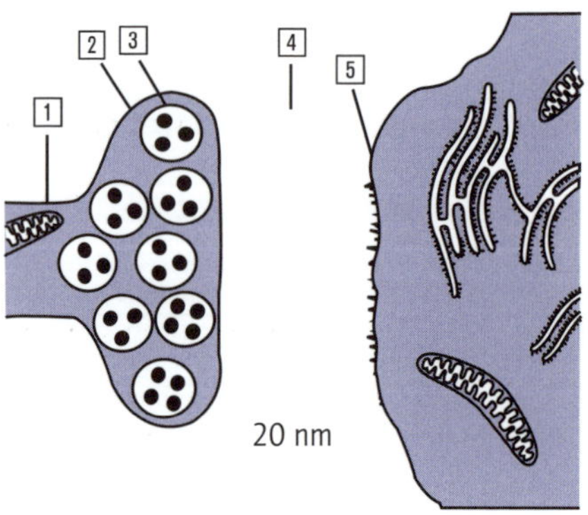

1 Ende eines Axons
2 Endknöpfchen
3 synaptisches Bläschen (Vesikel) mit Transmitter
4 synaptischer Spalt
5 postsynaptische Membran mit Rezeptomolekülen für Transmittermoleküle

Bau einer Synapse

die Signale einer erregenden und einer hemmenden Synapse gleichzeitig auf dieselbe Empfängerzelle ein, heben sie sich gegenseitig auf, und es entsteht kein neues Aktionspotenzial. Wirkt eine inhibitorische Synapse direkt auf eine excitatorische ein, spricht man von einer **präsynaptischen Hemmung**.

Im Allgemeinen reicht eine einzelne synaptische Erregung nicht aus, um in der Empfängerzelle ein Aktionspotenzial auszulösen. Nur wenn mehrere Signale kurz hintereinander auf dieselbe Zelle einwirken, ist die Depolarisation von deren Membran groß genug, um am Axonhügel den Schwellenwert für die Bildung eines Aktionspotenzials zu erreichen. Das kann entweder durch eine schnelle Abfolge von Aktionspotenzialen an derselben Synapse geschehen (**zeitliche Summation**) oder durch gleichzeitig eintreffende Potenziale mehrerer Synapsen (**räumliche Summation**). Hemmende Synapsen bewirken dabei einen negativen Beitrag.
Die Stärke eines Reizes ist daher durch die Abfolge der Aktionspotenziale bestimmt: Je schneller die Signale aufeinander folgen, umso stärker ist der Reiz. Die Höhe der Aktionspotenziale ist dagegen immer gleich und kommt daher für die Codierung der Reizstärke nicht in Frage.
Die meisten Nervensignale sind letztlich für Muskeln als Effektoren bestimmt (→ Seite 133 f.). Die Reizübertragung auf den Muskel wird von **motorischen Neuronen** übernommen. Sie haben besonders große Endknöpfchen, über die ein einzelnes Neuron mehrere Hundert Muskelfasern erregen kann. Sie bilden zusammen mit der Muskelfasermembran die **motorische Endplatte**. Als Transmitter dient meist **Acetylcholin**.

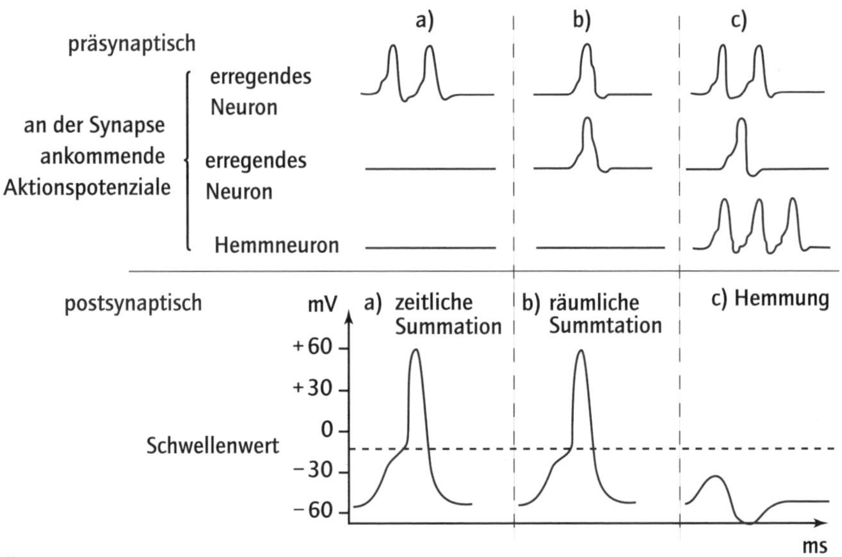

Überlagerung von Aktionspotenzialen

6.2 Nervensystem und Muskeln

Das menschliche Nervensystem

Nervenzellen bilden im Körper von Tieren ein komplexes Netzwerk aus Informationen erfassenden, verarbeitenden und weitergebenden Bereichen, das man **Nervensystem** nennt.

Primitive Nervensysteme wie die der Polypen und Quallen bestehen aus einfachen **Nervennetzen**, die über den Körper des Tieres verteilt sind. Ringelwürmer wie der Regenwurm besitzen bereits ein **Strickleiternervensystem** aus zwei in jedem Körpersegment miteinander verbundenen Hauptnervensträngen, die im Kopfbereich zwei größere Nervenknoten (**Ganglien**) ausbilden. Diese **Cephalisation**, das heißt die Konzentration von Nerven im Kopfbereich, ist ein weit verbreitetes Merkmal bei höheren Tieren. Besonders stark ausgeprägt ist die Cephalisation bei den Wirbeltieren einschließlich des Menschen.

Der Hauptnervenstrang der Wirbeltiere ist das **Rückenmark**, das am Kopf mit dem **Gehirn** seine stärkste Ausprägung erreicht. Gemeinsam bilden Rückenmark und Gehirn das **Zentralnervensystem (ZNS)**. Vom ZNS aus führen **motorische (efferente) Nervenbahnen** zu den Muskeln. **Sensorische (afferente) Bahnen** verbinden das ZNS mit den Sinnesorganen. Die efferenten und afferenten Nervenbahnen bilden das **periphere Nervensystem**.

Eine andere Einteilung des menschlichen Nervensystems unterscheidet dessen willkürliche Anteile – das **animale Nervensystem** – von den unwillkürlichen

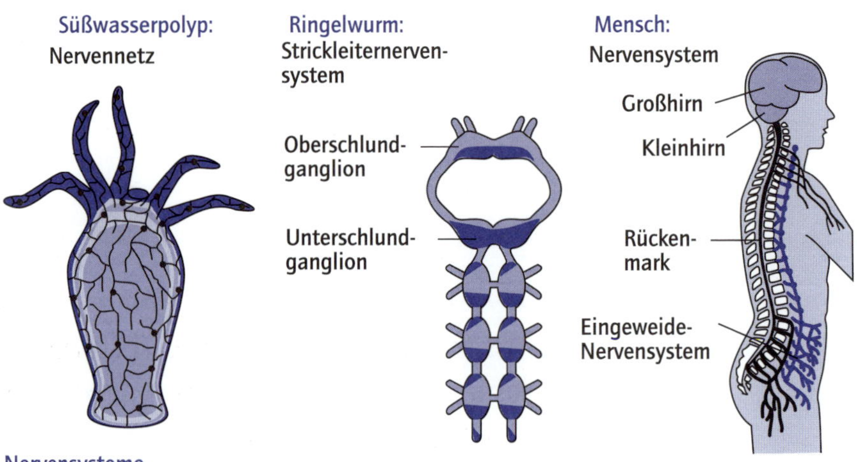

Nervensysteme

– dem **vegetativen Nervensystem**. Das animale Nervensystem erfasst und verarbeitet äußere Reize. Das vegetative Nervensystem dagegen steuert die inneren Organe, etwa den Herzschlag, den Blutdruck oder die Verdauung. Es agiert **autonom**, das heißt unabhängig von bewussten Vorgängen im ZNS.

Funktionell und anatomisch gliedert sich das vegetative Nervensystem in zwei Teile: Der **Sympathicus** besteht aus einer Reihe von Ganglien beiderseits des Rückenmarks, die sowohl miteinander als auch mit dem Rückenmark verbunden sind; der **Parasympathicus** wird dagegen von bestimmten, vom ZNS ausgehenden Nervensträngen gebildet, die über den Körper verteilt sind.

Sympathicus und Parasympathicus sind **Antagonisten**. Sie wirken immer entgegengesetzt. Während der Sympathicus vor allem bei körperlicher Aktivität in Erscheinung tritt, ist der Parasympathicus eher für erhaltende und regenerative Aufgaben zuständig. Zum Beispiel steigert der Sympathicus die Herzfrequenz, der Parasympathicus hemmt sie. Umgekehrt verhält es sich mit der Verdauung. Entsprechend ist der Parasympathicus vor allem während des Schlafes aktiv, während ein erregter Sympathicus das Einschlafen verhindert.

Das Rückenmark

Das Rückenmark liegt geschützt im Wirbelkanal der Wirbelsäule. Es weist im Querschnitt zwei Färbungen auf: Die innere **graue Substanz** enthält die Zellkörper efferenter und afferenter Nerven, während die äußere **weiße Substanz** vor allem aus den Axonen vom Gehirn weg oder zum Gehirn hin führender Neuronen besteht. Zwischen den einzelnen Wirbelkörpern der Wirbelsäule tritt jeweils ein Bündel von **Spinalnerven** aus, die motorische oder sensorische Funktionen haben können. Die Zellkörper der Spinalnerven liegen direkt am Austrittsort außerhalb des Rückenmarks in den **Spinalganglien**.

Durch das Rückenmark verlaufen die wichtigsten Nervenbahnen vom und zum Gehirn. Ein Durchtrennen des Rückenmarks führt zur **Querschnittslähmung**, weil unterhalb der Trennebene keine Signale mehr weitergegeben werden. Zudem ist das Rückenmark Sitz vieler **Reflexe**. Das sind nichtwillentliche, extrem schnelle Reaktionen des Körpers auf bestimmte Reize. Die entsprechende Nervenleitung heißt **Reflexbogen**. Ein Beispiel ist der **Kniesehnenreflex**, bei dem die Reizleitung von den Sensoren im Muskel und zurück zur motorischen Endplatte über eine einzige Synapse verläuft.

Bau des Gehirns

Die größte Ansammlung an Nervenzellen findet sich bei Wirbeltieren im Gehirn. Es ist als übergeordnete Steuerzentrale für alle komplexen Verhaltensweisen dieser Tiere verantwortlich. Fünf Abschnitte des Gehirns lassen sich unterscheiden:

Das **Vorderhirn** hat sich aus einem Riechhirn entwickelt und immer weitere Aufgaben angenommen. Im Säugergehirn ist es die am höchsten entwickelte Struktur und wird **Großhirn** genannt. Das Großhirn besteht aus zwei Hälften, den **Hemisphären**.

Diese werden durch unzählige Axone im **Balken** verbunden. Die äußere Schicht des Großhirns, die **graue Substanz**, ist durch walnussartige Einstülpungen stark vergrößert. Sie enthält die Zellkörper der Neuronen. Die **weiße Substanz** darunter besteht aus deren Axonen. Das Großhirn ist Sitz des **Bewusstseins** und eines Großteiles des **Gedächtnisses**.

Auf der **Großhirnrinde** finden sich **Felder** mit unterschiedlichen Aufgaben. Die **motorischen Felder** sind für die Steuerung der Muskeln zuständig; in den **sensorischen Feldern** findet die bewusste Wahrnehmung statt; und die **assoziativen Felder** kombinieren eingehende Informationen. Die Hemisphären des Großhirns übernehmen dabei komplementäre Aufgaben. So koordiniert die linke Hirnhälfte die rechte Körperhälfte und umgekehrt. Die linke Hirnhälfte ist eher mit der verbalen, die rechte eher mit der nonverbalen Kommunikation

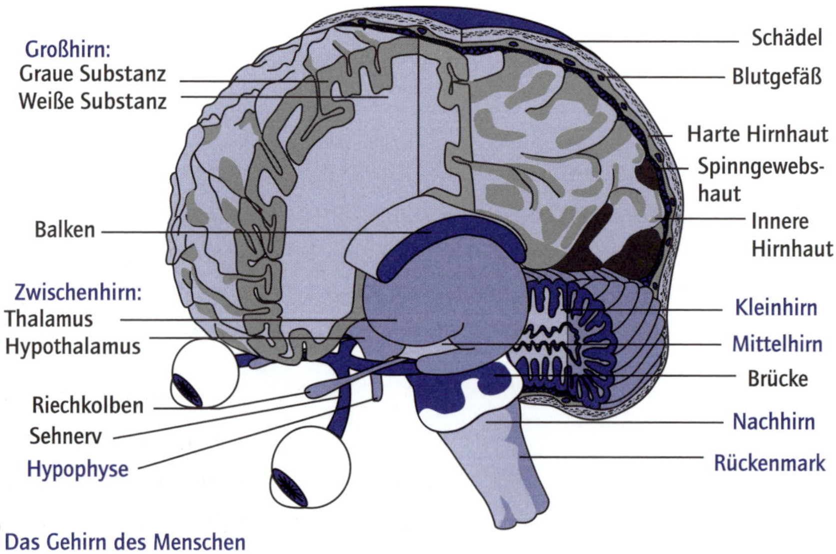

Das Gehirn des Menschen

befasst. Logische Verknüpfungen finden meist in der linken, emotionale meist in der rechten Gehirnhälfte statt.

Das **Zwischenhirn** liegt unterhalb des Großhirnbalkens. Sein oberer Teil, der **Thalamus**, fungiert als Mittler für sensorische Signale zum und motorische Signale vom Großhirn. Der untere, deutlich kleinere Teil des Zwischenhirns, der **Hypothalamus** mit der Hirnanhangsdrüse **Hypophyse**, kontrolliert das Hormonsystem des Körpers (→ Seite 117 ff.). Viele Gefühle werden im Zwischenhirn begründet. Auch das vegetative Nervensystem ist mit dem Zwischenhirn verbunden. Zwischenhirn und Großhirn sind nicht voneinander zu trennen. Viele Aufgaben, die im Übergangsbereich zwischen den beiden Hirnbereichen angeordnet sind, können nicht eindeutig dem einen oder anderen Bereich zugeordnet werden. Diesen Grenzbereich zwischen Groß- und Zwischenhirn bezeichnet man als **Limbisches System**. Es ist unter anderem für viele Verhaltensweisen verantwortlich, die auf Instinkte zurückgehen.

Mittelhirn und **Nachhirn** liegen unterhalb des Zwischenhirns. Auch sie verarbeiten eingehende Sinneseindrücke und ausgehende motorische Informationen. Wichtige Reflexe sind hier angeordnet: Zum Beispiel liegen im Nachhirn das Atemzentrum und der Hustenreflex. Weil das Nachhirn direkt in das Rückenmark übergeht, nennt man es auch **verlängertes Rückenmark**.

Das **Kleinhirn** ist die Steuerzentrale für Bewegungen. Es koordiniert die Muskeln und wertet die Informationen aus den Gleichgewichtsorganen aus. Dabei arbeitet das Kleinhirn eng mit den motorischen Feldern des Großhirns zusammen. Auch für die räumliche Orientierung ist das Kleinhirn zuständig.

Nervengifte und Drogen

Die Funktion des Nervensystems beruht ganz wesentlich auf der Signalübertragung von einer Nervenzelle zur nächsten. Dabei werden von der präsynaptischen Zelle Neurotransmitter ausgeschüttet und von spezifischen Rezeptoren in der postsynaptischen Zelle erkannt. Chemische Substanzen, die in diesen Übertragungsweg eingreifen, können zu schweren Störungen des Nervensystems führen.

Nervengifte gehören daher für Tiere und Menschen zu den giftigsten Substanzen überhaupt. Ein Beispiel ist das indianische Pfeilgift **Curare**: Diese aus Pflanzenextrakten gewonnene Substanz besetzt die Rezeptoren für Acetylcholin an den motorischen Endplatten. Die Muskeln können daher nicht mehr auf

Nervensignale reagieren und sind gelähmt. Weil das Gift beim Menschen nur auf die Skelettmuskulatur und nicht auf die Muskulatur des Herzens und der Eingeweide wirkt, wird es auch bei Operationen eingesetzt. Curare kann durch Medikamente wieder aus den Rezeptoren verdrängt werden.

Das für den Menschen stärkste Gift ist ebenfalls ein Nervengift: Das von bestimmten Bakterien (Clostridium botulinum) produzierte **Botulinumtoxin** verhindert die Ausschüttung von Neurotransmittern und führt auf diese Weise zu Lähmungen, die auch die Atemorgane betreffen. Ein Gramm des Toxins reicht theoretisch aus, um eine Million Menschen zu töten. Daneben gibt es auch Nervengifte, die zu einer Dauererregung von Nervenbahnen und Muskeln führen. In diesem Fall spricht man von einer **starren Lähmung**.

In ähnlicher Weise stören viele **Drogen** die Signalübertragung von Nervenzellen. Allerdings wirken sie meist nicht auf die motorischen Endplatten, sondern auf die neuronalen Verschaltungen im Gehirn. Auch sind davon meist nur bestimmte Synapsen betroffen.

Zu den wichtigsten Drogen gehören die **Morphine**. Dazu zählt man eine Reihe chemisch ähnlicher Substanzen (Alkaloide) wie **Morphin** (früher: Morphium) und **Heroin**. Weil Morphin der Wirkstoff im Opium ist, spricht man auch von **Opiaten**. Sie werden meist aus dem Saft des Schlafmohns gewonnen und wirken schmerzstillend bis betäubend. Morphium wird noch heute in der Medizin bei besonders schweren Schmerzen eingesetzt.

Morphine ähneln in ihrer dreidimensionalen Form bestimmten körpereigenen Substanzen, den **Enkephalinen** und **Endorphinen**. Diese regeln im Körper das Schmerzempfinden und werden vor allem in Extremsituationen wie starken Schmerzen oder körperlicher Überlastung ausgeschüttet. Unter anderem werden sie dafür verantwortlich gemacht, dass Schwerverletzte im Schockzustand keine Schmerzen spüren. Gehirnmorphine binden an spezifische Rezeptoren mancher Nervenzellen und beeinflussen so deren Aktivität. Opiate besetzen dieselben Rezeptoren und lösen daher ähnliche Reaktionen aus.

Bei dauerhaftem Missbrauch sind immer mehr Morphine nötig, um dieselbe Wirkung zu erzielen – die betreffende Person wird **süchtig**. Der Grund dafür liegt vermutlich in einer vermehrten Bildung von Rezeptormolekülen. Werden die Drogen in diesem Fall dem Körper nicht mehr zugeführt, reicht die Wirkung der körpereigenen Stoffe nicht mehr für eine entsprechende Reaktion aus. Die Folge sind **Entzugserscheinungen**. Auch andere, weniger spezifische

Drogen wie Alkohol und Nikotin greifen vermutlich in die Wechselwirkung zwischen Gehirnmorphinen und ihren Rezeptoren ein.

PRÜFUNGSBEISPIEL ▪ Wirkung von Enkephalin

Enkephalin hemmt schmerzleitende Bahnen im Gehirn. Der Mechanismus ist der einer präsynaptischen Hemmung.
Beschreiben Sie die Wirkung des Gehirnmorphins.

Bei der präsynaptischen Hemmung wirkt eine inhibitorische Synapse direkt auf eine excitatorische ein. Im vorliegenden Fall schüttet die inhibitorische Synapse Enkephalin aus. Dieses bindet an spezifische Rezeptoren in der Membran der excitatorischen Synapse, welche somit die Schmerzinformation nicht mehr weiterleiten kann.

Effektororgan Muskel

Die meisten Befehle, die vom ZNS ausgehen, richten sich an Muskeln. Sie sind die wichtigsten Effektororgane des menschlichen Körpers. Drei Arten von Muskeln kann man unterscheiden: Die im Mikroskop quer gestreifte **Skelettmuskulatur**, den ebenfalls quer gestreiften **Herzmuskel** und die **glatte Muskulatur**, die sich vor allem an Blutgefäßen und dem Verdauungstrakt findet. Der grundlegende Mechanismus, nach dem diese Muskeln ihre Arbeit verrichten, ist immer derselbe.

Am Skelettmuskel kann man schon mit bloßem Auge **Muskelfaserbündel** erkennen. Sie bestehen aus einzelnen **Muskelfasern**, die meist über die ganze Länge eines Muskels verlaufen. Jede Faser ist eine einzige Muskelzelle mit mehreren Zellkernen, die aus der Fusion mehrerer embryonaler Zellen entstanden ist. In den Fasern liegen jeweils mehrere parallel angeordnete **Myofibrillen**, welche die eigentlichen kontraktilen Elemente der Muskeln darstellen.

Im Elektronenmikroskop erkennt man, dass die Myofibrillen in regelmäßige Abschnitte, die **Sarkomere**, gegliedert sind. Diese bestehen wiederum aus zwei verschiedenen Arten von Filamenten: Den dünneren **Actinfilamenten** und den dickeren **Myosinfilamenten**. Beides sind Proteinkomplexe. Actinfilamente sind schraubig gewundene, doppelte Ketten aus globulären Proteinen. Myosinfilamente setzen sich aus Myosinmolekülen zusammen, von denen jedes einen langen Schwanz und einen kurzen, globulären Kopf hat.

Zwischen den Sarkomeren liegt der **Z-Streifen**, an dem beiderseitig Actinfilamente verankert sind. Die Myosinfilamente liegen in der Mitte des Sarkomers zwischen den Actinfilamenten. Bei der Kontraktion des Muskels setzt der bewegliche Kopf der Myosinfilamente an den Actinfilamenten an und klappt in einer Art Ruderbewegung um. Dadurch gleitet das Actinfilament ein Stück an dem Myosinfilament entlang. Das geschieht an beiden Enden des Myosinfilaments gleichzeitig, sodass sich die Actinfilamente und mit ihnen die Z-Streifen aufeinander zu bewegen – und der Muskel sich kontrahiert. Dieser Bewegungsablauf kann mehrfach wiederholt werden.

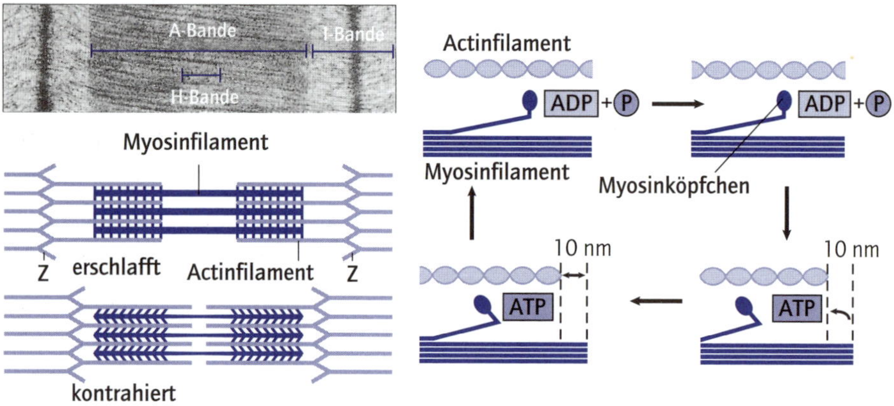

Gleitfilamentmodell der Muskelkontraktion

Für ihre Bewegung benötigen die Myosinmoleküle Energie aus der Spaltung von ATP. Diese Energie wird vor dem Kontakt zum Actin in der gespannten Konformation des Myosinkopfes gespeichert und beim Umklappen des Kopfes in Bewegungsenergie umgesetzt. ADP und Phosphat werden bei diesem Schritt freigesetzt.

Für die Auslösung der Kontraktion spielen Calcium-Ionen eine wichtige Rolle. Sobald ein Aktionspotenzial über die motorische Endplatte die Muskelfaser erreicht, werden sie aus dem Sarkoplasmatischen Retikulum ausgeschüttet. Die Ionen binden an bestimmte, mit den Actinfilamenten verbundene Proteine, welche im Ruhezustand des Muskels die Bindungsstellen auf dem Actin für die Myosinköpfchen verbergen. Nach der Bindung von Calcium-Ionen geben die Proteine die Bindungsstellen frei, und der Kontraktionszyklus kann beginnen.

6.3 Sinnesbiologie des Menschen

Der Lichtsinn

Lichtsinnesorgane sind im Tierreich weit verbreitet. Die Vielfalt ist dabei groß: Sie reicht von einzelnen Sinneszellen, die gerade einmal Aussagen über die Richtung und die Stärke des eingestrahlten Lichtes erlauben, bis hin zu komplexen Linsenaugen, die ein optisches, teilweise sogar farbiges Bild der Umgebung wiedergeben. Für den Menschen ist der Lichtsinn der wichtigste Sinn. Entsprechend hoch entwickelt sind seine Lichtsinnesorgane, die **Augen**.

Der Mensch besitzt – wie alle Wirbeltiere und die Tintenfische – ein sogenanntes **Kameraauge**. Es besteht aus einem gallertartigen **Glaskörper**, dessen Rückseite von der Netzhaut umfasst ist. Vorn befindet sich eine lichtbrechende **Linse**, die ein exaktes Abbild der Umgebung auf die Netzhaut wirft. Die Iris vor der Linse dient als Blende. **Aderhaut** und **Lederhaut** schützen das Auge nach innen, die **Hornhaut** stellt die äußere Begrenzung der **Pupille** vor der Linse dar. Verschiedene **Muskeln** bewegen das Auge und kontrahieren die Linse, die auf diese Weise Gegenstände in unterschiedlichen Entfernungen scharf auf der Netzhaut abbilden kann.
Die Netzhaut enthält **Sehzellen**, welche von lichtabweisenden **Pigmentzellen** umgeben sind. Diese verhindern einerseits störende Reflexionen im Auge und schützen andererseits die Sehzellen vor allzu starkem Lichteinfall. Zwei Arten von Sehzellen kommen im menschlichen Auge vor: Die **Stäbchen** sind für das Schwarz-Weiß-Sehen zuständig, die **Zapfen** unterscheiden Farben. Der Mensch hat drei verschiedene Arten von Zapfen, die entweder auf blaues, auf grünes oder auf rotes Licht ansprechen. Bei geringer Lichteinstrahlung sind

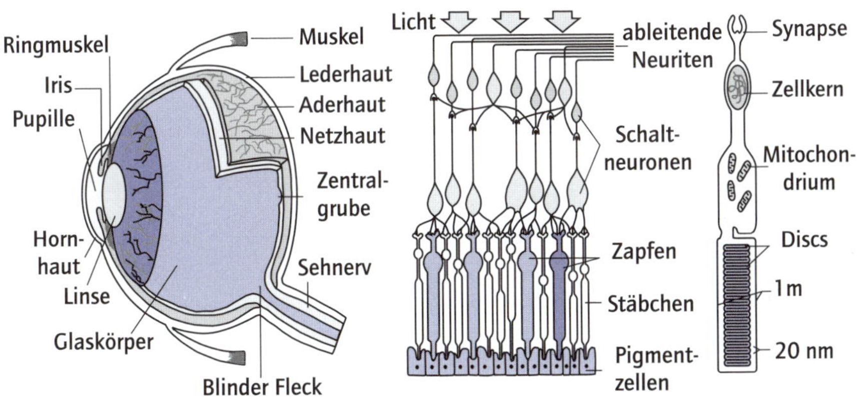

Auge, Netzhaut und Sehzelle

nur die Stäbchen aktiv, weshalb Farben in der Dämmerung kaum noch zu erkennen sind.

Direkt gegenüber der Linse liegt in der Netzhaut die **Zentralgrube**, auch **gelber Fleck** genannt. Die Dichte an Sehzellen ist dort am höchsten und nimmt zum Rand der Netzhaut hin ab, wobei nahe der Zentralgrube mehr Zapfen, nach außen hin mehr Stäbchen vorhanden sind. Im **blinden Fleck** treten die ableitenden Nerven aus, dort befinden sich keine Sehzellen. Die dem Licht zugewandte Seite der Netzhaut besteht aus Nervenzellen, die die Signale der dahinter liegenden Sehzellen verarbeiten und weitergeben.

Die Sehzellen selbst sind spezialisierte Nervenzellen. Die Lichtrezeption findet in den sogenannten **Discs** an der lichtabgewandten Seite der Zellen statt. Das sind stapelförmige Strukturen, die den lichtempfindlichen **Sehpurpur** enthalten. Die Sinnesinformation wird von den Discs aus über den Zellkörper und die Synapse der Sehzelle an die Nervenzellen der Netzhaut weitergegeben. Der Sehpurpur der Stäbchen, **Rhodopsin**, besteht aus dem Enzym **Opsin** und dem Kohlenwasserstoff **Retinal**, dem Aldehyd des Retinols (Vitamin A). Retinal kommt in zwei Formen vor, wobei die gekrümmte **Cis-Form** durch Lichteinfluss in die gestreckte **Trans-Form** übergehen kann. In der Cis-Form bindet Retinal an Opsin. Trifft Licht auf diese Verbindung, geht das Retinal in die Trans-Form über und löst sich vom Opsin. Das Enzym leitet daraufhin eine Reaktionskette ein, an deren Ende ein Aktionspotenzial am Axon der Sehzelle entsteht. Die Trans-Form des Retinals wird anschließend unter Energieverbrauch wieder in die Cis-Form überführt und steht für eine neue Anregung bereit. Die Anregung der Zapfen verläuft grundsätzlich genauso wie die der Stäbchen. Jede Art von Zapfen besitzt jedoch eine spezifische, leicht veränderte Form des

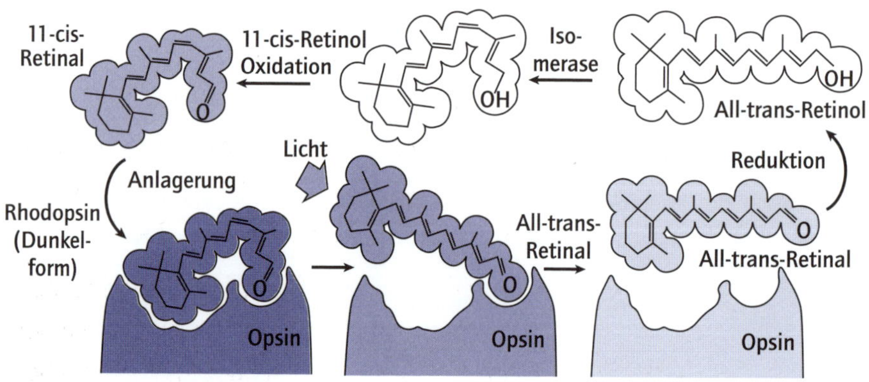

Lichtrezepzion durch Rhodopsin

Opsins – man spricht von verschiedenen **Photopsinen**. Dadurch reagieren Blau-, Grün- oder Rotzapfen auf jeweils unterschiedliche Wellenlängen des Lichtes. Die Signalinformation der Stäbchen wird im Gehirn zur eigentlichen Farbinformation weiterverarbeitet.

PRÜFUNGSBEISPIEL ▪ Weiße Farbe

Die Netzhaut enthält Sehzellen für blaues, grünes und rotes Licht. Weshalb ist Schnee dann für uns weiß?

Schnee reflektiert alle Wellenlängen des sichtbaren Lichts gleichmäßig. Beim Betrachten von Schnee werden daher alle drei Arten von Zapfen in der Netzhaut gleichmäßig angeregt.

Daraus ermittelt das Gehirn die Farbe „Weiß".

Mechanische Sinne

Mechanorezeptoren registrieren beim Menschen nicht nur Berührungen und Schmerz, sondern auch Bewegungen, die Lage des Körpers und Schallwellen. Die einfachsten Rezeptoren sind dabei freie Nervenendigungen, die auf Druck reagieren und so den Tastsinn vermitteln. In vielen Fällen sind die Nervenendigungen von lamellenartigen Strukturen oder Zellgewebe umgeben, was ihre Empfindlichkeit erhöht und zum Beispiel Aussagen über die Stärke, Dauer und Art eines Reizes zulässt. Die ebenfalls weit verbreiteten **Haarsinneszellen** können über die Verbiegung des Haares Stärke, Dauer und Richtung auch schnell schwankender Reize wahrnehmen.

Auch die Sinnesorgane des Ohres – Drehsinn, Lagesinn und Hörsinn – basieren auf solchen Zellen. Das Ohr ist in drei Teile gegliedert:

- Das **äußere Ohr** ist für die Sammlung akustischer Reize zuständig. Es leitet den Schall von der **Ohrmuschel** über den **Gehörgang** auf das **Trommelfell**.
- Im **Mittelohr** übernehmen **Gehörknöchelchen** die Schwingungen des Trommelfells und übertragen sie auf das **ovale Fenster**.
- Am **Innenohr** werden die Schwingungen dann auf eine Flüssigkeit übertragen und in die **Schnecke (Cochlea)** geleitet, welche das eigentliche Hörsinnesorgan enthält. Daneben umfasst das Innenohr auch noch Rezeptoren für den **Dreh-** und **Lagesinn**, die im **Labyrinth** angeordnet sind.

Trifft eine Schallwelle am Trommelfell ein, wird sie von den Gehörknöchelchen auf das ovale Fenster übertragen. Dabei wird die Schallwelle mit großer Amplitude und kleiner Kraft in eine Druckwelle mit kleiner Amplitude, aber großer Kraft übersetzt. Diese Druckwelle wird im Innenohr von der Flüssigkeit des **Vorhofgangs (Scala vestibuli)** übernommen und in die Schnecke geleitet. An deren Spitze geht die Druckwelle in den **Paukengang (Scala tympani)** über, den sie am runden Fenster wieder zum Mittelohr verlässt.

Zwischen Vorhof- und Paukengang liegt der **Schneckengang (Scala Cochlearis)**. Am Boden des Schneckenganges zum Paukengang liegt die elastische **Basilarmembran**, die am Anfang der Schnecke schmal ist und zu deren Spitze hin breiter wird. Sie übernimmt die Schwingung der Druckwelle. Dabei ist ihre Verformung je nach Frequenz der ursprünglichen Schallwelle an einer anderen Stelle der Schnecke am größten. Je höher die Frequenz der Schallwelle ist, umso näher liegt dieser Punkt beim ovalen Fenster.

Erfasst werden die Schwingungen der Basilarmembran vom **Cortischen Organ**. Es besteht aus Haarsinneszellen, die über ihren Zellkörper mit der Basilarmembran und über ihre Sinneshaare mit einer zweiten, am knöchernen Anteil der Schnecke befestigten Membran verbunden sind. Die Haare werden durch die Dehnung der Basilarmembran verformt, und die Sinneszellen geben den entsprechenden Reiz an den Hörnerv weiter.

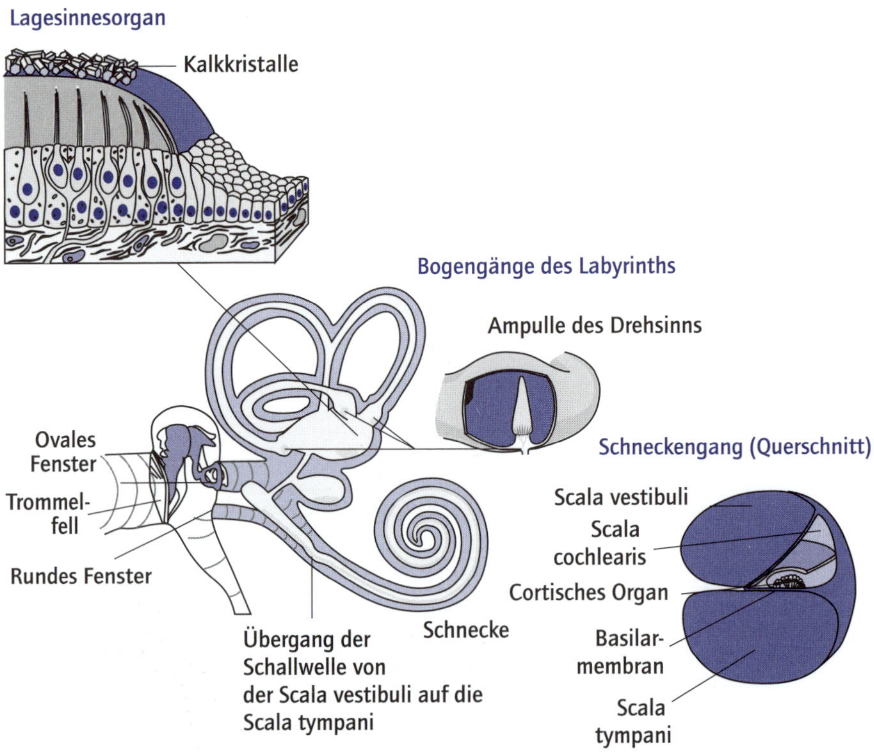

Sinnesorgane des Ohres

Im flüssigkeitsgefüllten Labyrinth oberhalb der Schnecke liegen die Lage- und Drehsinnesorgane des Menschen. Sie bestehen aus Sinneszellen, deren Haare in ein darüberliegendes Gallertkissen eingebettet sind. Bei Drehungen und Beschleunigungen des Kopfes bewegt sich die Flüssigkeit in den Bogengängen des Labyrinths und mit ihr die Gallertkissen der Drehsinnesorgane. Die Bewegung der Kissen in den **Ampullen** genannten Aushöhlungen des Labyrinths wird auf die eingebetteten Haare der Sinneszellen übertragen und von den Zellen in entsprechende Nervenreize umgesetzt.
Auf dem Gallertkissen des Lagesinnesorgans unterhalb der Bogengänge liegen Kalkkristalle, die **Statolithen**. Sie folgen bei Bewegungen der Schwerkraft und verschieben dabei das Gelkissen. Diese Verschiebung wird von den Haarsinneszellen des Organs erfasst, die so die Lage des Körpers relativ zur Schwerkraft der Erde feststellen.

Chemorezeption beim Menschen

Als Chemorezeption bezeichnet man die Erkennung von chemischen Substanzen durch Sinneszellen. Der Mensch hat zwei solche Sinne: Den **Geruchs-** und den **Geschmackssinn**. Sie unterscheiden sich zum einen durch ihre Lage – in der Riechschleimhaut der Nase bzw. auf der Zunge – und zum anderen durch das Medium, in dem die chemischen Substanzen sich befinden – in der Luft bzw. in Flüssigkeit gelöst.

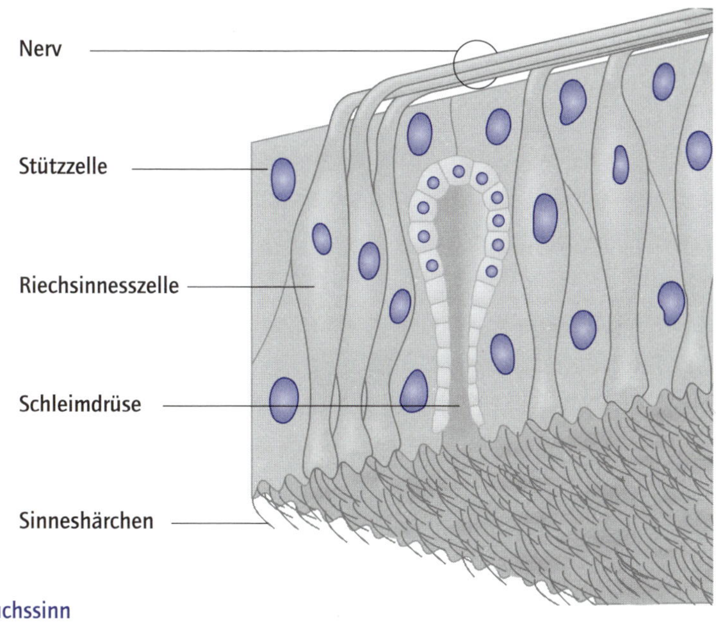

Der Geruchssinn

Im Vergleich zu vielen anderen Landwirbeltieren ist die Oberfläche der Riechschleimhaut des Menschen relativ klein und enthält entsprechend wenige Sinneszellen. Wie dennoch eine große Vielfalt an Riecheindrücken zustande kommt, ist noch weitgehend unbekannt. Vermutlich beruht der Geruchssinn auf Rezeptoren an der Oberfläche von Dendriten der Sinneszellen, die in die Schleimhaut ragen. Die Bindung bestimmter chemischer Substanzen an diese Rezeptoren leitet die Reaktion der Zelle ein.

Auch der größte Teil des scheinbaren Geschmacks eines Nahrungsmittels kommt letztlich durch den Geruchssinn zustande. Die Rezeptoren der Zunge erfassen nur wenige Qualitäten wie süß, sauer, salzig oder bitter. Das eigentliche Aroma der Nahrung wird von den Rezeptoren der Nasenschleimhaut erfasst.

CHECKLISTE

6 Neurobiologie

In der Neurobiologie ist vor allem der zelluläre und molekularbiologische Teil (Nervenzellen, Aktionspotenziale, Transmitter, Inhibition) ein beliebtes Prüfungsthema. Um die Aufgaben verstehen zu können, sollte man aber einen guten Überblick haben:

- **Aktionspotenzial: Entstehung und Verlauf, beteiligte Ionen, saltatorische Erregungsleitung, Ruhepotenzial**
- **Reizweiterleitung: Synapsen, Neurotransmitter, excitatorische und inhibitorische Synapsen, motorische Endplatte**
- **Nervensystem: ZNS, vegetatives Nervensystem, Sympathicus, Parasympathicus, Rückenmark, Gehirn, Wirkung von Nervengiften und Drogen**
- **Muskeln: Muskulatur, Muskelfaser, Myofibrille, Sarkomer, Actin, Myosin, Gleitfilamentmodell**
- **Auge: Aufbau, Sehzellen, Stäbchen, Zapfen, Lichtrezeption durch Rhodopsin**
- **Ohr: Aufbau, Schallleitung, Cortisches Organ, Gleichgewichts- und Drehsinn**

7 Verhaltensbiologie

Als Verhalten bezeichnet man jede Handlung eines lebenden Tieres. Dazu gehören unter anderem Bewegungen, Körperhaltungen, Lautäußerungen, der aktive Ausstoß von Duftstoffen und die Veränderung von Form oder Farbe des Körpers. Diese Verhaltensweisen mit ihren Grundlagen und Auswirkungen erforscht die Verhaltensbiologie, auch Ethologie genannt.

Jede Verhaltensweise hat **proximate** (direkte) und **ultimate** (indirekte) Ursachen. Zum Beispiel schließen Menschen bei einem plötzlichen, starken Luftzug unwillkürlich ihre Augenlider. Der Luftzug ist in diesem Fall die proximate Ursache, also der unmittelbare Auslöser für die Verhaltensweise „Lidschluss". Die ultimate Ursache, also der eigentliche Zweck des Lidschlusses, ist dagegen der Schutz der Augen vor Gegenständen, die mit der Luft in die Augen geblasen werden könnten. Der **Lidschlussreflex** ist bei jedem Menschen genetisch angelegt.

Allgemein kann man angeborenes von erworbenem Verhalten unterscheiden. Reflexe wie der Lidschlussreflex sind die einfachsten unter den **angeborenen Verhaltensweisen**: Sie sind **unbewusste** und **schnelle** Handlungen, die bei gleichem Reiz immer in der gleichen Form ablaufen. Die nächsthöhere Stufe angeborenen Verhaltens sind **Instinkthandlungen**, die ebenfalls **unbewusst** ablaufen, ohne zuvor erlernt werden zu müssen. Jedoch können sie sehr **komplex** sein: Zum Beispiel bauen Spinnen ihr Netz nach instinktiven Mustern.

Erworbenes Verhalten beruht dagegen auf **Lernen**. Als Grundlage dient häufig Instinktverhalten, viele Tiere können aber auch völlig neue Handlungen erlernen. Beispiele für erlernte Handlungen beim Menschen sind der Umgang mit Maschinen und das Verhalten im Straßenverkehr. Viele dieser Handlungen setzen neben dem Lernen auch **Denken** voraus. Darunter versteht man **einsichtiges** und **planendes** Verhalten, etwa den Gebrauch von Werkzeugen und das Voraussehen des Verhaltens anderer. Solche Verhaltensweisen findet man nur beim Menschen und einigen anderen, hoch entwickelten Tieren.

7.1 Geschichte und Methoden

Historische Entwicklung der Verhaltensbiologie

Schon immer hat der Mensch das Verhalten der Tiere in seiner Umgebung beobachtet, um sich dadurch Vorteile bei Jagd, Zucht und Flucht zu sichern. Die ersten wissenschaftlichen Erklärungsversuche für tierisches Verhalten kamen vor etwa 150 Jahren auf. In der frühen **Tierpsychologie**, die vor allem mit dem Namen Alfred Brehms (*Brehms Tierleben*) verbunden ist, wurden Verhaltensweisen von Tieren sehr menschlich interpretiert und ganzen Tierarten Charakterzüge zugeschrieben („schlauer Fuchs", „dummes Huhn").

Von dieser vermenschlichenden Sichtweise hat sich die moderne Verhaltensbiologie immer weiter entfernt. Zu Beginn des 20. Jahrhunderts begründeten Forscher wie Konrad Lorenz und Niko Tinbergen die **klassische Ethologie**. Sie beobachteten Tierarten in unterschiedlichen Lebensräumen und verglichen die gesammelten Daten in **Ethogrammen**. Diese auch **vergleichende Verhaltensbiologie** genannte, biologische Arbeitsweise wurde unter anderem von den Forscherinnen Jane Goodall und Dian Fossey fortgeführt und verfeinert. In zunehmendem Maße griffen die Forscher dabei auch auf physiologische Daten der Sinnes- und Neurobiologie zurück. Als grundlegender Antrieb für das Verhalten von Tieren galt der klassischen Ethologie die **Arterhaltung**.

In der zweiten Hälfte des 20. Jahrhunderts wurde die klassische Ethologie um Erkenntnisse aus anderen Forschungsbereichen erweitert. So entwickelte sich aus Einflüssen der Evolutionsbiologie die **Soziobiologie**. Dieser Zweig der Verhaltensforschung betrachtet Verhalten im Gegensatz zur klassischen Ethologie in erster Linie als Grundlage zur **Weitergabe der eigenen Gene**. Daneben hat sich als eng verwandter Forschungsbereich die **Verhaltensökologie** entwickelt, welche die komplexen Wechselwirkungen von Individuen in ihrem Lebensraum untersucht.

Ob und wie die verschiedenen Theorien der Verhaltensbiologie auf das menschliche Verhalten übertragen werden können, wird immer wieder kontrovers diskutiert. Im Zentrum steht dabei vor allem die Frage nach einem **freien Willen**, mit dem sich der Mensch über biologische Verhaltensmuster hinweg setzen kann. Jüngere Ergebnisse der Gehirnforschung haben den wissenschaftlichen und philosophischen Streit darüber noch angeheizt.

PRÜFUNGSBEISPIEL ▪ Deutung von Verhalten

Übernehmen Löwenmännchen ein Weibchen von einem Rivalen, so töten sie manchmal die noch von dem Weibchen gesäugten Jungen.
Wie kann man dieses Verhalten aus Sicht der klassischen Ethologie bzw. der Soziobiologie deuten?
Aus Sicht der klassischen Ethologie handeln die Männchen artschädigend, ihr Verhalten ist daher unnormal. Aus Sicht der Soziobiologie beschleunigt das Töten der Jungen die erneute Paarungsbereitschaft des Weibchens, das Verhalten dient daher der schnellen Verbreitung der eigenen Gene.

Methoden der Verhaltensbiologie

Die wichtigste Arbeitsmethode der Verhaltensbiologie ist die Beobachtung von Tieren in ihrem **natürlichen Lebensraum**. Der Bestand an Tieren wird festgestellt und ihr Verhalten in **Ethogrammen** katalogisiert. Um die Tiere nicht durch die Beobachtung selbst zu verstören, müssen sie entweder aufwendig aus der Ferne betrachtet oder zeitraubend an die Anwesenheit des Menschen gewöhnt werden. Oft kommen dabei auch technische Hilfsmittel wie Kameras, Sensoren, Sender und Infrarotkameras für nachtaktive Tiere zum Einsatz.

Eine andere Möglichkeit ist die Beobachtung zahmer Tiere. Konrad Lorenz zog die Tiere, die er untersuchte, selbst auf. Das macht zwar sehr genaue und umfassende Beobachtungen möglich, allerdings verhalten sich zahme Tiere nicht immer genauso wie wild lebende.

Allgemein steht die Verhaltensbiologie vor dem Problem, dass bei der Beobachtung weitgehend frei lebender Tiere die Versuchsbedingungen nicht kontrollierbar sind. Immer kommt eine Fülle von Einflüssen und Ursachen für das beobachtete Verhalten zusammen. Kontrollierte Versuchsbedingungen sind nur möglich, wenn Tiere in Gefangenschaft untersucht werden. An solchen **Labortieren** werden meist auch **physiologische Messungen** vorgenommen, um die molekularen Grundlagen des Verhaltens aufzuklären. An Labortieren gewonnene Ergebnisse lassen sich allerdings ebenso wenig wie bei zahmen Tieren auf das Verhalten wild lebender Tiere übertragen.

7.2 Angeborenes Verhalten

Nachweis angeborenen Verhaltens

Es ist nicht immer einfach, zwischen angeborenen und erlernten Anteilen tierischen Verhaltens zu unterscheiden. Zudem kommen bei den meisten Verhaltensweisen genetisch angelegte und durch die Umwelt bestimmte Einflüsse zusammen. Dennoch gibt es verschiedene Methoden, um angeborenes Verhalten nachzuweisen.

Eine wichtige Möglichkeit zur Erfassung angeborener Verhaltensanteile sind **Isolierungsexperimente**, auch **Kaspar-Hauser-Experimente** genannt. Dabei werden Tiere ohne Kontakt zu Artgenossen aufgezogen. Verhaltensweisen, die bei ihnen ebenso wie bei ihren frei lebenden Artgenossen auftreten, sind mit hoher Wahrscheinlichkeit angeboren. Allerdings ist dabei zu beachten, dass die Isolation und der Kontakt zum Forscher das natürliche Verhalten verfälschen können.

Andere Methoden arbeiten mit **Attrappen**, die sehr schematisch Reize eines Tieres (etwa eine bestimmte Körperform oder -farbe) wiedergeben. Lösen auch sehr einfache Attrappen eine bestimmte Verhaltensweise aus, so ist die Reaktion vermutlich angeboren. Eine Möglichkeit, die Vererbung von Verhalten direkt nachzuweisen, bieten **Kreuzungsversuche**: Dabei verfolgt man die Vererbung bestimmter Verhaltensmerkmale über Generationen von Tieren hinweg; werden die Merkmale nach den Mendel'schen Regeln weitergegeben, so sind offenbar Gene dafür verantwortlich.

Beim Menschen verbieten sich Isolierungsexperimente ebenso wie Kreuzungsversuche aus ethischen Gründen. Um zwischen angeborenem und erlerntem menschlichen Verhalten zu unterscheiden, werden daher oft eineiige Zwillinge herangezogen, die getrennt voneinander aufgewachsen sind. Andere wichtige Forschungsansätze sind Untersuchungen an Säuglingen – dabei kommen auch Attrappen zum Einsatz – und der Vergleich mit dem Verhalten von Tieren, vor allem jenem von Menschenaffen.

Ablauf von Instinkthandlungen

Unter dem Begriff **Instinkthandlungen** fasst man alle komplexen, angeborenen, unwillkürlichen Handlungen eines Tieres zusammen. Für ihren Ablauf hat die klassische Ethologie das Modell der **Erbkoordination** entwickelt. Demnach ist die Voraussetzung für eine Instinkthandlung die **Handlungsbereitschaft** oder **Motivation**. Diese wird von verschiedenen inneren und äußeren Faktoren bestimmt: Zum Beispiel hängt die Bereitschaft zur Nahrungssuche vom Hunger, der Tageszeit, dem Wetter und der Gesundheit eines Tieres ab.

Liegt eine Handlungsbereitschaft vor, zeigt das Tier **Appetenzverhalten**; damit wird die Wahrscheinlichkeit erhöht, auf einen **Auslöser** für den Fortgang der Instinkthandlung zu treffen. Beispielsweise streift ein hungriges Tier aufmerksam, aber ziellos umher, um auf Nahrung oder Beute zu treffen. Trifft ein Raubtier infolge dieser **ungerichteten Appetenz** auf ein weiteres Tier, so muss dieses bestimmte Eigenschaften wie Größe, Färbung und Bewegung aufweisen, um als Beute infrage zu kommen. Man spricht von **Schlüsselreizen**, die den Fortgang der Instinkthandlung auslösen.

Nach der klassischen Ethologie folgt die Wahrnehmung dieser Schlüsselreize einem **angeborenen Auslösemechanismus** (AAM). Dabei werden oft nur wenige der vorhandenen Reize tatsächlich zur Auslösung der Reaktion genutzt, weshalb vielfach schon einfachste Attrappen ein bestimmtes Verhalten auslösen können. Zum Beispiel ähneln die „Fliegen" genannten künstlichen Köder, mit denen Angler Jagd auf bestimmte Raubfische machen, höchstens entfernt Insekten – wichtig für den Angelerfolg sind lediglich die Größe der Attrappe und ihr metallisches Glänzen.

> MERKE ▪ Instinkt
> **Umgangssprachlich ist „Instinkt" das Gespür für Situationen oder für Handlungen und Gefühle anderer. Die Verhaltensbiologie versteht unter Instinktverhalten dagegen genetisch angelegte, unbewusste Handlungsabläufe. Zwar gibt es auch beim Menschen Instinkthandlungen (zum Beispiel löst das Kindchenschema – rundliche Kopfform, große Augen, kleine Nase – unbewusst ein beschützendes Verhalten aus); der „richtige Riecher" eines Börsenspekulanten ist durch Erbkoordination jedoch nicht zu erklären.**

Ein AAM kann durch Erfahrung abgewandelt werden: Etwa wird ein Raubtier ein Beutetier meiden, wenn dieses sich einmal als ungenießbar herausgestellt hat. Man spricht dann von einem **durch Erfahrung ergänzten AAM**, kurz **EAAM**. Manche Tiere können durch Erfahrung auch völlig neue Auslösemechanismen entwickeln, welche dann **erworbene Auslösemechanismen (EAM)** genannt werden.

Den Abschluss einer Instinkthandlung bilden die **Taxis** und die **erbkoordinierte Endhandlung**. Unter Taxis versteht man eine **gerichtete Appetenz** auf den Schlüsselreiz zu oder – wie bei der Flucht – vom Schlüsselreiz weg. Die erbkoordinierte Endhandlung bildet den Abschluss der Instinkthandlung, etwa in Form des Schnappens nach einer Beute. Sie besteht aus einer Folge von Bewegungen, die immer gemeinsam ausgeführt werden, wenn sie einmal ausgelöst sind.

Der Erfolg einer Instinkthandlung vermindert in der Regel die Handlungsbereitschaft. Zum Beispiel wird ein Tier nicht sofort wieder auf die Suche nach neuer Beute gehen, wenn es gerade ein großes Beutetier verschlungen hat. Umgekehrt erhöht ein Misserfolg meist die Handlungsbereitschaft. Das gilt jedoch nicht für alle Instinkthandlungen: Zum Beispiel darf die erfolgreiche Flucht vor einem Raubtier ein potenzielles Beutetier nicht weniger wachsam machen.

Eigenschaften von Instinktverhalten

Das Modell der Erbkoordination erklärt nur sehr einfache Verhaltensweisen von Tieren. Die Wirklichkeit ist sehr viel komplizierter: So sind viele angeborene Auslösemechanismen durch Erfahrungen veränderlich; Schlüsselreize sind oft deutlich komplexer als Attrappenversuche vermuten lassen; und selbst erbkoordinierte Endhandlungen können durch Lernen verändert werden. Auch ist es schwierig, Instinktverhalten von umweltbedingtem, bewusstem und erlerntem Verhalten zu trennen, zumal viele Instinkthandlungen zu **Handlungsketten** und **Handlungskomplexen** zusammengefasst sind. Zum Beispiel beruht der komplexe Vorgang des Nestbaus bei Vögeln auf einer grundsätzlichen Handlungsbereitschaft zur Fortpflanzung. Eine Vielzahl einzelner, voneinander abhängiger Prozesse greift dabei ineinander.

Insgesamt müssen die erblichen Anteile tierischen Verhaltens als Ergebnis eines langen **Anpassungsprozesses** einer Art an ihre Umwelt verstanden werden: Individuen, deren Verhalten für die Weitergabe ihrer Gene vorteilhaft war, konnten sich besser durchsetzen als Artgenossen mit nachteiligen Verhaltensweisen. Wie alle genetisch bestimmten Merkmale eines Lebewesens verbreitet sich auch Verhalten gemäß den Regeln der Evolution. Und weil die Umwelt eines Individuums immer in gewissem Maße veränderlich ist, sind auch angeborene Verhaltensweisen nicht als starre Handlungsabläufe zu verstehen. Vielmehr haben sie sich im Laufe der Evolution als Rahmen herausgebildet, innerhalb dessen sich jedes Tier seinen äußeren und inneren Gegebenheiten anpassen kann.

Diese Variabilität von Instinkthandlungen hatte bereits die klassische Ethologie erkannt und das Modell der **doppelten Quantifizierung** erstellt. Demnach hängt die Intensität einer Instinkthandlung sowohl von der Handlungsbereitschaft als auch von der Stärke des Auslösers ab. Beide Faktoren summieren sich. So nimmt ein hungriger Mensch (hohe Handlungsbereitschaft) fast alle genießbaren Speisen an, ein gesättigter dagegen nur besonders attraktive (starker Auslöser).

PRÜFUNGSBEISPIEL ▪ **Instinkthandlung Einkauf**

Nahrungsmittelhersteller legen großen Wert darauf, dass ihre Waren appetitlich aussehen und fügen ihren Rezepten häufig Geschmacksverstärker bei. Welche Eigenschaft von Instinktverhalten machen sie sich dabei zunutze?

Die Hersteller nutzen das Prinzip der doppelten Quantifizierung: Attraktiv aussehende und mit Geschmacksverstärkern versehene Speisen stellen starke Auslöser für die Instinkthandlung Essen dar; die Kunden kaufen und verzehren die Speisen daher auch dann, wenn sie eigentlich satt sind und ihre Handlungsbereitschaft daher niedrig ist.

7.3 Erlerntes Verhalten

Erfahrungsbedingtes Verhalten

Ein wichtiges Kennzeichen tierischen Verhaltens ist das **Lernen** – also die Veränderung von Verhaltensweisen aufgrund von Erfahrung. Tatsächlich werden die meisten Verhaltensweisen von Tieren im Laufe des Lebens abgewandelt, andere werden erst nach der Geburt angelegt. Dabei kann man zwischen **notwendigem (obligatorischem)** Lernen und **möglichem (fakultativem)** unterscheiden.

Obligatorisches Lernen umfasst alle Verhaltensweisen, die ein Tier sich aneignen muss, um in seiner Umwelt überleben und sich fortpflanzen zu können. Dazu gehört zum Beispiel die Fähigkeit, zum Nest oder zum Bau zurückzufinden. Verhaltensweisen dagegen, die einen Vorteil bringen, ohne überlebensnotwendig zu sein, fallen unter den Begriff des fakultativen Lernens. Das kann zum Beispiel der Gebrauch eines bestimmten Werkzeuges bei Affen sein.

Allgemein sind die erlernten Anteile tierischen Verhaltens oft eng verbunden mit angeborenen Verhaltensweisen. Man spricht von einer **Instinkt-Lern-Verschränkung**. Tatsächlich beruht auch das Lernen selbst auf Instinktverhalten und ist entsprechend genetisch angelegt: Es gibt also eine **Lerndisposition**. Welche Verhaltensweisen ein Tier sich aneignen kann und welche nicht, hängt dabei oft eng mit seinem Lebensraum und seiner Ernährungs- und Bewegungsweise zusammen. Zum Beispiel erfassen wandernde Tiere wie Zugvögel sehr schnell Landmarken und lernen leicht, sich in fremdem Gelände zu orientieren.

Grundbedingung für alle Formen des Lernens ist ein **Gedächtnis**, in dem angeeignete Verhaltensweisen gespeichert sind. Seine Kapazität entscheidet über die Lernfähigkeit eines Tieres. Kurzfristig wichtige Informationen, etwa über den derzeitigen Standort eines Beutetieres, werden dabei im **Kurzzeitgedächtnis** abgelegt, während das **Langzeitgedächtnis** dauerhaft wichtige Informationen wie die Lage des Nestes oder des Baus speichert.

Konditionierung

Die einfachste Form des Lernens ist die Veränderung angeborener, unbewusster Handlungen durch **assoziatives Lernen**. Dabei lernt ein Tier Reizsituationen zu verbinden und verändert sein Verhalten entsprechend. Zum Beispiel

Bedingte Reaktionen – klassische Konditionierung

suchen Tiere positive Reizkombinationen häufiger auf (**bedingte Appetenz**) und negative seltener (**bedingte Aversion**). Ein Tier auf Nahrungssuche bewegt sich bevorzugt dort, wo es erfahrungsgemäß viel Nahrung findet; Orte dagegen, die sich als gefährlich herausgestellt haben, werden gemieden.

Diese erlernten Verhaltensweisen nennt man **bedingte Reaktionen**. In der klassischen Ethologie wurden sie unter dem Begriff **klassische Konditionierung** zusammengefasst. Ein Beispiel für einen **bedingten Reflex** hat der russische Physiologe **Igor Pawlow** Ende des 19. Jahrhunderts beschrieben: Er ließ bei der Fütterung von Hunden einen Glockenton erklingen; nach einer Weile reagierten die Hunde mit Speichelfluss auf den Ton, und zwar auch dann, wenn kein Futter dargeboten wurde. Die Erfahrung hatte den Speichelflussreflex verändert.

Ebenso wie assoziatives Lernen die Reaktionen von Tieren beeinflusst, können Tiere auch ein bestimmtes Verhalten neu erlernen. Voraussetzung für die Ausbildung solcher **bedingter Aktionen** ist eine grundlegende Aktivität des Tieres, zum Beispiel in Form von **Spielverhalten** oder **Erkundungsdrang**. Das Tier stellt dabei fest, dass eine mehr oder weniger zufälliger Handlung positive Folgen hat – und führt diese Handlung daher erneut durch. Auf diese Weise lassen sich Tiere **dressieren**, also zu Handlungen bewegen, die nicht ihrem natürlichen Verhaltensrepertoire entsprechen. Man spricht daher auch von **operanter** oder **instrumenteller Konditionierung**.

Viele Versuche zur Untersuchung bedingter Aktionen gehen auf den amerikanischen Psychologen **B. F. Skinner** zurück. In der ersten Hälfte des 20. Jahrhunderts entwickelte er die sogenannte **Skinner-Box**, in der Tiere gezielt zu bedingten Aktionen bewegt werden. Betätigt ein Tier in der Skinner-Box zum Beispiel einen bestimmten Hebel, wird es dadurch sofort mit Futter belohnt. Das Tier lernt daraufhin, den Hebel immer dann zu betätigen, wenn es Hunger hat.

Den umgekehrten Fall beschreibt der Begriff der **Habituation**. Wird einem Tier ein bestimmter Reiz immer wieder ohne Auswirkungen dargeboten, tritt ein Gewöhnungseffekt ein: Das Tier reagiert immer schwächer und schließlich überhaupt nicht mehr auf den Reiz. Auf die Habituation ist zum Beispiel zurückzuführen, wenn sich gefangene Wildtiere auf Dauer an die Anwesenheit von Menschen gewöhnen und ihre Scheu abbauen. Auch können bedingte Reaktionen wieder verlernt werden. In diesem Fall spricht man von einer **Extinktion**, also einer Löschung des erlernten Verhaltens.

Unterschieden werden muss das Lernen von der **Reifung**. Lässt man zum Beispiel Jungvögel in Käfigen aufwachsen, in denen sie das Fliegen nicht erproben können, so können sie dennoch später fliegen. Die Ausbildung dieser Fähigkeit hängt weniger von Erprobung und Lernen ab als von einer Reifung der Flugmuskulatur: Wenn die Reifung abgeschlossen ist, können die Vögel fliegen – und zwar unabhängig davon, ob sie diese Fähigkeit zuvor erlernen oder erproben konnten.

> MERKE ▪ Konditionierung
> **Die klassische Konditionierung beruht auf assoziativem Lernen: Tiere lernen, einen Reiz mit einem anderen zu verbinden (Beispiel: Pawlow'scher Hundeversuch).**
> **Bei der operanten Konditionierung wird ein Verhalten neu erlernt: Tiere lernen durch Versuch und Irrtum, die Folgen einer Handlung abzuschätzen (Beispiel: Skinner-Box)**

Prägung

Ein wichtiger Sonderfall des Lernens ist die **Prägung**. Dabei werden Verhaltensweisen meist sehr schnell in einem festgelegten Zeitraum des Lebens – der **sensiblen Phase** – angelegt. Die Aneignung des Verhaltens erfolgt als Reaktion auf einen **prägenden Reiz**. Bleibt dieser Reiz während der sensiblen Phase aus, ist die Prägung nicht mehr möglich. In der Regel ist dieser Vorgang **irreversibel**.

Das bekannteste Beispiel für eine Prägung stammt aus der Arbeit des österreichischen Biologen **Konrad Lorenz**. Er stellte fest, dass Graugans-Küken jedem Objekt folgen, das sich wenige Stunden nach ihrem Schlüpfen von ihnen weg bewegt und dabei Geräusche von sich gibt. In der Natur ist dies immer das Muttertier, jedoch können die Küken auch auf Menschen oder gar bewegliche, mit Lautsprechern ausgestattete Gegenstände geprägt werden. Knapp zwei Tage nach dem Schlüpfen können die Tiere allerdings nicht mehr geprägt werden: Von diesem Ende der sensiblen Phase an fliehen sie vor Objekten, die sie zuvor noch als Muttertier akzeptiert hätten.

Das Verhalten der Küken bezeichnet man als **Nachfolgeprägung**. Es ist ein typisches Beispiel für eine **Objektprägung**, bei der ein Tier ein Reizmuster erlernt, auf das später eine bestimmte Reaktion erfolgt. Diese Reaktion kann zeitlich sehr viel später erfolgen: So werden die männlichen Jungen mancher Vögel durch den Anblick ihrer Mutter im Nest **sexuell geprägt** – als erwachsenes Tier paaren sich diese Vögel vorzugsweise mit Tieren, die das typisch weibliche Gefieder der Mutter tragen.

Eine andere Form der Prägung ist die **motorische Prägung**. Dabei erlernt das Tier eine bestimmte motorische Fähigkeit. Zum Beispiel wird bei manchen Singvögeln der arttypische Gesang durch Prägung festgelegt. Isoliert aufgewachsene Tiere singen zwar, können sich jedoch nicht mehr die typische Gesangsmelodie ihrer Artgenossen aneignen. Durch diese **Gesangsprägung** kommen auch regionale Unterschiede im Gesang von Vögeln derselben Art zustande.

Spielen, Nachahmung und Tradition

Nicht alle Formen des Lernens lassen sich durch bedingte Reaktionen und Aktionen erklären. Vor allem höher entwickelte Wirbeltiere zeigen weitere Arten von Lernverhalten, etwa das **Spielen**. Dabei ahmen meist junge Tiere Verhalten nach und erlernen und trainieren auf diese Weise wichtige Fähigkeiten wie Kampf, Flucht und Verfolgung. Kennzeichnend ist dabei, dass erbkoordinierte Endhandlungen ablaufen, ohne dass eine Handlungsbereitschaft dazu vorhanden ist: Zum Beispiel jagen junge Raubkatzen einander, obwohl sie weder Beutetier noch Bedrohung füreinander sind.

Eine andere wichtige Grundlage für das Lernen von Tieren sind **Neugier** und **Erkundungsverhalten**. Diese Verhaltensweisen erhöhen die Wahrscheinlichkeit, mit neuen Reizen in Berührung zu kommen und treiben dadurch Lernprozesse voran. Sie kommen daher vor allem bei Tieren vor, die eine große Lernfähigkeit aufweisen.

Menschen und andere Primaten lernen häufig durch **Nachahmung**. Dabei beobachtet ein Individuum das Verhalten eines anderen und kopiert es, wenn es ihm nützlich erscheint. Dadurch werden vorteilhafte Verhaltensweisen schnell innerhalb einer Gruppe verbreitet, weil nicht jedes Tier selbst mit einer Reizsituation konfrontiert sein muss. Beispielsweise profitieren alle Artgenossen von einem Tier, das als erstes die Lösung für ein Problem gefunden hat.

Durch ständige Nachahmung können Gruppen bestimmte Verhaltensweisen weiterführen, obwohl der Urheber des Verhaltens und die ursprünglich zugrunde liegende Reizsituation nicht mehr vorhanden sind. Auf diese Weise entstehen **Traditionen**: Das sind Verhaltensweisen, die von einer bestimmten Gruppe einer Tierart über Generationen hinweg in einer besonderen, vom Verhalten anderer Gruppen derselben Art abweichenden Weise durchgeführt werden.

INSIDER-TIPP ▪ Terminologie

Viele Erkenntnisse der Verhaltensbiologie scheinen selbstverständlich. Doch darf man das Thema in Prüfungen nicht zu leicht nehmen: Es ist wichtig, immer mit den korrekten Fachbegriffen zu argumentieren!

Kognitive Leistungen von Tieren

Höhere Verstandesleistungen wie Einsicht, Sprache und Bewusstsein lassen sich an Tieren nur schwierig untersuchen. Lange nahm man an, dass diese Fähigkeiten auf den Menschen beschränkt sind. Inzwischen ist klar, dass zumindest einige Tiere, vor allem Primaten, diese **kognitiven Leistungen** teilweise ebenfalls erbringen können.

Einsichtiges Verhalten kann man bei Primaten noch am einfachsten nachweisen. So stapeln Schimpansen Kisten übereinander, um an hoch hängendes Futter zu gelangen – und zwar ohne diese Handlung zuvor beobachtet zu haben. **Werkzeuggebrauch** wie dieser kommt nicht nur bei Affen, sondern auch bei anderen Wirbeltieren wie zum Beispiel Delfinen und Raben vor. Inwiefern das Vorgehen der Tiere jedoch tatsächlich **geplant** und nicht nur Folge von genetischer Veranlagung und Versuch und Irrtum ist, lässt sich meist nur schwierig ermitteln.

Gleiches gilt für **sprachliche Fähigkeiten** von Tieren. Zwar kommunizieren viele Tiere über Laute; diese werden jedoch immer im gleichen Kontext und mit der gleichen Aussage benutzt. Sprache setzt darüber hinaus eine **Semantik** voraus: Das heißt, dass Laute vielfältig kombiniert werden können, um verschiedene, auch neue Aussagen zu treffen. Menschenaffen konnten Forscher bereits eine grundlegende Sprache zur Kommunikation mit ihnen beibringen. Ihr Lernverhalten ähnelte dabei dem von Kleinkindern. Ob auch andere Tiere, etwa Delfine, eine echte Sprache benutzen, ist noch umstritten.

Ebenfalls umstritten ist die Frage, ob Tiere ein **Bewusstsein** haben. Die wissenschaftlichen Meinungen reichen von einem kategorischen Nein bis hin zu einem weitreichenden Ja. Die Diskussion ist auch deswegen von Bedeutung, weil Empfindungen wie Schmerz und Trauer eng mit unserem Begriff von Bewusstsein zusammenhängen – und damit auch die Frage nach der Verantwortbarkeit von Tierversuchen gestellt werden muss, wenn die üblichen Labortiere wie Ratten und Mäuse ein Bewusstsein haben. Zumindest bei Menschenaffen meinen Forscher viele Aspekte des Bewusstseins wie Selbsterkennung, Freude und Trauer beobachten zu können.

7.4 Sozialverhalten

Soziobiologie und Kosten-Nutzen-Analyse

In der zweiten Hälfte des 20. Jahrhunderts hat sich die **Soziobiologie** als neuer, wichtiger Zweig der Verhaltensforschung entwickelt. Soziobiologen betrachten das Verhalten von Tieren vor allem aus **evolutionärer Sicht** (→ Evolution). Demnach stellt Verhalten eine Umweltanpassung dar und dient vor allem dazu, den Fortpflanzungserfolg zu sichern, also das eigene Erbgut möglichst effektiv weiterzugeben. Der Erfolg einer Tierart folgt dem Fortpflanzungserfolg ihrer einzelnen Mitglieder.

Auf Basis dieser Theorie lässt sich für alle Verhaltensweisen eines Tieres eine **Kosten-Nutzen-Rechnung** aufstellen, welche den Aufwand einer Handlung ins Verhältnis zu ihrem Nutzen für das einzelne Tier setzt. Gemäß der Soziobiologie bringen dabei Verhaltensweisen dann einen **Selektionsvorteil** und verbreiten sich daher innerhalb einer Art, wenn sie einen möglichst großen Nutzen bei möglichst kleinem Aufwand erwarten lassen.

Deutlich wird dieser Zusammenhang beim Nahrungserwerb von Tieren. Jedes Tier wird versuchen, mit möglichst einfachen Mitteln möglichst viel Nahrung zu bekommen. Eine Raubkatze jagt daher einem relativ großen Beutetier ausdauernder nach als einem kleinen. Andererseits kann ein nahrhaftes, leicht zu fangendes Beutetier verschmäht werden, wenn es zugleich sehr wehrhaft ist und damit die Verletzungsgefahr bei der Jagd steigt.

Für jede einzelne Verhaltensweise eines Tieres kommt eine Fülle von Einflüssen zusammen, die sich auf sein Verhalten auswirken können. Die Kosten-Nutzen-Analyse – also die Abwägung der Vor- und Nachteile einer Handlung – findet dabei unbewusst im Gehirn statt. Einige Forscher kritisieren diesen streng evolutionsbiologischen Ansatz der Soziologie als zu stark vereinfachend und bemängeln vor allem im Zusammenhang mit dem menschlichen Verhalten eine fehlende moralische Komponente. Gleichzeitig kommen aus der Evolutionsbiologie, etwa durch die Erkenntnisse der Epigenetik, neue Impulse in die Soziobiologie.

Kommunikation und soziale Gruppe

Viele Tiere schließen sich zu Gruppen von Artgenossen zusammen. Für das einzelne Tier haben solche **sozialen Strukturen** den Vorteil, dass es besser gegen Fressfeinde geschützt ist, weil ein Verband von Tieren Feinde schneller erkennen und abwehren oder verwirren kann. Insgesamt muss das einzelne Tier daher weniger Zeit für Wachsamkeit und Flucht aufwenden. Höher entwickelte Verbände von Tieren bieten zudem Jungtieren Schutz und forcieren das Lernen voneinander. Andererseits stehen die Mitglieder einer Gruppe immer im Wettstreit um Nahrung und Geschlechtspartner.

Zwei Arten von sozialen Gruppen kann man unterscheiden. In **anonymen Verbänden** kennen sich die Tiere nicht persönlich. **Offenen** anonymen Verbänden wie Fischschwärmen kann sich dabei jeder Artgenosse anschließen, während die Mitglieder **geschlossener** anonymer Verbände wie Ameisenvölker durch gemeinsame Erkennungsmerkmale – etwa den Geruch – gekennzeichnet sind und fremde Artgenossen in der Regel abwehren. Die zweite, höher entwickelte Art von Tiergruppen ist der **individualisierte Verband**. In ihm kennen sich die Mitglieder persönlich und sind meist in eine Rangordnung eingebunden. Löwenrudel und die Familien des Menschen sind Beispiele für individualisierte Verbände.

PRÜFUNGSBEISPIEL ▪ **Jagd im Rudel**

Wölfe schließen sich zu Rudeln zusammen, in denen sie gemeinsam auf Jagd gehen. Von der erlegten Beute erhält das ranghöchste Tier den größten, das rangniedrigste den kleinsten Teil.

Weshalb bleiben rangniedere Tiere trotzdem im Rudel?

Nur im Rudel können die Wölfe auch Tiere erlegen, die viel größer sind als sie selbst. Jedes einzelne Mitglied des Rudels verbraucht dabei weniger Energie, als wenn es allein auf Jagd ginge. Ranghohe Tiere sind dabei aktiver und gehen ein höheres Risiko ein als rangniedere Tiere, die nicht in vorderster Front jagen. Dennoch genießen alle Tiere im Rudel den gleichen Schutz vor Feinden. Zudem kann jedes Tier im Rudel auf Dauer einen höheren Rang erreichen.

Jede Form von Sozialverhalten bedarf der **Kommunikation**. Für die gezielte Bildung und den Zusammenhalt einer Gruppe müssen ihre einzelnen Mitglieder ebenso miteinander kommunizieren wie Individuen, die nur für die Fortpflanzung zusammenkommen und sonst einzeln leben. Beschreiben kann man die Kommunikation zwischen zwei Tieren durch ein **Sender-Empfänger-Modell**. Dabei codiert der Sender eine Nachricht in Form eines Signals. Der Empfänger erfasst das Signal über seine Sinnesorgane, decodiert es und reagiert gegebenenfalls auf die Nachricht.

Als Signale kommen dabei verschiedene Möglichkeiten infrage. Zu den **akustischen Signalen** gehören zum Beispiel die menschliche Sprache und der Gesang von Vögeln. Diese Signale können Nachrichten über recht weite Strecken verbreiten. **Optische Signale** wie Mimik, Gestik, Körperform und -färbung wirken dagegen nur über kurze Distanzen. Das gleiche gilt für chemische Signale, auch **olfaktorische Signale** genannt. Dazu gehören vor allem **Pheromone**, also **Sexuallockstoffe**. Olfaktorische Signalstoffe wirken über einen längeren Zeitraum und werden daher auch zur **Markierung** eines Reviers eingesetzt. Darüber hinaus gibt es noch weitere Arten der Kommunikation, etwa durch Berührung (**taktile Signale**) oder durch **elektrische Signale**.

Allgemein können Signale eine appellierende, eine darstellende oder eine ausdrückende Funktion haben. Lockrufe und Warnfärbungen haben beispielsweise eine **Appellfunktion**, die den Empfänger dazu bewegen soll, eine bestimmte Handlung auszuführen oder zu unterlassen. **Darstellende Signale** übermitteln dagegen Wissen, etwa über den Ort einer Nahrungsquelle. **Ausdruckssignale** wie zum Beispiel Imponiergehabe dienen dagegen der wechselseitigen Kommunikation. Dazu zählt man auch **ritualisierte Handlungen**. Als Rituale bezeichnet man Handlungen aus völlig anderen Verhaltensbereichen, die für die Übermittlung von Signalen überzeichnet und von ihrer ursprünglich zugehörigen Reizsituation befreit worden sind. Zum Beispiel stellen Tiere bei der Balz Eigenschaften besonders heraus, die einen großen Fortpflanzungserfolg signalisieren.

Konflikte

Tiere einer Art stehen in ständiger Konkurrenz um Nahrungsgrundlagen und Geschlechtspartner. Das führt zwangsläufig zu Konflikten. Handlungen, die im Zusammenhang mit solchen Konflikten stehen, fasst man unter dem Begriff **agonistisches Verhalten** zusammen. Im Gegensatz dazu dient **kooperatives Verhalten** der Zusammenarbeit zwischen Sozialpartnern.

Eine Form agonistischen Verhaltens ist die **Aggression**. Darunter versteht man nicht nur Kampfhandlungen zwischen zwei Tieren, sondern alle Handlungen, die einen Kampf vorbereiten, abwenden oder beenden. Letztlich ist es für jedes Tier von Nachteil, wenn sein Leben nicht nur durch Fressfeinde, sondern auch durch Artgenossen bedroht ist. Daher haben sich Mechanismen entwickelt, die das Verletzungsrisiko bei Kämpfen zwischen Artgenossen begrenzen.

Zu diesen **aggressionskontrollierenden Verhaltensweisen** gehört das **Imponieren**. Dabei demonstriert ein Tier zum Beispiel durch Brüllen, Aufplustern oder Stolzieren seine Kraft, um Angreifer abzuschrecken. Der nächste Schritt ist das **Drohen**, mit dem die Kampfbereitschaft angezeigt wird. Das geschieht unter anderem durch das Präsentieren von Waffen wie Krallen oder Zähnen. Auch die **Beschwichtigung** wirkt aggressionskontrollierend: Dabei nimmt das unterlegene Tier seine aggressionsfördernden Reize zurück und zeigt Demutshandlungen. Zum Beispiel legen sich beschwichtigende Hunde auf den Rücken und verbergen ihre Eckzähne.

Beim eigentlichen Kampf zwischen Tieren einer Art muss man zwischen dem **Kommentkampf** und dem **Beschädigungskampf** unterscheiden. Der Kommentkampf ähnelt eher einem Wettkampf: Er folgt meist klaren Regeln und ist nur darauf ausgelegt, das stärkere Tier zu ermitteln. Dabei werden keine tödlichen Waffen benutzt und in der Regel nur unempfindliche Körperstellen angegriffen. Zum Beispiel verhaken Hirsche beim Kommentkampf ihre Geweihe ineinander, anstatt die spitzen Geweihenden dem anderen in den Leib zu rammen. Beim Beschädigungskampf dagegen benutzt das Tier alle ihm zur Verfügung stehenden Mittel, um seinen Artgenossen zu besiegen. Solche Kämpfe können daher auch tödlich ausgehen und sind entsprechend seltener als Kommentkämpfe.

Welche Form der Aggression Tiere einer Art gegeneinander verwenden, ist durch verschiedene äußere Faktoren bestimmt. Grundsätzlich ist eine umso größere Handlungsbereitschaft (**Aggressivität**) nötig, je aufwendiger und gefährlicher ein Kampf ist. Beschädigungskämpfe kommen daher meist nur dann vor, wenn viele Individuen um extrem knappe Ressourcen kämpfen – etwa bei Nahrungsmangel oder großem Wettbewerb um Geschlechtspartner.

Neben der Aggression findet man weitere agonistische Verhaltensweisen bei Interessenskonflikten zwischen Angehörigen einer Art. Dazu zählt das **Rangordnungsverhalten** vor allem von Tieren in individualisierten Verbänden wie Wolfsrudeln oder Primatengruppen. Dabei richtet sich der Rang eines Tieres unter anderem nach seinem Geschlecht, seiner Kampf- und Durchsetzungskraft, seiner Größe und seiner Erfahrung. Obwohl Rangordnungen durch Kämpfe ermittelt und verändert werden, ist das einzelne Mitglied der Tiergruppe seltener Kämpfen ausgesetzt und profitiert zudem von klaren Entscheidungsstrukturen, die Konflikte entschärfen.

Auch **Territorialverhalten** kann man als agonistische Verhaltensweise betrachten. Wie Rangordnungen werden auch **Reviere** zunächst durch Kämpfe gebildet; bestehende Reviere helfen jedoch, Konflikte zu vermeiden, indem sie klare Regeln und Grenzen setzen. Unterscheiden kann man dabei einerseits **Individualreviere**, in denen lediglich ein Tier lebt, von **Gruppenrevieren**, die von mehreren Tieren bewohnt werden. Andererseits haben die meisten Tiere **unterschiedliche Reviere** für die Jagd, die Balz, die Brut oder den Schlaf. Diese Reviere können, müssen aber nicht deckungsgleich sein.

PRÜFUNGSBEISPIEL ▪ Kampf bis zum Tod

Auch bei Beschädigungskämpfen sind Todesfälle selten und meist Folge von Unfällen. Warum töten Tiere ihre Artgenossen nicht gezielt?

Tiere, die sich bis zum Tod bekämpfen, dezimieren sich schnell gegenseitig. In der Evolution kann sich diese Form agonistischen Verhaltens daher nicht durchsetzen – die Kosten aufgrund des großen Verletzungsrisikos sind einfach zu groß. Beim Kampf zwischen Artgenossen geht es um den Zugang zu einer knappen Ressource, welchen das überlegene Tier erhält – ob der Gegner tot ist, spielt dabei keine Rolle.

Die Gründe für Aggressionen gegenüber Artgenossen sind vielfältig. Als wesentliche ultimate Ursache agonistischen Verhaltens gilt der Wettbewerb um knappe Ressourcen, vor allem um Nahrung und Geschlechtspartner. Die proximaten Gründe für aggressives Verhalten kann man in mindestens vier Ebenen gliedern:

- **Genetische Grundlagen:** Da sich Tiere, die agonistisches Verhalten erfolgreich einsetzen, bevorzugt fortpflanzen können, sind grundlegende Anteile dessen bereits genetisch angelegt. Dabei gibt es jedoch große Unterschiede zwischen einzelnen Individuen. Im Erbgut spiegelt sich auch die stammesgeschichtliche Entwicklung einer Art wider, durch die aggressives Verhalten mehr oder weniger stark angelegt sein kann. Hinzu kommen epigenetische Faktoren, die jüngere Erfahrungen einzelner Individuen an die Nachkommen weitergeben.

- **Individuelle Einflüsse:** Die persönliche Entwicklung eines Menschen oder eines Tieres – also seine individuellen Erfahrungen und seine körperliche Verfassung – kann das Aggressionsverhalten entscheidend beeinflussen. Hormonelle Schwankungen sind häufige Gründe für auffälliges Aggressionsverhalten.
- **Soziales Umfeld:** Rangordnungen, der Zustand von Territorien, das Verhalten der anderen Mitglieder eines Verbandes und der kulturelle Hintergrund einer Tier- oder Menschengruppe können Aggressionen fördern oder begrenzen. Auch lassen sich aggressionskontrollierende Verhaltensweisen **erlernen**.
- **Allgemeines Umfeld:** Die Begrenztheit von Ressourcen wie Nahrung, Raum und Geschlechtspartner ist nicht nur die ultimate Ursache agonistischen Verhaltens, sondern kommt auch als proximater Grund für Aggressionen infrage.

Brutpflege und Sexualität

Die Fortpflanzung ist das wichtigste Ziel tierischen Verhaltens. Fast alle Verhaltensweisen von Tieren und Menschen lassen sich im Hinblick auf ihren Nutzen für die Weitergabe des eigenen Erbguts erklären. Entsprechend groß ist der Antrieb für **sexuelles Verhalten** bei Tieren. Ihm sind in der Regel alle anderen Handlungen untergeordnet: Sogar lebenserhaltende Verhaltensweisen wie die Nahrungsaufnahme und Aggressionshemmungen gegenüber deutlich stärkeren Rivalen treten bei paarungsbereiten Tieren in den Hintergrund.

Bei den meisten Tieren unterscheiden sich männliche und weibliche Individuen äußerlich durch **sekundäre Geschlechtsmerkmale**. Man spricht von einem **Sexualdimorphismus**. Vielfach werden die Unterschiede ausschließlich oder besonders während der **Paarungszeit** deutlich, die in der Regel ein begrenzter Zeitraum innerhalb eines festen Zyklus ist. Der Mensch gehört dagegen zu den wenigen Tieren, die ihr ganzes Leben weitgehend ununterbrochen sexuell aktiv sein könnten. Entsprechend merken im Gegensatz zu den meisten Tierarten Männer den Frauen ihre Paarungsbereitschaft – die meist etwa 13 Mal im Jahr eintritt – äußerlich meist nicht an.

Bei der Wahl des Geschlechtspartners haben männliche und weibliche Tiere oft unterschiedliche Interessen. Zwar bevorzugen alle Tiere einen attraktiven Partner, der einen möglichst großen Fortpflanzungserfolg, also gesunde, kräftige und fruchtbare Junge verspricht. Um diese Geschlechtspartner besteht eine besondere Konkurrenz, die dazu führt, dass sie sich bevorzugt fortpflanzen können und ihre vorteilhaften genetischen Eigenschaften weitergeben.

Bei Tieren, die **Brutpflege** betreiben, kommen jedoch noch andere Faktoren für die Partnerwahl hinzu. In aller Regel ziehen in diesem Fall die Mütter die Jungen auf – und das zudem oft ohne Unterstützung des Partners. Weibliche Tiere investieren also deutlich mehr Energie und Zeit in ihre Jungen als männliche; die richtige Partnerwahl ist für sie daher entscheidender als für ihre Geschlechtspartner, deren Interesse vor allem in einer möglichst weiten Verbreitung ihres Erbguts auf viele Weibchen liegt. Die Männchen versuchen daher, mit möglichst vielen Weibchen zu kopulieren, während diese einen möglichst attraktiven Partner für die Kopulation suchen.

Diese Interessentrennung gilt allerdings nicht, wenn Mutter und Vater gemeinsam den Nachwuchs aufziehen: Dann investieren beide Eltern gleichermaßen in die Aufzucht der Jungen, und ihre Partnerwahl gestaltet sich meist entsprechend aufwendig. Umgekehrt sind Weibchen, die keine Brutpflege betreiben, ebenso wie ihre männlichen Partner an einer möglichst häufigen Fortpflanzung interessiert.

PRÜFUNGSBEISPIEL ▪ Alter vor Schönheit

Übernehmen bei einer Tierart die Weibchen allein die Brutpflege, so paaren sich diese oft bevorzugt mit alten Männchen. Männchen ziehen dagegen junge Weibchen vor. Wie kann man dieses Verhalten erklären?

Ein altes Männchen beweist gerade durch sein hohes Alter, dass es gesund ist und vorteilhafte Erbanlagen trägt. Weibchen, die viel Ressourcen und Zeit in die Aufzucht ihrer wenigen Jungen investieren, wählen daher Partner mit derart vorteilhaften Merkmalen. Die Männchen versuchen dagegen, möglichst viele Junge zu zeugen und so ihren Fortpflanzungserfolg zu sichern. Für sie sind daher junge, reproduktionsfähige Weibchen attraktiver.

Ob Tiere Brutpflege betreiben, hängt vor allem von genetischen Faktoren ab. Dabei lässt sich beobachten, dass die Betreuung des Nachwuchses umso intensiver wird, je wichtiger die lernbedingten Anteile des Verhaltens einer Tierart sind: Tiere, deren Verhalten vor allem auf angeborenen Anteilen beruht, betreiben meist kaum oder gar keine Brutpflege; der Mensch, der im Tierreich den größten Anteil erfahrungsbedingten Verhaltens besitzt, betreibt zugleich auch die intensivste Brutpflege.

Auch im Vorgang der Partnerwahl gibt es bedeutende Unterschiede zwischen den Tierarten. Bei manchen Tieren wie zum Beispiel den Löwen kämpfen die Männchen um ein paarungsbereites Weibchen; das überlegene Tier kann sich mit dem Weibchen paaren. Bei anderen Tieren wie den Wölfen ergibt sich aus der Rangfolge im Rudel ein **Fortpflanzungsmonopol** für das **Alpha-Tier**, also das ranghöchste Männchen. Bei den meisten Tierarten suchen sich dagegen die Weibchen ihren Geschlechtspartner aus; in diesem Fall buhlen die Männchen durch **Balz** um paarungsbereite Weibchen, indem sie ihre sekundären Geschlechtsmerkmale zum Ausdruck ihrer Fortpflanzungsfähigkeit präsentieren. Bei manchen Tierarten buhlen die Männchen auch mit Nestern, Revieren oder Nahrung um die Gunst der Weibchen.

In welcher Form von Partnerschaft Tiere leben, wird ebenfalls stark durch genetische Faktoren bestimmt. Allgemein erhöht eine gemeinsame und aufwendige Brutpflege bei Tieren die **Partnerbindung**, weil beide Partner ein gemeinsames, großes Interesse an einer erfolgreichen Aufzucht ihrer Jungen haben. Eine erfolgreiche Aufzucht fördert dabei die Partnerbindung; bei **monogamen** Tieren kann die Bindung lebenslang währen. Eine erfolglose Aufzucht führt dagegen oft zur Trennung der Eltern. Monogame Partnerschaften sind allerdings keine notwendige Voraussetzung für eine erfolgreiche Brutpflege: Viele Tiere – und auch manche menschliche Völker – leben **polygam** und bilden **Harems**, in denen meist ein Männchen mehrere Weibchen begattet und versorgt. **Promiskuitiv** lebende Tiere, die überhaupt keine Partnerschaften eingehen und sich mit möglichst vielen Artgenossen paaren, betreiben dagegen in der Regel keine Brutpflege.

Bei manchen Arten pflanzen sich einige Mitglieder einer Tiergruppe nicht selbst fort, helfen aber anderen Gruppenmitgliedern bei der Aufzucht von deren Jungen. Beispielsweise pflanzen sich bei Bienen nur die Königinnen fort; die Arbeiterinnen und die Drohnen, welche die Königin und ihren Nachwuchs versorgen und beschützen, haben keine Chance, ihr Erbgut weiterzugeben. Dieses **altruistische Verhalten** widerspricht auf den ersten Blick dem egoistischen Streben nach eigenem maximalen Fortpflanzungserfolg. Tatsächlich trägt die Hilfe dieser Tiere dennoch zur Weitergabe der eigenen Gene bei: Die Tiere in diesen Gesellschaften sind eng verwandt und teilen daher auch große Bereiche ihres Erbguts. Dieses Vorgehen zur Maximierung des Fortpflanzungserfolges nennt man daher **Verwandtenselektion**.

CHECKLISTE

7 Verhaltensbiologie

Nicht immer wird die Verhaltensbiologie im Unterreicht als eigener Bereich behandelt. Dennoch kommen die wesentlichen Inhalte vor: beispielsweise als Soziobiologie in der Genetik und als Sozioökologie in den ökologischen Unterrichtseinheiten. Auf jeden Fall sollte man daher mit den wichtigsten Theorien und Begriffen der Verhaltensbiologie vertraut sein:

- **Angeborenes vs. erworbenes Verhalten,**
  proximate vs. ultimate Ursachen dafür
- **Ethologie, Soziobiologie und Sozioökologie**
- **Instinkthandlungen:**
  Erbkoordination, Handlungsbereitschaft,
  Appetenzverhalten, Schlüsselreize;
  angeborener (AAM), durch Erfahrung ergänzter (EAAM) oder
  erworbener (EAM) Auslösemechanismus;
  Handlungsketten, doppelte Quantifizierung
- **Erlerntes Verhalten:**
  notwendiges und fakultatives Lernen;
  klassische (assoziatives Lernen) und
  operante Konditionierung (Versuch und Irrtum);
  Prägung;
  Spielen, Nachahmung und Tradition;
  einsichtiges Verhalten und Bewusstsein
- **Sozialverhalten:**
  Soziobiologie und Kosten-Nutzen-Rechnung,
  soziale Strukturen und Sender-Empfänger-Modell,
  Konflikte und agonistisches bzw. kooperatives Verhalten,
  Brutpflege und Sexualität

8 Ökologie

Lebewesen und ihre Umwelt bilden ein komplexes Netzwerk aus Wechselwirkungen und Abhängigkeiten. Verschiedenste Faktoren bestimmen, wo, wann und wie sich Lebewesen ausbreiten und Populationen – also Gruppen artgleicher Individuen – ausbilden können. Mit diesen vielfältigen Wechselbeziehungen befasst sich die Ökologie.

Ob ein Lebewesen in einer bestimmten Umgebung existieren kann, hängt von den Lebensbedingungen dort ab. Diese Bedingungen bestehen aus **biotischen Umweltfaktoren**, die von der belebten Natur ausgehen, und aus **abiotischen Faktoren**, also Einflüssen der unbelebten Natur wie zum Beispiel Klima, Wasserangebot und Bodenbeschaffenheit in der Umgebung des Organismus. Die abiotischen Faktoren bestimmen letztlich den Lebensraum, also das **Biotop**, in dem ein Organismus lebt. Alle Lebewesen, die sich ein Biotop teilen, bilden zusammen eine **Biozönose**.

Biotop und Biozönose beeinflussen sich auf vielfache Weise und bilden so eine Einheit, das **Ökosystem**. Dieses kann von seiner Art und Größe her sehr unterschiedlich sein: So ist ein kleiner See ebenso ein Ökosystem wie ein großes Meer, ein Wald genauso wie eine Wüste. Die Grenzen eines Ökosystems sind selten klar zu definieren; zudem beeinflussen sich die einzelnen Ökosysteme wiederum untereinander. Die Gesamtheit aller Ökosysteme auf der Erde bezeichnet man als **Biosphäre**.

Die Ökologie ist nicht nur ein Teilgebiet der Biologie, sondern arbeitet auch mit Ergebnissen aus anderen Naturwissenschaften, wie zum Beispiel der Geologie, Meteorologie und der Physik. Zudem reichen die Beobachtungsebenen der Ökologie von den Anpassungsvorgängen eines einzelnen Organismus bis zu Veränderungen der ganzen Biosphäre. Besonders ein Forschungsgebiet hat dabei in den vergangenen Jahrzehnten eine immer größere Bedeutung bekommen: Die Frage, wie sich die **menschlichen Einflüsse** auf den Zustand der Biosphäre auswirken.

8.1 Umweltfaktoren

Ökologische Potenz

Alle Lebewesen sind an bestimmte Lebensbedingungen angepasst, unter denen sie besonders gut leben und sich vermehren können. Aus dieser Abhängigkeit ergibt sich für jeden Umweltfaktor eine **Toleranzkurve**, welche die Wachstumsbedingungen für einen bestimmten Organismus wiedergibt: Beim **Optimum** herrschen für den Organismus ideale Bedingungen; unterhalb des **Minimums** und oberhalb des **Maximums** kann der Organismus dagegen nicht überleben. Je nachdem, wie **tolerant** ein Organismus für bestimmte Umweltfaktoren ist, kann er sich mehr oder weniger stark ausbreiten. Diese **ökologische Potenz** bezüglich eines bestimmten Umweltfaktors ist genetisch festgelegt. **Stenopotente** Arten haben einen engen, **eurypotente** Arten einen weiten Toleranzbereich. Ob ein Organismus letztlich in einem bestimmten Lebensraum überleben kann, hängt von demjenigen Umweltfaktor ab, der am weitesten vom Optimum entfernt ist.

Die ökologische Potenz ist allerdings nur dann eine konstante Größe, wenn alle anderen Bedingungen unveränderlich sind und es vor allem keine Konkurrenz um den betreffenden Umweltfaktor gibt. In diesem Fall spricht man von **physiologischer** oder **autökologischer** Potenz.

Normalerweise ist ein Organismus innerhalb seines Ökosystems jedoch in eine Biozönose mit anderen Lebewesen eingebunden, die einen fördernden oder hemmenden Einfluss auf das Wachstum des Organismus haben können. Unter diesen Umständen kann sich das Optimum des Organismus für bestimmte Umweltfaktoren verschieben: Man spricht dann von **synökologischer Potenz**. So hat man das Wachstum dreier Gräser in Abhängigkeit vom Grundwasserspiegel untersucht. Isoliert betrachtet, zeigten alle drei Arten eine ähnliche Toleranzkurve, die bei mittleren Grundwassertiefen ihr Optimum hatte. Säte man jedoch die drei Gräser gleichzeitig aus, so verteilten sie sich ungleichmäßig und zeigten drei sehr unterschiedliche Wachstumskurven. Die synökologische Potenz der Gräser wich also sehr stark von ihrer autökologischen ab.

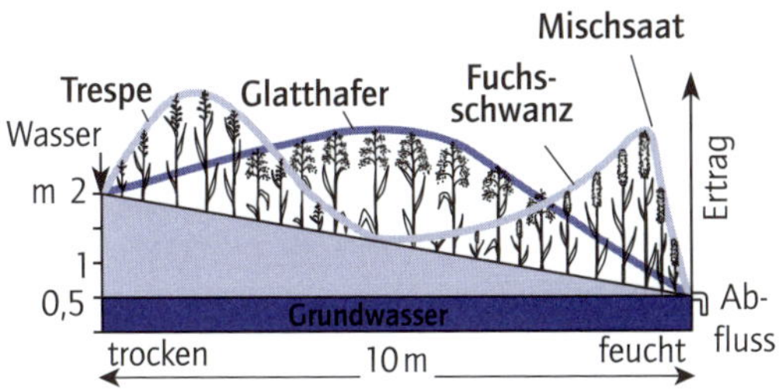

Synökologische Potenz

Abiotische Umweltfaktoren

Abiotische Umweltfaktoren sind die physikalischen Grundlagen eines Biotops. Zum Teil sind sie unveränderlich, oft können sie jedoch mit der Zeit schwanken und zudem durch die Biozönose beeinflusst werden. Auf der Ebene der Biosphäre beeinflussen sich alle abiotischen und biotischen Umweltfaktoren gegenseitig.

Weil die Lebensfunktionen aller Organismen von Proteinen ausgeführt werden und diese Moleküle nur in einem eng umgrenzten Temperaturbereich optimal arbeiten, gehört die **Temperatur** zu den wichtigsten abiotischen Umweltfaktoren. Auf der Erde findet man auch bei extremen Temperaturverhältnissen noch Leben: Zum Beispiel überwintern manche Pflanzen bei Temperaturen bis −70 °C, während sich einige Archaebakterien erst bei über + 70 °C wohlfühlen.

Die Temperatur ist zudem ein stark schwankender Umweltfaktor. In manchen Regionen der Erde liegen zwischen Tag und Nacht oder Sommer und Winter 30 bis 70 °C. Bei **wechselwarmen** Tieren schwankt auch die Körpertemperatur entsprechend – mit der Folge, dass einige von ihnen nachts und im Winter in eine **Kältestarre** verfallen. **Gleichwarme** Tiere, zu denen auch der Mensch gehört, halten ihre Körpertemperatur dagegen durch verschiedene Maßnahmen immer auf einem Niveau. Sie sind daher auch bei niedrigen Temperaturen noch voll aktiv und können somit ein breiteres Spektrum an Lebensräumen besiedeln.

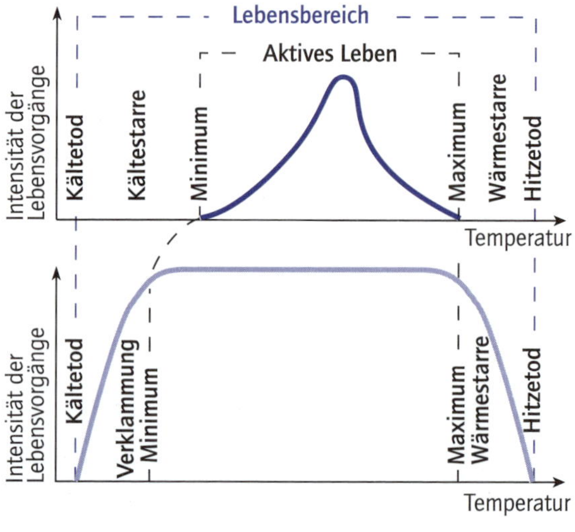

Temperatur-Toleranzkurven
A: wechselwarme B: gleichwarme

Gemäß der **Bergmann'schen Regel** sind nah verwandte Tierarten in kalten Gegenden größer als in warmen, weil größere Tiere im Verhältnis zu ihrem Volumen eine kleinere Oberfläche und damit weniger Wärmeverlust aufweisen. Ebenfalls aufgrund des geringeren Wärmeverlustes sind Körperanhänge wie

Ohren oder Rüssel nach der **Allen'schen Regel** bei Tieren in kalten Regionen kleiner.

Ein weiterer wichtiger abiotischer Umweltfaktor ist das **Wasser**. Alle Lebewesen auf der Erde brauchen Wasser – egal, ob sie im Meer oder in der Wüste leben. **Terrestrische**, also an Land lebende Organismen sind auf vielfältige Weise gegen das Austrocknen geschützt. **Aquatische**, das heißt im Wasser lebende Organismen kontrollieren durch **Osmoregulation** ihren Wasser- und Salzhaushalt.

Das **Licht** ist für Pflanzen ein lebensnotwendiger Umweltfaktor, beeinflusst aber auch die Überlebenschancen anderer Organismen. Zum Einen stellen Pflanzen die wichtigste Nahrungsgrundlage auf der Erde dar; zum Anderen bestimmt das Licht direkt die **Lebensrhythmen** vieler Tiere. Für Pflanzen ist Licht außer in großen Wassertiefen selten ein limitierender Faktor, jedoch ist die Konkurrenz darum meist groß. Auf starken bzw. schwachen Lichteinfall reagieren Pflanzen mit der Ausbildung von **Licht-** und **Schattenblättern** (→ Seite 40).

Weitere wichtige abiotische Umweltfaktoren sind **Wind** und **Bodenbeschaffenheit**. Starker Wind erhöht die Austrocknungsgefahr und verstärkt die Wirkung von Temperaturschwankungen. Die physikalischen Eigenschaften des Bodens sind dagegen der wichtigste beschränkende Faktor für das Wachstum von Pflanzen, und sie bestimmen daher auch das Vorkommen von Tieren. Der Gehalt an Salzen und der pH-Wert des Bodens bestimmen auch die Verbreitung von Mikroorganismen.

Biotische Umweltfaktoren

Als biotische Umweltfaktoren bezeichnet man die Wechselwirkungen eines Organismus mit den anderen Lebewesen. Gehören diese Lebewesen zu derselben Art, spricht man von **intraspezifischen**, bei Wechselwirkungen mit anderen Arten von **interspezifischen** Beziehungen. Dabei bildet sich ein dichtes Netz von Abhängigkeiten heraus, das über die Zusammensetzung einer Biozönose entscheidet.

Die intraspezifischen (**innerartlichen**) Beziehungen eines Organismus sind geprägt von **Konkurrenz** und **Kooperation**. Einerseits sind die Individuen einer Art immer Konkurrenten um Nahrungsgrundlagen, Territorien und Sexualpartner; andererseits gibt es vor allem bei Tieren viele Formen von intraspezifischen Partnerschaften und Verbänden, die für alle Beteiligten von Vorteil sind.

Konkurrenz und Kooperation findet man auch bei den interspezifischen, also den **zwischenartlichen** Beziehungen. Kennzeichnend ist in diesem Fall jedoch die **Räuber-Beute-Beziehung**. Zur Verteidigung gegen Fressfeinde haben Tiere eine Vielzahl von Strategien entwickelt, die man in **aktive** und **passive Abwehrmechanismen** unterteilen kann. Zu den aktiven Möglichkeiten zählen zum Beispiel Flucht, Stechen, Beißen und das Absondern von Giftstoffen. Passive Abwehrmöglichkeiten sind unter anderem mechanische Schutzvorrichtungen wie Panzer und Stacheln sowie die **Tarnung**.

Im Tierreich haben sich verschiedene Formen der Tarnung herausgebildet. Mit einer **Tarntracht** passen Tiere ihr Aussehen ihrer natürlichen Umgebung an; ahmen sie dabei Gegenstände nach, spricht man von **Mimese**. Eine auffällige **Warntracht** tragen Tiere, die zum Beispiel durch Gifte oder Stacheln für Fressfeinde ungenießbar sind; ahmen ungefährliche Tiere dies mit einer **Scheinwarntracht** nach, spricht man von **Mimikry**. Ähnlich wirken **Schrecktrachten**, mit denen Tiere zum Beispiel größere Lebewesen imitieren. **Aggressive Mimikry** betreiben Raubtiere, die sich als harmlose Tiere oder Gegenstände tarnen, um ihren Beutetieren nahekommen zu können.

Auch der **Parasitismus** ist eine Form interspezifischer Beziehungen. Dabei lebt eine Art in (**Endoparasiten**) oder auf (**Ektoparasiten**) einer anderen. Der Parasit zieht einseitig einen Nutzen aus seinem **Wirtsorganismus** und schädigt diesen dabei: Zum Beispiel nutzen Parasiten ihre Wirte als Nahrungsquelle und Wachstumsgrundlage, entziehen ihm dabei Nährstoffe und Proteine und hinterlassen oft schädliche Stoffwechselprodukte. In seltenen Fällen töten Parasiten sogar ihre Wirtsorganismen. Einer der weltweit wichtigsten menschlichen Parasiten ist der **Malaria-Erreger Plasmodium**. Er wird von der **Anopheles-Mücke** auf den Menschen übertragen.

Zieht ein Organismus einseitig einen Nutzen aus einem anderen, ohne diesem dabei zu schaden, spricht man von **Kommensalismus** oder **Nutznießertum**. Zum Beispiel folgen Aasgeier Hyänen, um von deren Beute zu profitieren. Viele Tier- und Pflanzenarten nutzen andere für den Transport.

Ist eine Beziehung zwischen zwei Arten dagegen für beide Seiten von Vorteil, liegt eine **Symbiose** vor. Den kleineren Partner nennt man dabei meist **Symbiont**. Zum Beispiel erschließen verschiedene Darmbakterien ihren Wirten eigentlich unverdauliche Nahrung und leben dafür vom Nährstoffgehalt im Darm. Ein anderes Beispiel für eine Symbiose sind die Flechten: Sie bestehen aus Algen und Pilzen, wobei die Algen Kohlenhydrate und die Pilze Wasser und Nährsalze zur Verfügung stellen. Die Abhängigkeit der Partner voneinander ist dabei so groß, dass die Verbindung einem eigenen Organismus ähnelt.

PRÜFUNGSBEISPIEL ▪ Allelopathie

Beeinflusst eine Pflanze durch ihre Stoffwechselprodukte eine andere, spricht man von Allelopathie. Zum Beispiel sondert das Heidekraut Wirkstoffe ab, die das Wachstum bestimmter Pilze hemmen. Diese Pilze sind nötig, damit Bäume auf Heideboden wachsen können. Erklären Sie dieses Verhalten.

Pflanzen stehen in Konkurrenz um abiotische Umweltfaktoren wie Wasser und Licht. Das Heidekraut verhindert durch die Wirkstoffe, dass in seiner Umgebung Bäume wachsen und mit ihm konkurrieren können.

Ökologische Nische

Jeder Organismus hat bestimmte Ansprüche an die biotischen und abiotischen Umweltfaktoren in seiner Umgebung. Nur wenn alle Faktoren innerhalb seines individuellen Toleranzbereiches liegen, kann er sich vermehren und verbreiten. Diese Summe aller Ansprüche eines Organismus bezeichnet man als **ökologische Nische**.

Dabei bezeichnet der Begriff „Nische" keine räumliche Begrenzung, sondern eine ökologische. Tatsächlich kann ein Organismus theoretisch überall dort auf der Erde leben, wo die Wechselbeziehungen zwischen ihm und der Umwelt es zulassen. Abiotische und biotische Faktoren müssen dabei gleichermaßen betrachtet werden, ebenso wie die Veränderung der Faktoren durch die Anwesenheit des Organismus.

Zum Beispiel hat man in den 1960er-Jahren den Nilbarsch mit dem Ziel in den ostafrikanischen Victoriasee eingebracht, durch diesen sehr großen Süßwasserfisch die Nahrungsgrundlage der stark wachsenden Bevölkerung am See verbreitern zu können. Tatsächlich vermehrte sich der Nilbarsch rasch und stark: Dort gab es keinen großen Raubfisch – diese **ökologische Planstelle** war noch unbesetzt. Der Fisch konnte sich daher **einnischen**, also seinen Platz innerhalb des Ökosystems einnehmen. Allerdings vermehrte er sich so stark, dass er nach wenigen Jahren über 200 einheimische Fischarten ausgerottet und sich damit seiner eigenen Nahrungsgrundlage beraubt hatte.

Ebenso wie im Victoriasee gibt es in allen von Fischen bewohnten Süßwasserseen der Welt eine ökologische Nische für einen großen Raubfisch. In Deutschland nehmen zum Beispiel der Hecht und die Seeforelle diese ökologische Planstelle ein. Man spricht von **äquivalenten ökologischen Planstellen**, die meist von jeweils unterschiedlichen Tierarten eingenommen werden. Oft ähneln sich diese Tierarten auf unterschiedlichen Kontinenten, obwohl sie stammesgeschichtlich nicht miteinander verwandt sind. Diese parallele Ausbildung ähnlicher Merkmale aufgrund ähnlicher Umweltbedingungen nennt man **Konvergenz**.

8.2 Populationsökologie

Populationswachstum

Findet eine Art in einem Ökosystem geeignete Lebensbedingungen vor, breitet sie sich aus und bildet eine **Population**. In Abhängigkeit von der Größe des Ökosystems und den vorliegenden biotischen und abiotischen Faktoren kann diese Ausbreitung mehr oder weniger stark ausfallen. Die **Populationsgröße** bezeichnet dabei die Anzahl der Individuen einer Art innerhalb des Ökosystems. Die **Populationsdichte** bezieht diese Zahl auf die Fläche des Lebensraumes.
Gelangen einige Individuen einer Art in ein Biotop, in dem ihre ökologische Planstelle noch nicht besetzt ist, können sie sich schnell vermehren – die Population wächst. Nach einem gewissen Zeitraum nimmt dieses Wachstum ab und kommt schließlich ganz zum Erliegen. Die Population hat damit ihre größte Dichte erreicht.

Diesen Verlauf kann man in **Wachstumskurven** verfolgen. Betrachtet man beispielsweise das Wachstum einer Kultur des Bakteriums E. coli (Abbildung nächste Seite), so erkennt man drei **Wachstumsphasen**: Den Beginn der Wachstumskurve bildet eine kurze **Anlaufphase**, die dem Zeitraum bis zur ersten Zellteilung der Bakterien entspricht. Es folgt die **exponentielle Phase**, während der sich die Bakterien mit einer konstanten **Teilungsrate** vermehren; E. coli teilt sich unter optimalen Bedingungen etwa alle 20 Minuten. Trägt man das Wachstum der Bakterienzahl in der Kurve logarithmisch auf, so folgt die exponentielle Phase einer Geraden.

Das Wachstum der Bakterienpopulation ist unter anderem beschränkt durch das Nahrungsangebot in der Nährlösung und den Platzbedarf der Individuen – wachstumsbegrenzende Faktoren wie diese bestimmen die **Kapazität** eines Ökosystems für die betreffende Art. Ist diese Kapazität erreicht, geht die Wachstumskurve in die **stationäre Phase** über, in der die Population insgesamt nicht mehr wächst. Ein solches Populationswachstum, das bis an die Kapazitätsgrenze eines Ökosystems reicht, nennt man **logistisches Wachstum**.

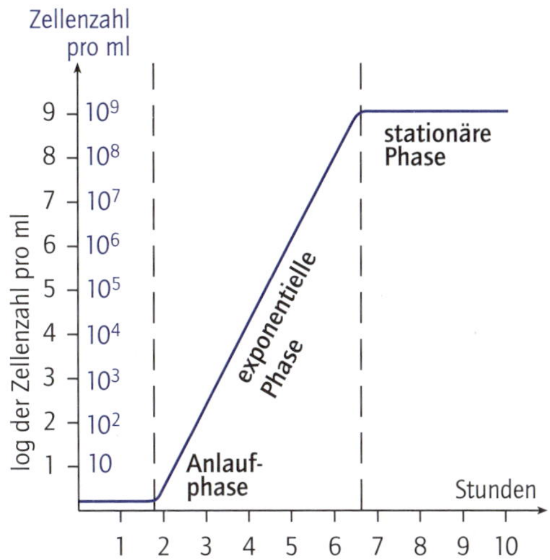

Wachstum einer Bakterienkultur

Tatsächlich gibt diese idealisierte Wachstumskurve nur einen kurzen Zeitraum der Besiedelung eines neuen Lebensraumes unter idealen Bedingungen wieder. Selten verharrt die Größe einer Population nahe der Kapazitätsgrenze – Organismen, bei denen dies der Fall ist, nennt man **K-Strategen** („K" wie „Kapazität"). Der andere Extremfall sind die sogenannten **r-Strategen**, für die eine hohe Vermehrungsrate („r" wie „-rate") kennzeichnend ist: Sie produzieren sehr schnell eine große Anzahl an Nachkommen; viele davon fallen jedoch Fressfeinden, Krankheiten und anderen Gefahren zum Opfer, sodass die Populationsgröße immer wieder stark schwankt. Die meisten Arten folgen keiner dieser Strategien absolut, sondern ihr Populationswachstum bewegt sich zwischen den Extremen.

Populationsdynamik

Unter natürlichen Bedingungen ist die Größe einer Population nicht starr, sondern **dynamisch**, also ständigen Veränderungen ausgesetzt. Die Gründe dafür werden zum Teil vom Populationswachstum der Art selbst beeinflusst – man spricht von **dichteabhängigen** Faktoren. Hat die Populationsdichte des Organismus dagegen keinen Einfluss auf begrenzende Größen, handelt es sich um einen **dichteunabhängigen** Faktor. Auch die Kapazität eines Ökosystems wird von solchen Faktoren bestimmt und ist daher ebenfalls nicht konstant.

Zu den **dichteabhängigen Faktoren** gehören zum Beispiel das Nahrungsangebot und die Zahl der Fressfeinde. Steigt die Zahl der Individuen einer Art in einem Biotop, so wird auch die Konkurrenz zwischen ihnen um Nahrung und Raum größer. Zugleich können sich Fressfeinde umso besser vermehren. Beides erniedrigt die Vermehrungsrate und steigert die Sterberate innerhalb der Population.

Dichteunabhängige Faktoren sind dagegen Veränderungen im Biotop, wie zum Beispiel das Klima und die geologische Beschaffenheit der Umwelt. So können sehr kalte Winter oder lange Dürreperioden eine Population stark dezimieren, und Pflanzen, die bevorzugt auf kalkhaltigen oder auf sauren Böden wachsen, reagieren empfindlich auf Änderungen der chemischen Zusammensetzung des Bodens.

Während die dichteunabhängigen Faktoren zu unregelmäßigen Schwankungen der Größe einer Population führen, lassen sich bei den dichteabhängigen Faktoren oft Regelmäßigkeiten erkennen. Der italienische Mathematiker **Volterra** hat diese Regelmäßigkeit in der ersten Hälfte des 20. Jahrhunderts erkannt und ein Modell entwickelt, das die Schwankungen erklärt und vorhersagt. Demnach schwanken die Populationen von Beute und Räuber periodisch, wobei die jeweiligen Populationsmaxima leicht gegeneinander verschoben sind (**1. Volterra'sches Gesetz**). Die Beute-Kurve eilt dabei der Räuber-Kurve voraus: Steigt die Zahl der Beutetiere, können sich auch die Räuber stärker vermehren und dezimieren dadurch wiederum die Beute; deren Zahl sinkt daher, und in der Folge nimmt auch die Zahl der Räuber wieder ab. Weil diese Schwankungen gleichmäßig und periodisch sind, bleiben die Mittelwerte beider Populationen insgesamt gleich (**2. Volterra'sches Gesetz**).

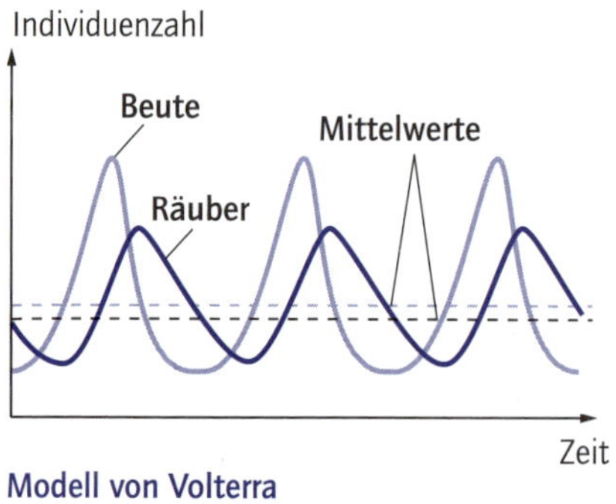

Modell von Volterra

Das Volterra'sche Modell gilt jedoch nur, wenn alle anderen Umweltbedingungen gleich bleiben und es für die Beute keinen anderen Räuber und für den Räuber keine andere Beute gibt. Ein Beispiel für eine solche Räuber-Beute-Beziehung sind Luchs und Schneehase. Von der Mitte des 19. bis zur Mitte des 20. Jahrhunderts hat die kanadische Hudson Bay Company die Anzahl der bei ihr von Jägern angelieferten Felle der beiden Tierarten registriert. Dabei stellte sie fest, dass etwa alle 9 bis 10 Jahre besonders viele Tiere geschossen wurden; immer kamen zunächst sehr viele Hasenfelle an, ein bis zwei Jahre später folgten dann große Mengen an Luchsfellen.

In von Menschen beeinflussten Ökosystemen ist diese Beziehung meist nicht mehr vorhanden. Zum Beispiel sind die großen Raubtiere wie Wolf und Bär in Mitteleuropa weitgehend ausgerottet. Infolgedessen können sich ihre Beutetiere, etwa die Rehe, stark vermehren; sie werden daher von Förstern gejagt, um Schaden für deren Nahrung, also beispielsweise für die Triebe junger Bäume, abzuwenden. Umgekehrt nutzt man diese Räuber-Beute-Beziehung beispielsweise für die **biologische Schädlingsbekämpfung**: Dabei dezimiert man zum Beispiel einen Pflanzenschädling, indem man gezielt einen **natürlichen Feind** des Schädlings in das Ökosystem einführt.

Ein anderes Verhalten von Populationen ist die **Gradation** oder **Massenvermehrung**. Dabei treten Tierarten in einem unregelmäßigen Rhythmus plötzlich massenhaft auf, um kurz darauf fast völlig zu verschwinden. Dieses Wachstumsverhalten findet man vor allem bei Insekten, darunter vielen Pflanzenschädlingen wie Heuschrecken und Kiefernspannern. Aber auch Wirbeltiere wie Ratten und Lemminge vermehren sich manchmal massenhaft. Infolge des extremen Platz- und Nahrungsmangels in der Spitze der Gradationsphase wandern viele dieser Tiere aus dem Ökosystem ab.

PRÜFUNGSBEISPIEL ▪ Monokulturen

Warum muss man Monokulturen besonders durch Pestizide vor Schädlingen schützen?

Wie könnte man dieses Problem ohne Pestizide lösen?

In Monokulturen gibt es kein natürliches Gleichgewicht zwischen Pflanzenschädlingen und ihren Fressfeinden. Ohne Pestizide können sich die Schädlinge daher massenhaft vermehren. Statt Pestiziden könnte man auch gezüchtete Fressfeinde der Schädlinge einsetzen, welche die Schädlingspopulation auf natürlichem Weg dezimieren.

8.3 Ökosysteme

Nahrungsbeziehungen in Ökosystemen

In einem Ökosystem bildet sich ein dichtes Netzwerk von Abhängigkeiten zwischen belebten und unbelebten Teilen der Natur. Die **abiotische Umwelt** bildet dabei den geografischen Rahmen für das Ökosystem und stellt **primäre Energie** in Form von Licht und Wärme sowie anorganische Verbindungen zur Verfügung. Darauf bauen die Nahrungsnetze und die Stoffkreisläufe der Biozönose auf.

Am Ausgangspunkt einer **Nahrungskette** stehen die **Produzenten**. Dazu gehören alle autotrophen Organismen, die aus anorganischen Stoffen organische Verbindungen aufbauen. Vor allem sind dies die grünen Pflanzen: Sie produzieren mithilfe des Sonnenlichts den Großteil jener **Biomasse**, von der sich die **Konsumenten**, also die heterotrophen Mitglieder der Biozönose ernähren. Konsumenten **erster Ordnung** sind **Herbivore**, also die Pflanzenfresser. Von ihnen ernähren sich wiederum die Konsumenten **zweiter Ordnung**, welche daher **Carnivore** (Fleischfresser) heißen. Konsumenten **dritter Ordnung** fressen wiederum Carnivore.

Da die Konsumenten bei der Atmung organisches Material zu CO_2 umsetzen, nimmt mit jedem Glied einer Nahrungskette die Biomasse ab. Es ergibt sich eine **Nahrungspyramide**, an deren Basis die Produzenten und an deren Spitze die Konsumenten höchster Ordnung stehen. Die einzelnen Ebenen der Pyramide heißen auch **Trophieebenen**. Tatsächlich sind alle Tiere eines Ökosystems in mehrere Nahrungsketten eingebunden. Dadurch entstehen dichte **Nahrungsnetze**, welche das Ökosystem insgesamt stabilisieren.

Den Stoffkreislauf in Ökosystemen schließen die **Destruenten**, die sich von totem organischen Material ernähren. **Saprovore** (Abfallfresser) scheiden dabei selbst wieder organische Substanzen aus, während die **Mineralisierer** aus dem organischen Material anorganische Substanzen bilden. Diese stehen den Produzenten wieder als Ausgangsstoffe zur Verfügung.

Stoffkreisläufe und Energiefluss

Aus den verschiedenen Nahrungsnetzen in Ökosystemen mit Produzenten, Konsumenten und Destruenten ergeben sich **Stoffkreisläufe**, welche die wichtigsten Atome organischer Verbindungen umfassen. Dazu gehören unter anderem Kohlenstoff, Sauerstoff und Stickstoff. Bei diesen Stoffkreisläufen handelt es sich um **offene Systeme**, die in ständigem Austausch mit der Biosphäre stehen.

Kohlenstoff bildet das Grundgerüst aller organischen Moleküle. Die grünen Pflanzen erhalten ihn aus dem CO_2, und er wird bei der Atmung ebenfalls wieder als CO_2 frei. Die wichtigsten **Kohlenstoffreservoire** sind die Atmosphäre – sie enthält 0,03 % CO_2 –, die großen Waldgebiete der Erde sowie die Ökosysteme der Weltmeere. Durch die Verbrennung fossiler Brennstoffe und die Rodung von Wäldern durch den Menschen steigt der CO_2-Gehalt in der Atmosphäre; diese Entwicklung wird unter anderem für den **Treibhauseffekt** verantwortlich gemacht.

Der **Sauerstoffkreislauf** hängt eng mit dem Kohlenstoffkreislauf zusammen. Bei der Fotosynthese setzen Pflanzen Sauerstoff frei, welcher bei der Atmung wieder im CO_2 gebunden wird. Tatsächlich beruht der Sauerstoffgehalt in der Atmosphäre (ca. 21 %) fast ausschließlich auf der Sauerstoffproduktion bei der Fotosynthese. Bei der Verbrennung von Holz und fossilen Brennstoffen wird dieser Sauerstoff wieder in Form von CO_2 gebunden, weshalb der Sauerstoffgehalt der Atmosphäre seit der industriellen Revolution leicht abgenommen hat.

Stickstoffatome sind unter anderem in den Aminosäuren der Proteine und in den Nukleinsäuren enthalten. Obwohl Stickstoff der Hauptbestandteil der Atmosphäre ist (78 %), können lediglich einige Prokaryoten molekularen Stickstoff verwerten. Nur ein kleiner Teil des Stickstoffkreislaufes verläuft daher über die Luft. Pflanzen nehmen den Stickstoff vielmehr in Form von **Nitrat** (NO_3^-) auf und bauen sie in organische Moleküle ein. Tiere sind dagegen auf organisch gebundenen Stickstoff in der Nahrung angewiesen. Der größte Teil des Stickstoffs gelangt über die Ausscheidungen von Tieren und die Abbauprodukte organischer Stickstoffverbindungen als **Ammoniak** (NH_3) wieder in

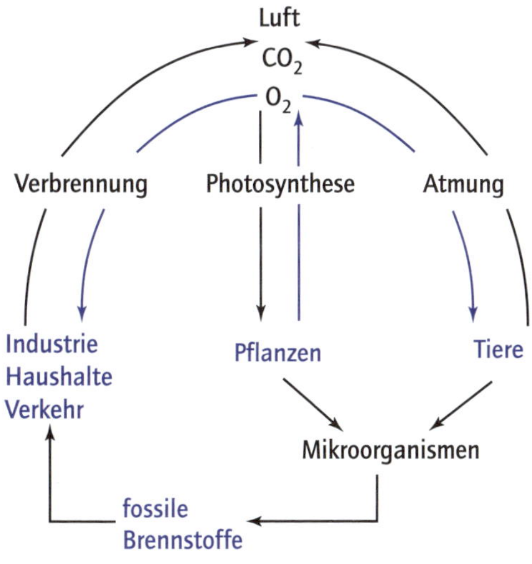

Kohlenstoff- und Sauerstoffkreislauf

den Boden. Dort wird der Ammoniak durch **nitrifizierende Bakterien** wieder zu Nitrat oxidiert. In stark landwirtschaftlich genutzten Ökosystemen gehört Nitrat neben Phosphat zu den wachstumsbegrenzenden Faktoren für die Nutzpflanzen. Daher führt man über Dünger zusätzlichen Stickstoff in den Boden ein.

Mit dem Stofffluss innerhalb eines Ökosystems ist auch ein **Energiefluss** verbunden. Im Gegensatz zu den Stoffkreisläufen verläuft dieser allerdings linear. Als primäre Energiequelle dient in den allermeisten Ökosystemen das Sonnenlicht; lediglich einige Prokaryoten wie Schwefelbakterien nutzen die chemische Energie anorganischer Verbindungen. Von der auf der Erde eingestrahlten Sonnenenergie nutzen die Pflanzen etwa 1 % zur Produktion von Biomasse. Diesen Wert definiert man als **Bruttoprimärproduktion**, welche die Grundlage für praktisch alle Lebensprozesse auf der Erde bildet.

Einen großen Teil dieser chemisch gebundenen Energie verbrauchen die Produzenten selbst, bzw. er fällt als totes Pflanzenmaterial an. Die **Nettoprimärproduktion**, welche letztlich den Konsumenten zur Verfügung steht, beträgt nur noch etwa 0,2 % der eingestrahlten Sonnenenergie. Bei den folgenden Schritten der Nahrungskette – den Trophieebenen der Nahrungspyramide – wird durchschnittlich jeweils etwa 90 % der chemischen Energie in Form von nicht mehr nutzbarer Wärmeenergie freigesetzt. Aus diesem Grund bestehen Nahrungsketten in der Regel aus höchstens fünf Gliedern.

Ökosystem See

Das Ökosystem See bietet diversen Arten von Pflanzen, Tieren und Mikroorganismen ökologische Nischen. Aufgrund seiner Geologie sowie der unterschiedlichen Licht- und Temperaturverhältnisse im Wasser lässt sich das Ökosystem See nach verschiedenen Gesichtspunkten gliedern. Sie kommen besonders im Sommer zum Tragen.

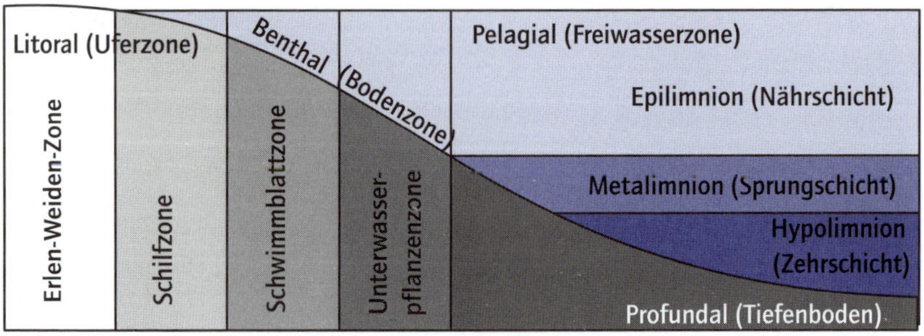

Topologische und funktionale Gliederung eines Sees

- **Topologisch** gliedert sich ein See zunächst in einen Bodenbereich, **Benthal** genannt, und einen Freiwasserbereich, das **Pelagial**. Der Bodenbereich unterteilt sich wiederum in eine Uferzone, das **Litoral**, und einen Tiefenboden, das **Profundal**. Der Wasserbereich gliedert sich seinerseits in ein oberes, lichtdurchdrungenes **Epilimnion**, ein unteres, dunkles **Hypolimnion** und ein dazwischen liegendes, dünnes **Metalimnion**.
- **Funktional** folgt die Einteilung des Sees ebenfalls weitgehend seiner topologischen Gliederung. Im Freiwasserbereich entspricht das Epilimnion einer **Nährschicht**, in der mithilfe von Fotosynthese Biomasse aufgebaut wird. Das Hypolimnion bildet dagegen die **Zehrschicht**, in der die gebildete Biomasse abgebaut wird. Dazwischen liegt das Metalimnion als **Kompensationsebene**, in der sich Biomasseaufbau und -abbau die Waage halten. Zudem findet man im Litoral mehrere Pflanzengürtel mit jeweils typischen Gewächsen: Am Ufer die **Erlen-Weiden-Zone**, im Flachwasser die **Schilfzone**, daneben die **Schwimmblattzone** und bis zum dunklen Profundal die **Unterwasserpflanzenzone**.

Die stabile Schichtung des Freiwasserbereichs beruht auf den besonderen Eigenschaften des Wassers. Wasser hat eine hohe Wärmekapazität und zugleich eine geringe Wärmeleitfähigkeit. Die Wärme verteilt sich daher nicht im See, sondern bleibt auf Schichten begrenzt. Im Sommer ist das Epilimnion die wärmste Ebene des Sees. Im Metalimnion fällt die Temperatur stark ab – diese Ebene heißt daher auch **Sprungschicht**. Im Hypolimnion liegt die Temperatur nahe 4 °C.

Umgekehrt sind die Verhältnisse im Winter: Weil Wasser bei 4 °C seine größte Dichte hat, ist dann die oberste Schicht des Sees die kälteste. Vor allem schwimmt auch das Eis an der Oberfläche und schirmt die tieferen Wasserschichten von der Kälte ab. Daher friert ein ausreichend tiefer See nicht durch, und die Lebewesen können darin den Winter überleben. Die Phasen ausgeprägter Schichtung des Seewassers heißen **Sommer-** bzw. **Winterstagnation**.

Zwischen diesen Phasen liegen die **Frühjahrs-** und die **Herbstzirkulation**. In diesen Jahreszeiten ändern sich die Außentemperaturen stark, sodass die Schichtung zwischenzeitig aufgehoben wird. Unterstützt durch die starken Winde wird das Seewasser insgesamt umgewälzt. In dieser Zeit herrschen im ganzen See weitgehend einheitliche Bedingungen. Da im mitteleuropäischen Sommer die Temperatur zwischen Tag und Nacht ebenfalls stark schwankt, findet man in dieser Jahreszeit eine auf das Epilimnion beschränkte Zirkulation, die dort für weitgehend einheitliche Temperaturen sorgt.

Auch der **Sauerstoffgehalt** im See ändert sich mit der Wassertiefe. In der Nährschicht wird bei der Fotosynthese Sauerstoff produziert, in der Zehrschicht wird er bei der Atmung verbraucht. Während der Stagnationsphasen herrscht daher ein Sauerstoffgefälle von der Oberfläche zum Boden des Sees. Weil sich Sauerstoff in kaltem Wasser besser löst als in warmem, gilt dies auch für die Wintermonate, in denen kaum Fotosynthese stattfindet. Im Frühjahr und Herbst wird dieses Sauerstoffgefälle wieder ausgeglichen. Umgekehrt verhält sich der Gehalt an **Nährsalzen** im See: Diese werden von den Produzenten in der Nährschicht verbraucht und von den Destruenten in der Zehrschicht gebildet. Auch hier führen die Vollzirkulationen im Frühjahr und Herbst jeweils zu einem Ausgleich der Verhältnisse.

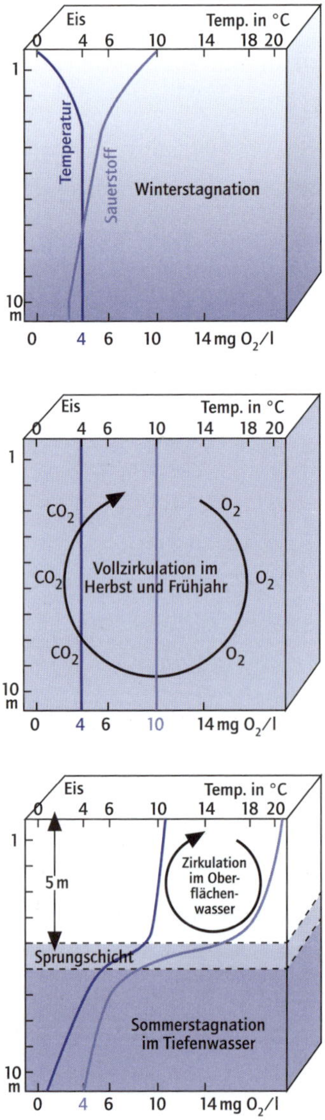

Zirkulation im See

Im Sommer führen die steigenden Wassertemperaturen zu einem sinkenden Sauerstoffgehalt. Zugleich steigt der Sauerstoffverbrauch der heterotrophen Organismen im See. In **eutrophen Seen** kann der Sauerstoff dadurch zeitweise so knapp werden, dass **aerob lebende** Organismen wie Fische nicht überleben können – man spricht von einem **Umkippen** des Sees. Das tote organische Material sinkt zu Boden und kann dort nur noch **anaerob** abgebaut werden. Es entsteht eine **Schlammschicht**, die kaum von Pflanzen verwertbare Mineralstoffe enthält. Erst wenn die Herbstzirkulation wieder Sauerstoff in alle Seeschichten bringt, wird in eutrophen Seen der Stoffkreislauf wieder geschlossen. Eutrophe Seen sind meist flach und durch starken Pflanzenbewuchs gekennzeichnet.

In den meist kälteren und tieferen **oligotrophen Seen** ist dagegen der Nährsalzgehalt das ganze Jahr über gering. Abgestorbenes biologisches Material wird zum größten Teil schon in der Nährschicht zersetzt, daher liegt keine Schlammschicht am Grund. Der Sauerstoffgehalt oligotropher Seen ist auch in der Tiefe noch relativ hoch.

8.4 Umweltfaktor Mensch

Bevölkerungswachstum

Keine Population kann unbegrenzt wachsen. Dennoch verläuft die Wachstumskurve der menschlichen Weltbevölkerung seit über 350 Jahren exponentiell – und nichts spricht dafür, dass sie in naher Zukunft in ein logistisches Wachstum übergeht. Insgesamt ist die Weltbevölkerung von 500 Millionen im Jahr 1650 auf heute über sechs Milliarden gewachsen. Dabei ist die **Verdopplungsdauer** der Bevölkerung von 200 Jahren auf etwa 40 Jahre gesunken.

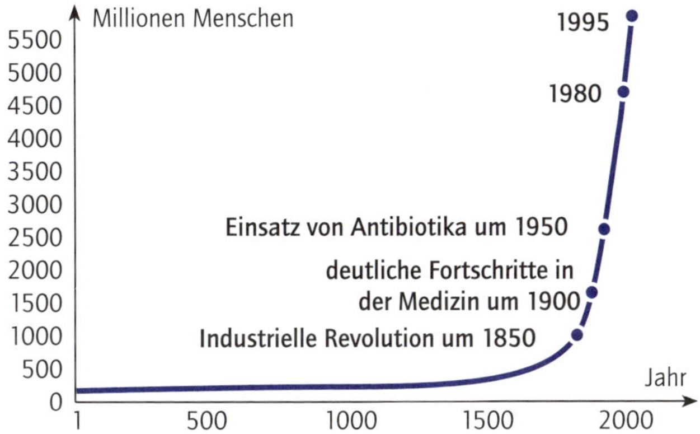

Bevölkerungswachstum

Allerdings gibt es große globale Unterschiede. 95 % des Bevölkerungswachstums entfallen heute auf die Entwicklungsländer: Dort hat – ähnlich wie während der industriellen Revolution in Europa – die Sterberate gerade bei Säuglingen und Kleinkindern stark abgenommen, während die **Geburtenrate** weiterhin hoch bleibt. In den Industrieländern haben sich dagegen die **Geburten-** und **Sterberate** wieder weitgehend angeglichen. Die deutsche Bevölkerung schrumpft bereits seit einigen Jahren.

Das extreme Bevölkerungswachstum stellt die Menschheit vor große Probleme. So werden Nahrungsmittel und Energierohstoffe zunehmend knapper. Während die Nahrungsmittelproduktion in gewissem Rahmen durch industrielle Landwirtschaft und den Einsatz von Dünger steigerbar ist, sind besonders die fossilen Brennstoffe wie Erdöl und Kohle, aber auch die Vorräte an Rohstoffen wie Metallen begrenzt. Zudem belastet eine hohe Populationsdichte des Menschen zunehmend dessen Umwelt.

Verschmutzung von Wasser, Boden und Luft

Die Industrialisierung und das Bevölkerungswachstum in Europa haben zu großen Veränderungen unseres Lebensraumes geführt. In allen Bereichen der Umwelt sind heute negative Folgen sichtbar.

Wasser

Der Mensch nutzt Gewässer unter anderem als Trinkwasserquellen, Verkehrswege, Erholungsgebiete und Nahrungsgrundlage. Intakte Gewässer mit geschlossenen Stoffkreisläufen unterliegen einer **Selbstreinigung**; die Einträge von Biomasse und Düngemitteln durch den Menschen führen jedoch zu einer **Eutrophierung** von Seen und Flüssen. Zur Beurteilung ihrer Verschmutzung teilt man Gewässer nach **Gewässergüteklassen** ein. Von abgestorbener Biomasse lebende **Saprobien** dienen dabei als **Leitorganismen**. Um Verschmutzungen zu begrenzen, werden Abwässer heute in **dreistufigen Kläranlagen** mit mechanischen, biologischen und chemischen Stufen gereinigt.

Vor allem um sie besser als Verkehrswege nutzen zu können, wurden im 20. Jahrhundert zahlreiche Flüsse begradigt. Wehre und Staustufen verhinderten, dass Fische flussaufwärts zu ihren **Laichgründen** gelangen konnten. Gegen Ende des Jahrhunderts wurde immer deutlicher, dass diese Maßnahmen nicht nur erheblich die Gewässerökologie beeinträchtigten, sondern aufgrund der höheren **Fließgeschwindigkeit** des Wassers auch Pegelschwankungen weniger gut ausgeglichen werden konnten. In der Folge traten die Flüsse nach der Schneeschmelze oder starken Regenfällen häufiger, schneller und sehr viel weiter über die Ufer als zuvor. Im Jahr 2000 verpflichtete die **EU-Wasserrahmenrichtlinie** die Mitgliedsstaaten der EU dazu, bis 2015 alle Gewässer in einen ökologisch akzeptablen Zustand zurück zu führen. Spätestens seitdem wurden und werden zahlreiche Flüsse in Deutschland renaturiert: Ihr Bett wird erweitert, veränderbare Kies- oder Sandbänke angelegt, Altarme wieder angebunden, Wehre durch Steintreppen ersetzt und Staustufen um Fischtreppen ergänzt.

Boden

Nur ein kleiner Teil der Erdoberfläche eignet sich für die **Land-** und **Forstwirtschaft**. Gleichzeitig wird immer mehr Fläche durch Gebäude und Straßen **versiegelt**; zur Erschließung neuer Flächen werden vielfach Wälder **gerodet**. Die Folge ist eine starke **Übernutzung** der Flächen, was die **Erträge** schmälert und vielerorts zu **Erosion** führt. Die **industrielle Landwirtschaft** versucht die Flächenerträge durch Düngung und den Einsatz von Pestiziden zu steigern. Das im Dünger enthaltene Phosphat und Nitrat sowie die Pestizide belasten jedoch Gewässer und das Grundwasser.

Trotzdem reichen die Erträge der Landwirtschaft kaum aus, um die wachsende Weltbevölkerung zu ernähren. Deutlich wurde dies, als in den vergangenen Jahren aufgrund steigender **Energiepreise** zunehmend Weizen, Zuckerrohr und andere landwirtschaftliche Produkte zu **Biodiesel** oder **Bioethanol** verarbeitet und als Kraftstoff für Autos genutzt wurden. Westliche Industriestaaten unterstützten diese Entwicklung noch, weil bei der Verbrennung dieser Produkte anders als bei fossilen Rohstoffen (s. u.) kein zusätzliches CO_2 in die Atmosphäre gelangt. Da jedoch die weltweite Landwirtschaft mit dieser neuen Nachfrage kaum Schritt halten konnte, stiegen plötzlich die Preise für Grundnahrungsmittel auf ein für viele Entwicklungsländer unerschwingliches Niveau. Hungernöte drohten, ehe eine Rezession und sinkende Energiepreise Biokraftstoffe wieder unattraktiv machten.

Luft

Vor allem bei der Verbrennung **fossiler Energierohstoffe** werden schädliche **Emissionen** wie **Schwefeldioxid (SO_2)**, **Stickoxide (NO_x)** und **Kohlenstoffdioxid (CO_2)** frei. SO_2 reagiert mit Wasser zu schwefeliger Säure und bedroht als **saurer Regen** Pflanzen und Böden. Durch **Abgasentschwefelung** kann man diese Emissionen verhindern. NO_x fördern **Smog** und die Bildung von gesundheitsbelastendem **bodennahem Ozon**. CO_2 fördert den **Treibhauseffekt** und die **globale Klimaveränderung**. Die nur noch selten eingesetzten **fluorierten Kohlenwasserstoffe (FCKW)** zerstören die **Ozonschicht** der Erde, welche gefährliche **UV-Strahlung** abschirmt.

Vor allem ein möglicher weltweiter Klimawandel wird dabei kontrovers diskutiert. Forscher warnen, dass sich durch menschliche Einflüsse derzeit die **globale Durchschnittstemperatur** erhöht. Als wichtigste Gründe für diese Entwicklung gelten Emissionen von **Treibhausgasen** wie CO_2 und dem noch aktiveren **Methan**, das unter anderem von Rindern ausgedünstet wird. In der Folge könnten nach Meinung der Experten die **Meeresspiegel steigen** und Sturmfluten Küstenabschnitte und ganze Länder überfluten. Zugleich träten **extreme Wetterphänomene** wie Stürme, Dürren oder Starkregen häufiger auf und würden Ernten und ganze Ökosysteme bedrohen.

Darüber hinaus befürchten die Forscher, dass sich der Klimawandel ab einem bestimmten Punkt **selbst verstärkt**: So dürfte bei höheren Temperaturen das **Eis der Pole** schmelzen, weniger Sonnenstrahlung ins Weltall reflektieren und somit mehr Energie auf der Erde verbleiben; gefährlich scheint auch der **Permafrostboden** vor allem in der Sibirischen Tundra, der große Mengen an Methan speichert und beim Auftauen freisetzen könnte; und das Sterben der großen Urwälder, die bislang große Mengen an CO_2 fixieren, könnte durch den Klimawandel noch beschleunigt werden.

Umweltschutz

Seit die negativen Folgen von Industrialisierung und Bevölkerungswachstum in Europa unübersehbar sind, haben auch die Bemühungen um einen effizienten Schutz des menschlichen Lebensraumes zugenommen. Dabei richten sich die Anstrengungen einerseits auf den Naturschutz. Darunter versteht man die Wiederherstellung, den Erhalt und den vorsorgenden Schutz von Biotopen und Biozönosen. Den strengsten Schutz genießen die **Naturschutzgebiete**, in denen alle Tätigkeiten verboten sind, die zu ihrer Beschädigung oder Veränderung führen können. **Nationalparks** sind dagegen ausgedehnte Schutzgebiete mit unterschiedlichen Schutzzonen: Die **Kernzone** darf weder betreten noch genutzt werden, während in den äußeren Zonen kontrollierte Nutzungen erlaubt sind. **Landschaftsschutzgebiete** dürfen wirtschaftlich genutzt werden, solange der Charakter der Landschaft dadurch nicht verändert wird. **Naturparks** dienen zusätzlich der Erholung. **Biosphärenreservate** sind von der UNESCO ausgewiesene, internationale Schutzzonen.

Der **Artenschutz** widmet sich dagegen dem Erhalt der Artenvielfalt auf der Erde. Menschliche Eingriffe verändern Biotope und zerstören damit die Lebensräume vieler Arten von Pflanzen, Tieren und Mikroorganismen. Auf **roten Listen** führt man Arten auf, deren Erhalt gefährdet ist. Dabei unterscheidet man fünf **Gefährdungsstufen**, die von „ausgestorben, ausgerottet oder verschollen" (Stufe 0) über „vom Aussterben bedrohte", „stark gefährdete" und „gefährdete" Arten bis hin zu „potenziell gefährdeten Arten" (Stufe 4) reicht.

Mit dem Schutz der Umwelt schützt sich der Mensch letztlich selbst, denn eine Zerstörung des **ökologischen Gleichgewichts** in der Biosphäre gefährdet auch seine eigene Lebensgrundlage. Auch der Artenschutz dient durchaus eigenen Interessen: So stellt die Artenvielfalt ein riesiges Reservoir für noch unbekannte **medizinisch wirksame Substanzen** dar. Zudem ist die **genetische Vielfalt** der Natur eine Voraussetzung für erfolgreiche **Züchtungen** von landwirtschaftlichen Nutzpflanzen und -tieren.

An Bedeutung gewinnt in diesem Zusammenhang das Prinzip der **Nachhaltigkeit**. Der Begriff stammt ursprünglich aus der Forstwirtschaft und bedeutete, nur so viele Bäume zu fällen, dass der Wald sich immer wieder selbst **regenerieren** kann. Allgemein wirtschaftet derjenige nachhaltig, der nicht mehr Ressourcen verbraucht, als im selben Zeitraum **nachgebildet** werden können.

CHECKLISTE

8 Ökologie

Die Ökologie hat in den vergangenen Jahren wieder an Bedeutung gewonnen – auch in Prüfungen. Vor allem die aktuellen Diskussionen rund um Renaturierung, Biokraftstoffe, Klimawandel und Nachhaltigkeit dienen dabei als Aufhänger.
Wie bei der Verhaltensbiologie ist es auch in der Ökologie wichtig, die richtigen Begriffe zu verwenden:

- Biotop, Biozönose, Ökosystem und Biosphäre
- ökologische Potenz (Stenopotenz, Eurypotenz)
- abiotische Umweltfaktoren
  mit Bergmann'scher und Allen'scher Regel
- biotische Umweltfaktoren:
  intra- und interspezifische Beziehungen;
  Konkurrenz;
  Parasitismus, Kommensalismus und Symbiose
- ökologische Nische und ökologische Planstelle
- Populationsökologie (Wachstumskurven!)
  und Populationsdynamik (Volterra'sche Gesetze!)
- Nahrungsbeziehungen, Stoffkreisläufe und Ökosysteme
- Umweltfaktor Mensch:
  Bevölkerungswachstum, Gewässer (Renaturierung!),
  Boden (Biokraftstoffe!),
  Luft (Klimawandel!),
  Umweltschutz (Nachhaltigkeit!)

9 Evolution

Schon aus dem Altertum ist überliefert, dass Philosophen sich über die Abstammung des Menschen Gedanken machten. So vermutete der griechische Naturphilosoph Anaximander, dass die Menschen aus fischähnlichen Wesen hervorgegangen sind. Für seinen Landsmann Aristoteles lag die Wiege aller höheren Lebewesen im Schlamm. Später wurden diese Denkansätze von der christlichen Schöpfungslehre verdrängt.
Erst im 20. Jahrhundert setzte sich die sogenannte Evolutionstheorie durch.

1856 veröffentlichte der englische Biologe **Charles Darwin** eines der einflussreichsten naturwissenschaftlichen Bücher überhaupt: ***„On the Origin of Species by Means of Natural Selection"*** (Über die Entstehung der Arten durch natürliche Zuchtwahl) setzte die Basis für ein Forschungsgebiet, das heute ein zentrales Thema der Biologie ist – die Evolution. Nach Darwins Theorie sind die heutigen Arten das Resultat einer Jahrmillionen langen Entwicklung, bei der sich jeweils die Individuen mit den vorteilhaftesten Eigenschaften durchgesetzt und ihre Eigenschaften weitergegeben haben.
Eine sehr ähnliche Theorie entwickelte zeitgleich sein Kollege **Alfred R. Wallace**.

100 Jahre zuvor hatte **Carl von Linné** mit einer systematischen Einordnung aller Lebewesen nach ihren Merkmalen begonnen. Dabei war er jedoch noch von einer **Konstanz der Arten** gemäß der biblischen Schöpfungsgeschichte ausgegangen. Auch einige Jahrzehnte später konnte sich der französische Zoologe **Jean Baptiste Lamarck** mit seiner Theorie, dass Merkmale durch den Gebrauch oder Nichtgebrauch von Organen errungen und dann vererbt werden, zunächst nicht durchsetzen.

Darwins Thesen waren ebenfalls heftig umstritten; in Deutschland trug der Biologie **Ernst Haeckel** wesentlich zu ihrer Verbreitung bei. Heute ist die Evolutionstheorie weltweit anerkannt, allerdings in einer deutlich erweiterten Form. Zahlreiche **Belege** für die Evolution sind gefunden worden.
Von den streng christlichen **Kreationisten** wird die Theorie jedoch weiterhin abgelehnt.

9.1 Belege der Evolution

Anatomische und morphologische Belege

Die Ähnlichkeiten zwischen nahe verwandten Tierarten sind offensichtlich. Doch auch bei äußerlich sehr unterschiedlichen Tieren kann man Organe und Körperteile oft auf einen gemeinsamen Grundbauplan zurückführen. Solche Parallelen in der **Anatomie** – also der Form und Funktion von Körperteilen – und der **Morphologie** – also dem Zusammenwirken und der Anordnung dieser Körperteile – gelten als wichtige Belege für das Wirken der Evolution.

Gehen bestimmte Merkmale zweier Tierarten auf eine gemeinsame Abstammung zurück, spricht man von einer **Homologie**. Homologe Merkmale haben sich aus gemeinsamen Vorläuferorganen entwickelt, beruhen also auf der gleichen Erbinformation, die im Laufe der Zeit abgewandelt worden ist. Sie besitzen einen gemeinsamen Grundbauplan, jedoch findet häufig ein **Funktionswechsel** statt, infolgedessen das Organ einen anderen Einsatzbereich erhält. Drei Kriterien werden zur Bestimmung von Homologien herangezogen:

- **Kriterium der Lage:** Homologe Organe nehmen im Gefügesystem der betreffenden Organismen gleiche Lagen ein. Zum Beispiel sind die vorderen Extremitäten der Wirbeltiere – von der Walflosse bis zum Fledermausflügel – homolog.

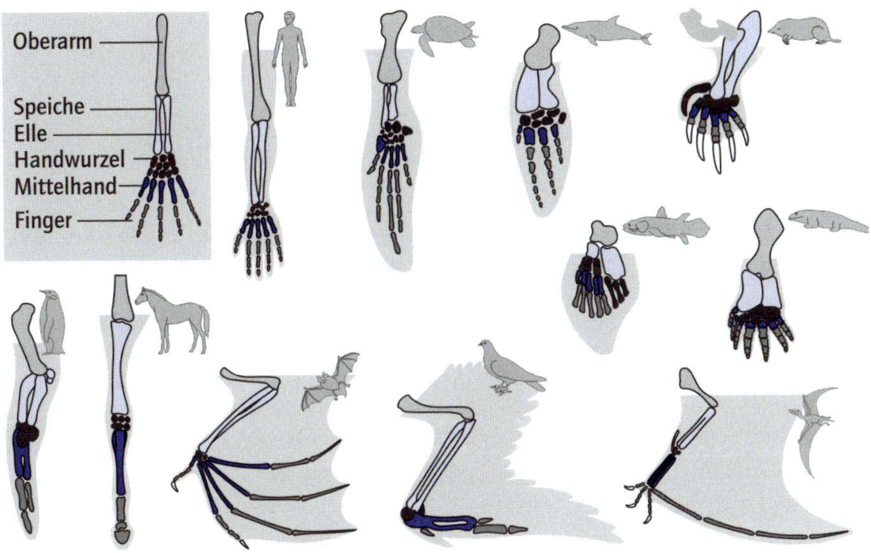

Homologie von Wirbeltierextremitäten

- **Kriterium der spezifischen Qualität:** Komplexe Organe können trotz ungleicher Lage homolog sein, wenn sie in vielen Einzelelementen übereinstimmen. Zum Beispiel sind die Hautschuppen der Haifische in ihrem Aufbau und der Lage ihrer Komponenten homolog zu den Zähnen der Säugetiere.
- **Kriterium der Stetigkeit:** Sehr unähnliche Organe können homolog sein, wenn sie durch homologe Zwischenformen verbunden sind. Dabei sind embryonale, fossile und artfremde Zwischenformen möglich. Zum Beispiel sind die Griffelbeine der Pferde zu Mittelhandknochen anderer Wirbeltiere homolog, wie durch Fossilien von auf mehreren Zehen laufenden Vorfahren der heutigen Pferde belegt ist.

Auch die **Analogie** von Organen ist ein anatomischer Beleg für das Fortschreiten der Evolution. Als analog bezeichnet man Organe, die eine gleiche Funktion und ein ähnliches Aussehen haben, aber nicht homolog sind. Zum Beispiel sind die Beine von Säugetieren und Käfern analog, weil sie ähnlich aufgebaut sind und die gleiche Aufgabe – nämlich die Fortbewegung – übernehmen. Der Grund für eine solche Entwicklung sind vergleichbare Umweltanforderungen an zwei nicht verwandte Tierarten. Teilweise können sich erstaunliche Ähnlichkeiten zwischen völlig unterschiedlichen Tierarten ergeben: So haben der Maulwurf und die Maulwurfsgrille ihre Vorderextremitäten zu sehr ähnlichen Grabwerkzeugen entwickelt. Eine solche parallele Entwicklung des gleichen Merkmals heißt **Konvergenz**.

Ein dritter anatomischer Beleg für die Evolutionstheorie sind **Rudimente**. Darunter versteht man rückgebildete Reste von Organen, die ihre Funktion verloren und dadurch überflüssig geworden sind. Zum Beispiel sind die Griffelbeine der Pferde rudimentäre Mittelhandknochen. Erlangen diese Organe nicht im Laufe der Zeit neue Funktionen, können sie ganz verloren gehen: So ist die Blindschleiche keine Schlange, sondern eine Eidechse, deren Extremitäten vollständig zurückgebildet sind. In seltenen Fällen können rückgebildete Organe bei einzelnen Tieren wieder auftreten, etwa wenn Pferde mit einem kleinen, zusätzlichen Huf geboren werden. Man spricht dann von **Atavismen**.

Paläontologische Belege

Wichtige Hinweise auf das Wirken der Evolution bieten **Fossilien** und andere Spuren ausgestorbener Arten wie zum Beispiel Abdrücke, Bernsteineinschlüsse und Mumifikationen. Solche **paläontologischen** Belege sind eine wichtige

Grundlage der Evolutionsbiologie, weil sie direkte Beispiele für die Stammesentwicklung sind und teilweise Zwischenformen bei der Weiterentwicklung von Organen und Arten offenbaren.

Für die Entstehung und den Erhalt von Fossilien gibt es verschiedene physikalische und geologische Voraussetzungen, sodass **Fundorte** relativ selten sind und man kaum Relikte früher Erdzeitalter findet. Dennoch lassen sich von einigen Arten weitgehend lückenlose **Stammbäume** aufstellen: So ist die Entwicklungsgeschichte der Pferde Nordamerikas sehr gut dokumentiert; anhand diverser Funde kann man beispielsweise sehr gut die Entwicklung der Fortbewegungsorgane von den mehrzehigen Gliedmaßen der relativ trägen, ursprünglichen Waldbewohner zu den einzehigen Gliedmaßen der späten, schnellen Savannenbewohner nachvollziehen.

Für die **Altersbestimmung** von Fossilien stehen mehrere Methoden zur Verfügung. So schätzt man das Alter von Fossilien anhand der Gesteinsschichten ab, in denen sie gefunden werden. Auch gibt es bestimmte, weit verbreitete und gut untersuchte **Leitfossilien**, die als Einordnungshilfe dienen können. Eine wichtige Methode zur Altersbestimmung relativ junger Fossilien ist die **Radiocarbonmethode**. Dabei macht man sich die Tatsache zunutze, dass alle Organismen zu Lebzeiten einen geringen Anteil an radioaktivem ^{14}C in ihre Körpermasse einbauen. Das Kohlenstoffisotop zerfällt mit einer Halbwertszeit von 5740 Jahren – nach diesem Zeitraum ist also jeweils nur noch die Hälfte an Radioaktivität vorhanden. Durch die Messung der entsprechenden radioaktiven Strahlung lässt sich daher der Todeszeitpunkt des fossilen Organismus berechnen. Ähnliche Verfahren arbeiten mit stabileren Isotopen (z. B. ^{40}K mit einer Halbwertszeit von 40 Millionen Jahren) und erlauben daher auch die Einordnung wesentlich älterer Fossilien.

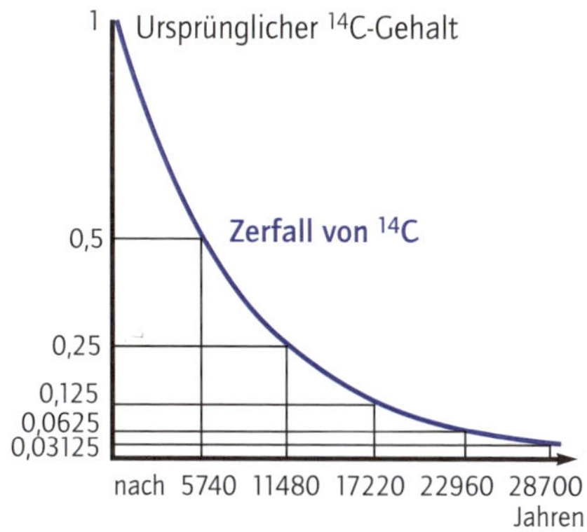

Besonders wertvoll für die Evolutionsforschung sind fossile **Übergangsformen** zwischen verschiedenen Zweigen der Tier- und Pflanzenwelt. Das bekannteste Brückentier ist dabei der **Archaeopteryx**, ein **Brückentier** zwischen Reptilien und Vögeln. Die bislang nur in Deutschland gefundenen Fossilien zeigen deutliche Merkmale von Reptilien – etwa das einfache Gehirn, die Kegelzähne, Krallen sowie die lange Schwanzwirbelsäule – ebenso wie jene von Vögeln – wie zum Beispiel der Vogelschädel, Federn, Flügel und die nach hinten gerichtete erste Zehe. Der Archaeopteryx lebte im Jura vor etwa 190 Millionen Jahren.

Vergleichbare Brückentiere sind der **Ichthyostega** als Zwischenform von Fisch und Lurch und der **Cynognathus** als Bindeglied zwischen Reptilien und Säugern. Tatsächlich finden sich auch unter den heute lebenden Tieren noch Nachfahren von Brückentieren: Zum Beispiel stellt der **Quastenflosser** eine Übergangsform zwischen Wasser- und Landtier dar; bis zu seiner Entdeckung auf einem japanischen Markt im Jahr 1938 hielt man den Quastenflosser für seit über 100 Millionen Jahren ausgestorben. Eine ähnliche Sonderstellung nimmt auch das australische **Schnabeltier** ein: Es trägt Merkmale von Reptilien und von Säugetieren.

PRÜFUNGSBEISPIEL ▪ Radiokarbonmethode

Warum nutzt man die Radiocarbonmethode nur bei Fossilien, die bis zu 50 000 Jahre sind?

Die Menge an ^{14}C in toter Biomasse halbiert sich alle 5740 Jahre. Damit halbiert sich auch die absolute Abnahme an ^{14}C. Je älter ein Fossil ist, umso ungenauer wird daher die Methode, weil geringe Messfehler große Auswirkungen haben.

Entwicklungsbiologische Belege

Die frühen Embryonalstadien aller Wirbeltiere ähneln sich stark. Erst im weiteren Verlauf der Entwicklung werden die Unterschiede zwischen Fischen, Reptilien, Vögeln und Menschen deutlicher. Dabei ist nicht nur die äußere Gestalt ähnlich, auch Einzelheiten der Entwicklungsvorgänge laufen in vergleichbarer Weise ab. Viele Strukturen werden dabei in ähnlicher Weise angelegt, entwickeln sich dann jedoch unterschiedlich weiter. Diese Ähnlichkeiten in der **Ontogenese**, also der Individualent-

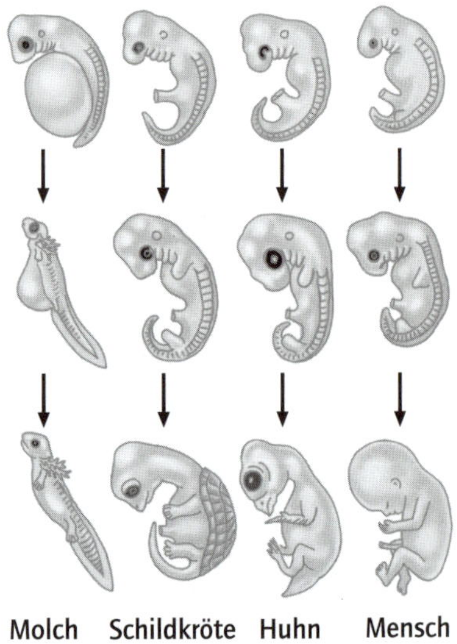

Entwicklung von Wirbeltieren

wicklung von Wirbeltieren, deuten auf eine gemeinsame Stammesgeschichte hin: Aus denselben Vorfahren sind im Laufe der Evolution Abwandlungen eines Grundbauplans und damit neue Arten entstanden. Dass die frühen Vorgänge der Entwicklung bei allen Wirbeltieren sehr ähnlich ablaufen, zeigt ihre herausragende Bedeutung. Tatsächlich gibt es allerdings von der ersten Zellteilung an Unterschiede in der Entwicklung.

Auf der Basis dieser Ähnlichkeiten formulierte der deutsche Zoologe Ernst Haeckel Anfang des 19. Jahrhunderts seine **biogenetische Grundregel**: Demnach sollte die Embryonalentwicklung eine verkürzte Wiederholung der Stammesentwicklung sein. Schon zu Lebzeiten musste Haeckel diese Theorie jedoch einschränken; heute gilt sie als überholt. Tatsächlich stellen die Stadien der Keimesentwicklung keine Zwischenstufen der Stammesentwicklung dar, sondern es werden lediglich die gemeinsamen Organanlagen verwandter Arten sichtbar, die sich jedoch unterschiedlich weiterentwickeln.

Molekularbiologische Belege

Wie in anderen Bereichen der Biologie haben **molekulare Methoden** auch die Evolutionsbiologie entscheidend vorangebracht. Molekularbiologische Erkenntnisse dienen nicht nur als starke Belege für die Evolution, sondern helfen auch, Stammbäume zu erstellen und das Alter von Fossilien abzuschätzen.

Ein wichtiger Forschungsbereich ist dabei die **Cytologie**, also die Zellbiologie. Zwischen den Zellen aller Lebewesen bestehen bedeutende Ähnlichkeiten: Zum Beispiel dient in allen Zellen DNA als Erbmaterial, die Proteinbiosynthese läuft ähnlich ab, viele Teile des Zellstoffwechsels sind gleich, und die Membranen aller Zellen sind ähnlich aufgebaut. Unterschiede gibt es vor allem zwischen den Reichen der Biologie, also zwischen den Zellen von Prokaryoten, Eukaryoten und Archaea, sowie zwischen Pflanzen- und Tierzellen. Innerhalb dieser Reiche sind die Unterschiede jedoch gering. Letztlich lassen die Gemeinsamkeiten im Grundaufbau aller Zellen auf der Erde sogar eine gemeinsame Form von **Urzellen** vermuten.

Auf molekularer Ebene sind die Gemeinsamkeiten der Organismen zum Teil noch deutlicher als auf zellulärer Ebene. Beispiele sind der grundsätzliche Aufbau und die Funktion von DNA, RNA und Proteinen. Betrachtet man einzelne Gene und Proteine, erhält man allerdings ein differenzierteres Bild. Hier findet man ähnlich wie bei den Organen **Homologien** und **Analogien**. Dabei können die Unterschiede der Moleküle als **Gradmesser** der **Verwandtschaft** zwischen zwei Arten dienen: Je größer die Unterschiede, umso entfernter ist die Verwandtschaft.

Ein Beispiel ist das **Cytochrom c**, ein Protein der Atmungskette, das in fast allen Organismen vorkommt. Aufgrund seiner zentralen Bedeutung für den Stoffwechsel ist es über den Verlauf der Evolution hinweg weitgehend unverändert geblieben. Dennoch gibt es in einzelnen Aminosäuren Unterschiede zwischen den Arten. Die Zahl dieser Aminosäuren-Austausche ist dabei umso größer, je länger die gemeinsamen Vorfahren zweier Arten zurückliegen. Auf diese Weise hat man einen **Cytochrom-c-Stammbaum** ermittelt, der weitgehend mit auf anderen Wegen ermittelten Stammbäumen übereinstimmt.

Letztlich beruhen Veränderungen in der Aminosäuresequenz von Proteinen auf Mutationen im Erbgut des betreffenden Organismus. Daher kann auch der direkte Vergleich des Erbguts von Organismen als Maß für deren Verwandtschaft herangezogen werden. Besonders aufschlussreich ist bei Eukaryoten der Vergleich **mitochondrialer DNA**, weil diese nicht durch Rekombination, sondern nur durch zufällige Mutationen verändert wird.

Zwei Methoden kommen dabei vor allem zum Einsatz: Meist ermittelt man heute durch Polymerase-Kettenreaktion (→ PCR, Seite 96 f.) die Sequenzen homologer DNA-Bereiche der beiden Arten und vergleicht sie. Älter ist die Methode der **Hybridisierung**: Dabei wird die DNA zweier zu vergleichender Organismen vermischt und erhitzt, bis sich die Doppelstränge trennen. Beim Abkühlen lagern sich auch die unterschiedlichen Einzelstränge der Arten mit ihren homologen Bereichen zusammen – je ähnlicher die DNA-Sequenzen dabei sind, umso enger wird die Verbindung. Erhitzt man anschließend das Gemisch wieder, trennen sich die gemischten Doppelstränge umso schneller, je weniger komplementäre Bereiche sie haben. Gemischte DNA-Stränge entfernt verwandter Arten lösen sich daher bei niedrigerer Temperatur als jene eng verwandter Arten.

Eine weitere molekulare Möglichkeit zur Bestimmung der Verwandtschaftsgrade von Wirbeltieren ist der **Präzipitintest**. Dabei spritzt man einem Tier etwas Blutserum einer anderen Tierart. Das Tier bildet daraufhin Antikörper gegen alle fremden Proteine, die in dem Blut enthalten waren. Für die **Präzipitinreaktion** isoliert man das Antiserum des Tieres und gibt dieses wiederum zu dem ursprünglichen Serum: Die Antikörper verklumpen die darin befindlichen Proteine und fällen sie aus. Gibt man dasselbe Antiserum zu dem Blutserum eines anderen Tieres, fallen weniger Proteine aus – nämlich nur diejenigen, die mit denen des ursprünglichen Blutspenders identisch sind. Die Menge ausgefallenen Proteins zeigt also die Menge gleicher Proteine in den Blutseren und damit die Verwandtschaft zwischen zwei Tieren an.

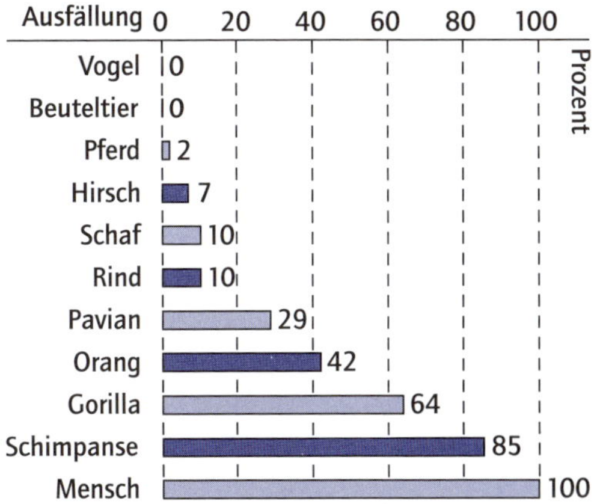

Präzipitintest

Sonstige Belege

Homologien findet man nicht nur bei Organen und Biomolekülen, sondern auch bei angeborenen Verhaltensweisen. Zum Beispiel sind das Bellen von Hunden und das Heulen von Wölfen **homologe Verhaltensweisen**. Für homologes Verhalten gelten die gleichen Kriterien wie für homologe Organe: Die Lautäußerung hat den gleichen Platz im Verhaltensrepertoire der Tiere (**Kriterium der Lage**), sie beruht auf ähnlichen physiologischen Vorgängen und wird von ähnlicher Mimik und Gestik begleitet (**Kriterium der spezifischen Qualität**), und es existieren verschiedene Zwischenformen der unterschiedlichen Lautäußerungen (**Kriterium der Stetigkeit**).

Ein weiterer Hinweis auf das Wirken der Evolution ist die **geografische Verbreitung** von Lebewesen. Betrachtet man verwandte Arten in Regionen mit unterschiedlichen klimatischen Bedingungen, so findet man zahlreiche Anpassungen – etwa an Trockenheit und Hitze bei Wüstenpflanzen und -tieren. Umgekehrt besiedelt eine Art meist nicht alle Biotope, in denen ihre biologische Nische theoretisch zur Verfügung stünde. Manche Pflanzen und Tiere sind sogar **endemisch**, das heißt, sie leben nur in einer ganz bestimmten Weltregion – etwa auf einer Insel oder in einem See. Gerade diese Arten sind häufig direkte Nachfahren stammesgeschichtlich besonders alter Arten: So haben sich die Beuteltiere vor dem Aufkommen der ersten höheren Säugetiere auf der Welt entwickelt; heute leben fast nur noch in Australien Beuteltierarten, weil sich dieser Kontinent früh von den anderen abgetrennt hat. Diese **Isolations-** und **Anpassungsvorgänge** können nur durch die Evolutionstheorie erklärt werden.

Auch die **Parasitologie** bietet Belege für die Evolutionstheorie. So findet man zum Beispiel bei manchen eng verwandten Tierarten die gleichen Parasiten, obwohl sie in weit voneinander entfernten Regionen der Welt leben. Weil diese Tiere in vergleichbaren Biotopen, aber völlig unterschiedlichen Biozönosen leben, müssen die Parasiten diese Tiere bereits befallen haben, bevor sie diese unterschiedlichen Lebensräume besiedelten.

INSIDER-TIPP ▪ Molekularbiologische Belege

Die Belege für die Evolution gehören zum Standardrepertoire in Abiturprüfungen. Immer wichtiger werden dabei die molekularbiologischen Belege. Unbedingt mit wiederholen sollte man an dieser Stelle:

- **den Aufbau von Proteinen (Primärstruktur, Aminosäure-Sequenz)**
- **den Aufbau der DNA und Hybridisierung**
- **die Polymerase-Kettenreaktion**
- **Antikörper und ihre Wirkung**

9.2 Evolutionsbiologie

Evolutionstheorien

Charles Darwin gilt als der Begründer der Evolutionsbiologie. Über 125 Jahre nach seinem Tod 1882 beherrschen seine Thesen noch immer die wissenschaftliche Diskussion – auch wenn weite Teile seiner Theorie heute relativiert oder erweitert worden sind. Viele seiner Kollegen, die ebenfalls wesentlich zu unserem heutigen Verständnis von der Bildung und Veränderung von Arten beigetragen haben, sind dagegen weitgehend unbekannt.

Der wichtigste neuzeitliche Evolutionsforscher vor Darwin war wohl **Jean Baptiste Lamarck** (1744 – 1829). Er griff die Zweifel anderer Forscher an der christlichen Lehre von der **Konstanz der Arten** auf und formulierte zum ersten Mal seit der Antike eine Theorie zur Veränderung der Arten: Seiner Meinung nach war der **Gebrauch oder Nichtgebrauch von Organen** die treibende Kraft der Evolution. Demnach hätte beispielsweise die Schlange im Laufe der Zeit ihre Beine verloren, weil sie diese nicht mehr benutzt hat – und die Giraffe hätte ihren langen Hals entwickelt, weil sich die Individuen dieser Art immer wieder nach den Blättern hoher Bäume gereckt haben.

Darwin übernahm von Lamarck den Gedanken, dass Merkmale von Tieren und Pflanzen sich von einer Generation zur nächsten verändern können und diese Änderungen erblich sind. Anstelle von Lamarcks zielgerichtetem Wandel glaubte Darwin jedoch an zufällig erworbene Eigenschaften, die der Fortpflanzung des entsprechenden Individuums förderlich oder hinderlich waren – und sich somit nur im positiven Falle verbreiten konnten. Drei Voraussetzungen waren demnach maßgeblich für seine Theorie:

1. **Überproduktion:** Lebewesen haben wesentlich mehr Nachkommen als zum Erhalt der Art notwendig wäre.

2. **Variation:** Die Nachkommen unterscheiden sich in einigen Merkmalen voneinander.

3. **Selektion:** Die Nachkommen stehen in Konkurrenz um knappe Ressourcen wie Nahrung, Raum und Geschlechtspartner. Ihre unterschiedlichen Eigenschaften bieten in diesem **Kampf ums Dasein** ***(struggle for life)*** Vor- oder Nachteile. Das Individuum mit den besten Eigenschaften setzt sich durch ***(survival of the fittest)***.

Diese **natürliche Selektion** ***(natural selection)*** war für Darwin die treibende Kraft der Evolution: Nur die tauglichsten Individuen konnten seiner Meinung nach ihre positiven Eigenschaften weitergeben.

Wichtigste Grundlage für Darwins Annahmen war eine lange Weltreise, von der er umfangreiche Aufzeichnungen und wissenschaftliches Material mitbrachte. Allerdings war er nicht der erste, der das Selektionsprinzip als treibende Kraft der Evolution beschrieb: Sein Landsmann **Alfred R. Wallace** hatte diesen Gedanken schon zuvor veröffentlicht. Auch wenn die beiden Forscher voneinander wussten und sich auch austauschten, hatten Darwin und Wallace offenbar zeitgleich sehr ähnliche Modelle entwickelt. Darwin war es jedoch, der den Ansatz in eine umfassende Evolutionstheorie einbettete.

Im 20. Jahrhundert ist Darwins Evolutionstheorie auf verschiedene Weise abgewandelt und weiterentwickelt worden. Erheblichen Einfluss hatte die **Genetik**, die erstmals eine molekulare Erklärung für die bis dahin umstrittene Variation lieferte: Demnach ist der **Genpool**, also die Gesamtheit aller Gene in einer Population, veränderlich (→ Populationsökologie, Seite 168 f.). Auch andere Bereiche der Biologie trugen zu einem verfeinerten Verständnis der Evolution bei. Ein aktuelles Modell vereint die Aussagen der verschiedenen biologischen Disziplinen zur **synthetischen (erweiterten) Evolutionstheorie**.

Diese Theorie umfasst eine Reihe von **Evolutionsfaktoren**, die Darwin noch nicht kannte oder nicht berücksichtigte. Zum einen sind dies die genetischen Prinzipien der **Mutation**, **Rekombination** und des **Gentransfers**. Zum anderen haben die **Migration** und **Isolation** von Populationsteilen sowie der **Gendrift** erheblichen Einfluss auf die Entstehung neuer Arten. Bei den Mechanismen der **Selektion** unterscheidet die synthetische Evolutionstheorie den Einfluss **abiotischer** und **biotischer Faktoren** sowie ihre **Wechselwirkung**.

Evolutionsfaktoren

Verschiedene Faktoren begünstigen die Entstehung neuer Arten und treiben damit die Evolution voran. Die einzelnen Evolutionsfaktoren wirken dabei nicht isoliert, sondern im Zusammenspiel. Zum Teil sind sie abhängig voneinander. In vielen Fällen ist der Beitrag einzelner Faktoren zudem umstritten; auch werden immer wieder neue Einflüsse diskutiert. Die folgende Aufstellung ist daher nur als Zwischenergebnis eines sehr dynamischen Forschungsbereichs zu sehen.

Mutation

Veränderungen im Erbgut sind die Grundlage der Evolution. Mutationen spielen dabei eine herausragende Rolle. Wichtig sind vor allem **Punktmutationen**, die ein Genprodukt meist nicht zerstören, aber seine Funktion entscheidend verändern können. Auch **Genverdopplungen** sind von Bedeutung, weil das zusätzliche Gen sich ohne Nachteile für den Organismus verändern kann. Bei Pflanzen tragen auch **Ploidiemutationen** zur Entstehung neuer Arten bei. **Chromosomenmutationen** führen dagegen meist zum Tod oder zur Unfruchtbarkeit des betreffenden Organismus. Je gravierender eine Mutation ist, umso unwahrscheinlicher – aber umso wirkungsvoller – sind positive Auswirkungen für das Individuum. Dabei ist zu bedenken, dass Mutationen generell relativ selten und nur in den Keimzellen für die Evolution von Bedeutung sind. Sind Mutationen durch Einflüsse wie UV-Strahlung oder chemische Substanzen begünstigt, spricht man von einem erhöhten **Mutationsdruck**.

Rekombination und Gentransfer

Durch Rekombination und DNA-Austausch werden Erbanlagen neu vermischt. Vielfach kommen dadurch Veränderungen erst zum Tragen, weil sich positive (oder negative) Faktoren ergänzen. Die **geschlechtliche Fortpflanzung** ist daher vor allem für Arten mit kleiner Nachkommenzahl von Bedeutung, weil dadurch die Variation der Nachkommen trotz niedriger Mutationsraten groß ist.

Epigenetik

Durch reversible Veränderungen des Erbguts, vor allem die **Methylierung** bestimmter Abschnitte der DNA, können Organismen kurzfristig auf Umwelteinflüsse und individuelle Erfahrungen reagieren – und sie sogar unmittelbar an Nachkommen weitergeben. Dadurch können sich Arten viel schneller auf veränderte Bedingungen einstellen als das durch Mutation möglich wäre.

Selektion

Auf allen Lebewesen lastet ein **Selektionsdruck**. Er ergibt sich aus den biotischen und abiotischen Umweltfaktoren (→ Seite 164 ff.) in ihrem Ökosystem, wie zum Beispiel Klima, Fressfeinde, Parasiten und Krankheitserreger. Individuen, die aufgrund ihrer genetischen Austattung besonders gut an ihre Umwelt angepasst sind, können sich bevorzugt vermehren. Die für die vorteilhaften Eigenschaften verantwortlichen Allele verdrängen daher die unvorteilhaften aus dem **Genpool** ihrer Population. Verändert sich dadurch die Population insgesamt in Richtung der vorteilhaften Variation, spricht man von einer **transformierenden Selektion**; verdrängt die neue Variante vorhandene Allele und wird der Genpool dadurch variationsärmer, liegt eine **stabilisierende Selektion** vor; und führt die Variation zur Abspaltung einer Gruppe, handelt es sich um eine **disruptive Selektion**.

Migration

Wandert eine Gruppe von Individuen aus einer Population in eine andere, bringt sie dabei die besonderen Merkmale ihrer Heimatpopulation mit. Auf diese Weise kommt es zu einem **Genfluss**, der den Genpool der Zielpopulation verändert – vor allem, wenn die ankommenden Individuen gegenüber den vorhandenen einen evolutiven Vorteil haben.

Gendrift

In kleinen Populationen können **zufällige Ereignisse** einen großen Einfluss auf den Genpool haben, etwa wenn alle Träger einer Variation plötzlich sterben. Auch in größeren Populationen kann es durch extreme Situationen, etwa **Umweltkatastrophen** wie Vulkanausbrüche, zu einer Gendrift kommen, bei der sich bestimmte Allele plötzlich durchsetzen. Das ist besonders bei solchen Populationen möglich, in denen aus geographischen Gründen eine Migration – und damit ein dauernder Austausch von Genen – ausgeschlossen ist.

Isolation

Der entscheidende Schritt zur Bildung einer neuen Art ist die Verhinderung der freien Durchmischung des Erbguts innerhalb einer Population – der sogenannten **Panmixie** – durch **Isolationsschranken**. Der einfachste Fall ist die **geographische Isolation**, etwa bei den Darwin-Finken auf den Galapagos-Inseln, deren Vorfahren vom Festland eingewandert sind. Bei der **ökologischen Isolation** bewohnen die Individuen dagegen noch dasselbe Ökosystem, besetzen aber unterschiedliche ökologische Nischen, indem sie beispielsweise zu verschiedenen Tageszeiten aktiv sind. Die **sexuelle Isolation** schließlich entsteht, wenn Geschlechtsorgane, Balzverhalten oder Paarungszeiten von Angehörigen einer Population nicht mehr übereinstimmen oder wenn wie beim **Maulesel** nur noch unfruchtbare Nachkommen entstehen.

Weitere Faktoren

Ein weiterer Evolutionsfaktor ist vermutlich die **Hybridisierung**, bei der zwei artfremde Tiere lebensfähige Nachkommen zeugen. In der Regel sind solche Nachkommen unfruchtbar, aber Rückkreuzungen und zufällige Mutationen können auch zur Bildung fruchtbarer Hybriden führen. Die **Coevolution** führt dagegen dazu, dass zwei Arten sich durch wechselseitige Selektion ihren Bedürfnissen immer weiter oder immer wieder anpassen. Beispiele sind viele Blütenpflanzen und ihre bestäubenden Insekten. Die **Domestikation** schließlich ist ebenso wie die **Züchtung** eine Form der **künstlichen Selektion**. Hier tritt der Mensch gezielt als Selektionsfaktor auf.

Die Entstehung neuer Arten ist fast immer ein langsamer Prozess. Meist besetzen unterschiedliche Individuen einer Art nach und nach verschiedene ökologische Nischen – ein Prozess, den man **adaptive Radiation** nennt. Zunächst können dabei die einzelnen Radien (Strahlen) der Art noch fortpflanzungsfähige Nachkommen bilden: In diesem Fall spricht man von verschiedenen **Rassen** einer Art. Je geringer der genetische Austausch zwischen den Rassen wird, umso wahrscheinlicher ist es, dass sie schließlich keine fortpflanzungsfähigen Nachkommen mehr bilden können. In diesem Moment spricht man von zwei getrennten **biologischen Arten**.

PRÜFUNGSBEISPIEL ▪ Antibiotika-Resistenzen

Warum findet man gerade in Krankenhäusern oft Bakterien, die gegen gebräuchliche Antibiotika resistent sind?

Antibiotika üben einen extrem starken Selektionsdruck auf Bakterien aus: Nur resistente Individuen überleben. In Krankenhäusern werden besonders häufig und besonders viele Antibiotika eingesetzt – daher ist es dort besonders wahrscheinlich, dass eine Bakterienpopulation gegen alle Mittel resistent wird.

Populationsgenetik

Will man das Wirken der Evolution und die Bildung neuer Arten verstehen, hilft es wenig, einzelne Individuen zu betrachten. Zwar ist jedes Individuum dem Mutations- und Selektionsdruck ausgesetzt – das Individuum ist daher die **Einheit der Selektion**. Ein einzelner Organismus repräsentiert jedoch niemals die genetische Gesamtausstattung einer Population oder einer Art – weil die Evolution jedoch die Verbreitung von Eigenschaften betrachtet, ist die Population die eigentliche **Einheit der Evolution**.

Mit den Auswirkungen von Evolutionsfaktoren auf die Merkmals- und Genverhältnisse in einer Population befasst sich die **Populationsgenetik**. Dieser Wissenschaftszweig bedient sich statistischer Methoden, um die Verbreitung und Eindämmung von Variationen zu erfassen. Die Evolution äußert sich demnach in Veränderungen der **Allelhäufigkeiten** innerhalb des **Genpools** einer Population.

Pioniere der Populationsgenetik waren im Jahr 1908 der britische Mathematiker Godfrey Harold Hardy und der deutsche Mediziner Wilhelm Weinberg. Unabhängig voneinander formulierten sie Regeln für Allelfrequenzen in Populationen: Nach dem **Hardy-Weinberg-Gesetz** stehen die Allelhäufigkeiten in einer **Idealpopulation** – also unter Ausschluss aller Evolutionsfaktoren – in einem **stabilen Verhältnis** zueinander. Das bedeutet zum Beispiel, dass auch rezessive Allele nicht mit der Zeit aus dem Genpool verdrängt werden, sondern mit einem festen Prozentsatz erhalten bleiben.

Man betrachtet beispielsweise das Allelenpaar A/a in einer Kaninchenpopulation mit 1000 Individuen. Es gibt drei Genotypen, die drei Phänotypen von Fellfarben entsprechen: AA/dunkelbraun, Aa/hellbraun und aa/weiß. Das Verhältnis dieser Genotypen ist 810 : 180 : 10 (entsprechend 81 %, 18 % und 1 % aller Genotypen), sodass man insgesamt eine Allelhäufigkeit von 90 % für das Allel A und 10 % für das Allel a erhält (siehe Abbildung). Für die Fortpflanzung entsprechen diese Werte der Wahrscheinlichkeit, mit der ein Allel auf ein anderes

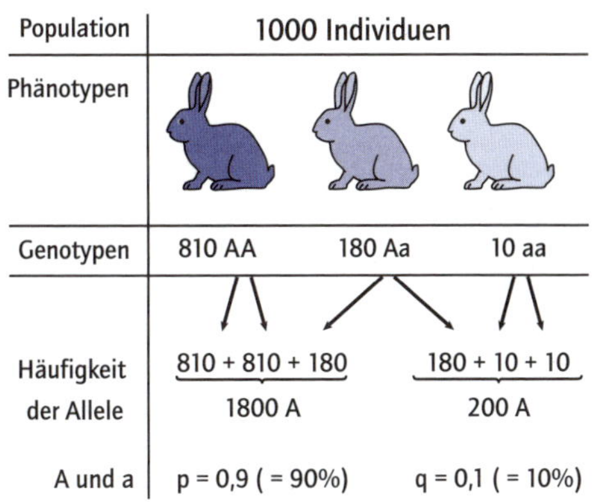

trifft. So kann man die Allelhäufigkeiten für die nächste Kaninchengeneration berechnen:

Genotyp AA:	$0{,}9 \cdot 0{,}9 = 0{,}81$	(entsprechend 81 %)
Genotyp Aa:	$0{,}9 \cdot 0{,}1 = 0{,}09$	(entsprechend 9 %)
Genotyp aA:	$0{,}1 \cdot 0{,}9 = 0{,}09$	(entsprechend 9 %)
Genotyp aa:	$0{,}1 \cdot 0{,}1 = 0{,}01$	(entsprechend 1 %)

Man erhält also ein **konstantes Verhältnis** der Genotypen von 81 % : 18 % : 1 %. Das Hardy-Weinberg-Gesetz gilt allerdings nur unter Idealbedingungen ohne alle Evolutionsfaktoren. In der Natur ist dies nie der Fall. Dennoch trifft das Gesetz in Einzelfällen richtige Aussagen, etwa bei neutralen Variationen, die ihren Trägern keinen Vor- oder Nachteil für ihren Fortpflanzungserfolg bringen: Dazu zählt beispielsweise die Rotgrünschwäche beim modernen Menschen.

Unter natürlichen Bedingungen führen Evolutionsfaktoren wie Mutationen, Selektion, Inzucht, Migration und Gendrift zu einer Änderung der Allelhäufigkeiten: Die Erbanlagen verändern die **Fitness** ihrer Träger, das heißt ihren durchschnittlichen Fortpflanzungserfolg. Daher werden vorteilhafte Anlagen im Genpool häufiger und nachteilige seltener.

Auch diesen Effekt kann man mithilfe der Populationsgenetik berechnen. Dafür bedient man sich des Begriffs der **relativen Fitness**: Sie ist definiert als Verhältnis der Nachkommenzahl eines bestimmten Genotyps zur Nachkommenzahl des Genotyps mit der höchsten Nachkommenzahl in der Population. Für den besten Genotyp ist die relative Fitness gleich 1; je geringer der Fortpflanzungserfolg eines bestimmten Genotyps ist, umso kleiner wird die relative Fitness des Trägers – und umso schneller wird der Genotyp aus dem Genpool verdrängt: Mit jeder Generation verringert sich der Anteil dieses Genotyps entsprechend seiner relativen Fitness.

INSIDER-TIPP ▪ Populationsgenetik

Die neue Aufgabenkultur im Abitur soll vernetztes Denken fördern. Entsprechend beliebt sind vernetzte Themen – die Populationsgenetik, manchmal auch Evolutionsgenetik genannt, ist ein gutes Beispiel dafür: Sie untersucht, wie sich Umweltfaktoren (Ökologie!) auf den Genpool (Genetik!) auswirken und dadurch eine Population beeinflussen (Evolution!).
Also: Vernetzt lernen!

9.3 Anfänge des Lebens

Ursuppe und chemische Evolution

Die erweiterte Evolutionstheorie erklärt, wie sich Populationen verändern, wie neue Arten entstehen und alte aussterben. Aber sie setzt immer voraus, dass bereits Populationen von Lebewesen vorhanden sind, die sich verändern können: Konsequent zurückgedacht, können gemäß der Evolutionstheorie alle Organismen aus einem Urorganismus entstanden sein. Doch wo kam dieser Urorganismus her? Die Entstehung des Lebens auf der Erde ist noch heute eine der spannendsten – und umstrittensten – Fragen der Biologie.

Die ältesten bekannten Fossilien von Prokaryoten sind 3,8 Milliarden Jahre alt. Ihr Entwicklungsgrad deutet allerdings darauf hin, dass die ersten nach unserem Verständnis lebenden Strukturen, die **Urzellen**, spätestens vor 3,9 bis 4 Milliarden Jahren entstanden sind. Zu dieser Zeit war die Erde ein aus menschlicher Sicht denkbar unwirtlicher Ort: Die **reduzierende Uratmosphäre** enthielt keinen Sauerstoff und erlaubte keine Oxidationsreaktionen, Meteoriten bombardierten die Erde und unzählige Vulkane und ständige Gewitter beherrschten das Klima.

Eine erste Theorie, wie unter diesen Umständen Leben entstanden sein könnte, lieferte 1953 der Amerikaner **Stanley Miller**. Er nahm an, dass die Urozeane zu dieser Zeit eine reaktive **Ursuppe** aus den verschiedensten anorganischen, aber auch aus organischen Substanzen enthielten, die letztlich die Grundbausteine aller Lebewesen auf der Erde darstellen. Diese könnten nach Millers Experimenten das Ergebnis einer frühen chemischen Evolution gewesen sein: Der Forscher leitete Wasserdampf (H_2O), Wasserstoff (H_2), Methan (CH_4), Ammoniak (NH_3) und Kohlenstoffmonoxid (CO) innerhalb einer geschlossenen Glasapparatur durch einen Lichtbogen. Die Gase waren Bestandteile der **Uratmosphäre**, und der Lichtbogen simulierte

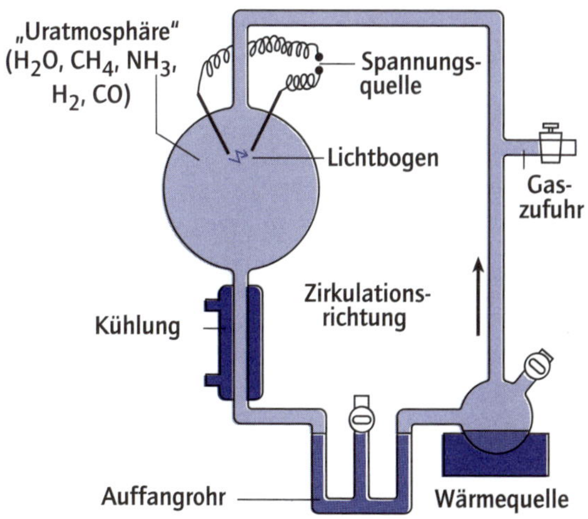

Blitze. Nach einigen Tagen konnte Miller in seiner Apparatur verschiedene organische Verbindungen nachweisen, darunter Harnstoff, Aminosäuren und einfache Carbonsäuren.

Millers Experiment ist mehrfach wiederholt worden, auch mit anderen Gaszusammensetzungen, die dem heutigen Kenntnisstand von der Uratmosphäre näher kommen. Immer wieder entstanden dabei organische Moleküle. Nach Millers Theorie reicherten sich diese Substanzen an und reagierten zu immer komplexeren Verbindungen. Schließlich entstanden **Makromoleküle** als Vorstufen der ersten Zellen.

Kritiker argumentieren, dass beim Miller-Experiment die Ausbeute an organischen Substanzen bei weitem zu gering sei, um für die Entstehung von Zellen verantwortlich zu sein. Es gibt daher weitere Theorien für die Entwicklung der ersten organischen Substanzen auf der Erde. Ein Modell geht zum Beispiel davon aus, dass das erste Leben in der Umgebung von sogenannten **Schwarzen Rauchern** entstanden ist. Das sind heiße, vulkanische Tiefseequellen, die große Mengen an anorganischen Salzen mit sich führen. Unter anderem bildet sich in ihrer Umgebung Schwefelwasserstoff, den heute noch manche Archaebakterien – die direkten Nachfahren der ersten Prokaryoten – als Energiequelle nutzen.

Andere Theorien gehen davon aus, dass sich die ersten komplexen organischen Verbindungen an Grenzflächen zu Feststoffen gebildet haben, etwa an Pyritkristallen (aus Eisen und Schwefel) oder Tonmineralien. Auch dass organische Verbindungen oder gar erste Zellen mit Meteoriten auf die Erde gelangt sind, wird – zuletzt wieder ernsthafter – diskutiert. Welche dieser Theorien tatsächlich richtig ist, wird wohl niemals herausgefunden werden; möglicherweise haben viele verschiedene Mechanismen zur Entstehung des Lebens beigetragen.

Entstehung der Urzellen

Ein zentraler Schritt bei der Entstehung des Lebens auf der Erde war die Bildung von **Urzellen** mit einer Membranhülle und einem eigenen Stoffwechsel. In Experimenten lagern sich Moleküle mit einem hydrophilen und einem hydrophoben Anteil spontan zu membranähnlichen Strukturen zusammen (→ Phospholipide, Seite 11, Membranen, Seite 49). Dabei entstehen flüssigkeitsgefüllte Membranbläschen, die **Mikrosphären**. In ihnen könnte sich ein einfacher, **heterotropher Stoffwechsel** entwickelt haben. Möglicherweise diente in den Urzellen zunächst **RNA** als Erbgutträger, bevor sich der **DNA-Doppelstrang** als stabilere und weniger fehleranfällige Speicherform durchsetzte.

Als die energiereichen organischen Verbindungen in der Ursuppe weitgehend abgebaut waren, waren solche Urzellen im Vorteil, die ihre Energie auf **autotrophem** Weg etwa aus dem Sonnenlicht beziehen konnten. Erste **photosynthetische Bakterien** könnten Carotinoide zur Lichtabsorption und Schwefelwasserstoff als Elektronenlieferant genutzt haben. Noch heute gibt es **Schwefelpurpurbakterien**, die auf diese Weise autotroph leben. Später erlangten einige Bakterien die Fähigkeit zur **Wasserspaltung**. Sie produzierten **Sauerstoff**, der vor etwa zwei Milliarden Jahren eine neue, **oxidierende Atmosphäre** bildete – und erst aerobes Leben und Zellatmung möglich machte.

Größere Urzellen haben sich vermutlich von Prokaryoten ernährt. Nach der **Endosymbiontentheorie** wurden einige aerobe Bakterien dabei jedoch nicht verdaut, sondern entwickelten ein **endosymbiontisches Verhältnis** zu ihrer Wirtszelle: Sie lieferten Energie und erhielten Nährstoffe und Stoffwechselproteine. Mit der Zeit verloren diese Bakterien ihre Eigenständigkeit und entwickelten sich zu **Mitochondrien** weiter. Ebenso könnten **Chloroplasten** aus photosynthetisch aktiven Bakterien entstanden sein. Gestützt wird diese Theorie unter anderem dadurch, dass diese Organellen sich heute noch autonom teilen und ein ringförmiges Chromosom sowie bakterientypische 70S-Ribosomen besitzen. Auch Geißeln, Zilien und Zentriolen bei Eukaryoten könnten auf endosymbiontische Bakterien zurückgehen.

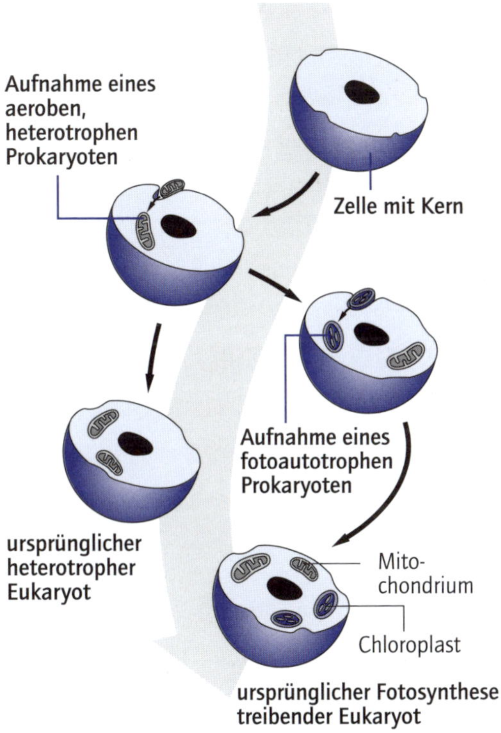

Endosymbiontentheorie

9.4 Die Evolution des Menschen

Entwicklung des Lebens auf der Erde

Es hat sehr lange gedauert, bis sich höheres Leben auf der Erde entwickelte. Fast zwei Milliarden Jahre lang hatten **Prokaryoten** die Welt beherrscht, bevor vor gut zwei Milliarden Jahren die ersten **Eukaryoten** entstanden. Zu dieser Zeit hatte sich bereits eine oxidierende Atmosphäre auf der Erde gebildet, die durch die ersten chloroplastenhaltigen Algen wohl noch sauerstoffreicher wurde. Erste **vielzellige Algen** und **schwammartige Tiere** entstanden vor etwa 1,5 Milliarden Jahren, bevor im **Kambrium** vor knapp 600 Millionen Jahren die **eukaryotische Artenvielfalt** extrem zunahm. Fossilien aus dieser Zeit enthalten Vorläufer aller heute lebenden wirbellosen Tierstämme; viele der damaligen Arten haben jedoch offenbar keine Nachfahren in der heutigen Tierwelt. Immer wieder finden sich in der Folge Belege für Massensterben auf der Erde, die immer mit einer drastischen Änderung des Klimas einhergingen. Vor etwa 500 Millionen Jahren eroberten die Pflanzen das Festland. Ihnen folgten bald die ersten Tiere, vermutlich Tausendfüßler und Skorpione, etwas später auch die ersten Wirbeltiere. Die Erdzeitalter Trias und Jura vor 220 bis 135 Millionen Jahren waren von den Dinosauriern beherrscht. Die ersten Blütenpflanzen entwickelten sich vor etwa 100 Millionen Jahren, und ihnen folgte eine Explosion der Artenvielfalt an Insekten, Vögeln und Säugetieren. Die derzeit ältesten bekannten Fossilien von Hominiden, den Vorfahren des Menschen, sind sechs bis sieben Millionen Jahre alt.

Systematische Einordnung des Menschen

Der Mensch gehört innerhalb der Klasse der **Säugetiere** zur Ordnung der **Primaten**. Gegenüber anderen Säugetieren sind diese unter anderem gekennzeichnet durch zum Greifen angepasste Hände und Füße, ein großes Gehirn, kurze Kiefer und dadurch ein flaches Gesicht, nach vorn gerichtete Augen sowie flache Nägel statt Krallen an Fingern und Zehen. Das Sozialverhalten der Primaten ist komplex und die Brutpflege meist intensiv. Alle Primaten gehen vermutlich auf Bäume bewohnende Vorfahren zurück. Heute umfasst die Ordnung zum einen die **Halbaffen**, zu denen zum Beispiel die Lemuren Madagaskars und die Koboldmakis Afrikas und Südasiens gehören, und zum anderen die **Anthropoiden**, die Affen, Menschenaffen und Menschen umfassen. Der Mensch zeichnet sich innerhalb der Primaten durch mehrere Faktoren aus. Dazu gehören unter anderem:

- aufrechter Gang
- großes Gehirn
- geringer Größenunterschied zwischen den Geschlechtern
- verkürzter Kiefer unter Ausbildung eines Kinns
- parabolisches Allesfressergebiss ohne spitze Eckzähne
- zentrales Hinterhauptloch (Eintrittsstelle des Rückenmarks) infolge einer senkrechten, doppel-S-förmigen Wirbelsäule

Menschliche Stammesentwicklung

Zur Stammesentwicklung des Menschen gibt es laufend neue Erkenntnisse. Jeder Fund eines fossilen Vorfahren birgt Überraschungen und heizt die wissenschaftliche Debatte über die diversen Theorien zum genauen Verlauf der menschlichen Evolution erneut an. Die meisten dieser Theorien dürfen daher nur als vorläufig gelten. Weitgehend einig sind sich die Forscher, dass die ersten **Hominiden**, die mit dem Menschen näher verwandt sind als mit anderen heutigen Primaten wie dem Schimpansen, vor etwa 6 bis 7,5 Millionen Jahren **im heutigen Afrika** gelebt haben. Der genaue Ort der Wiege der Menschheit ist jedoch wieder unklar: Noch vor wenigen Jahren ging man von Ost- oder Südafrika aus, inzwischen stammt das älteste Hominiden-Fossil, Sahelanthropus tchadensis, aus Zentralafrika – allerdings ist seine stammesgeschichtliche Zuordnung noch umstritten.

Unsere Vorfahren lebten ursprünglich auf Bäumen und begannen, auf zwei Beinen zu laufen. Der Grund dafür ist unbekannt. Eine populäre Hypothese nimmt an, dass der **aufrechte Gang** in den sich ausbreitenden Savannen einen besseren Überblick und der Sonne weniger Angriffsfläche bot; einer anderen Theorie zufolge war das Waten durch die ebenfalls damals wachsenden Sümpfe der Grund für den Wechsel. Auf jeden Fall konnten durch diese Fortbewegungsart die Hände wesentlich effektiver als Werkzeuge eingesetzt werden. Die ältesten Funde von Hominiden gehören zur heute ausgestorbenen Gattung **Australopithecus**. Es entstanden mehrere Linien, von denen sich eine – vermutlich der Australopithecus africanus – zur Gattung **Homo** weiterentwickelte. Die ältesten fossilen Vertreter dieser neuen Gattung, **Homo habilis**, sind bis zu 2,5 Millionen Jahre alt. Sie wiesen bereits ein deutlich größeres Gehirn als A. africanus auf und gebrauchten offenbar Werkzeuge.

Aus **Homo habilis** entwickelten sich mehrere weitere Arten, darunter auch **Homo erectus**. Angehörige dieser Art waren es, die vor etwa 1,5 Millionen

Jahren Afrika verließen und Asien und Europa besiedelten. In Europa ging aus Homo erectus unter anderem der **Homo neanderthalensis**, der **Neandertaler**, hervor. Er starb vor etwa 40 000 Jahren aus unbekannten Gründen aus. Möglicherweise wurde er von einer neuen Einwandererwelle verdrängt: Nach der **Out-of-Africa-Hypothese** hatte sich in der Zwischenzeit in Afrika aus dem Homo erectus der **Homo sapiens** – der moderne Mensch – entwickelt, welcher

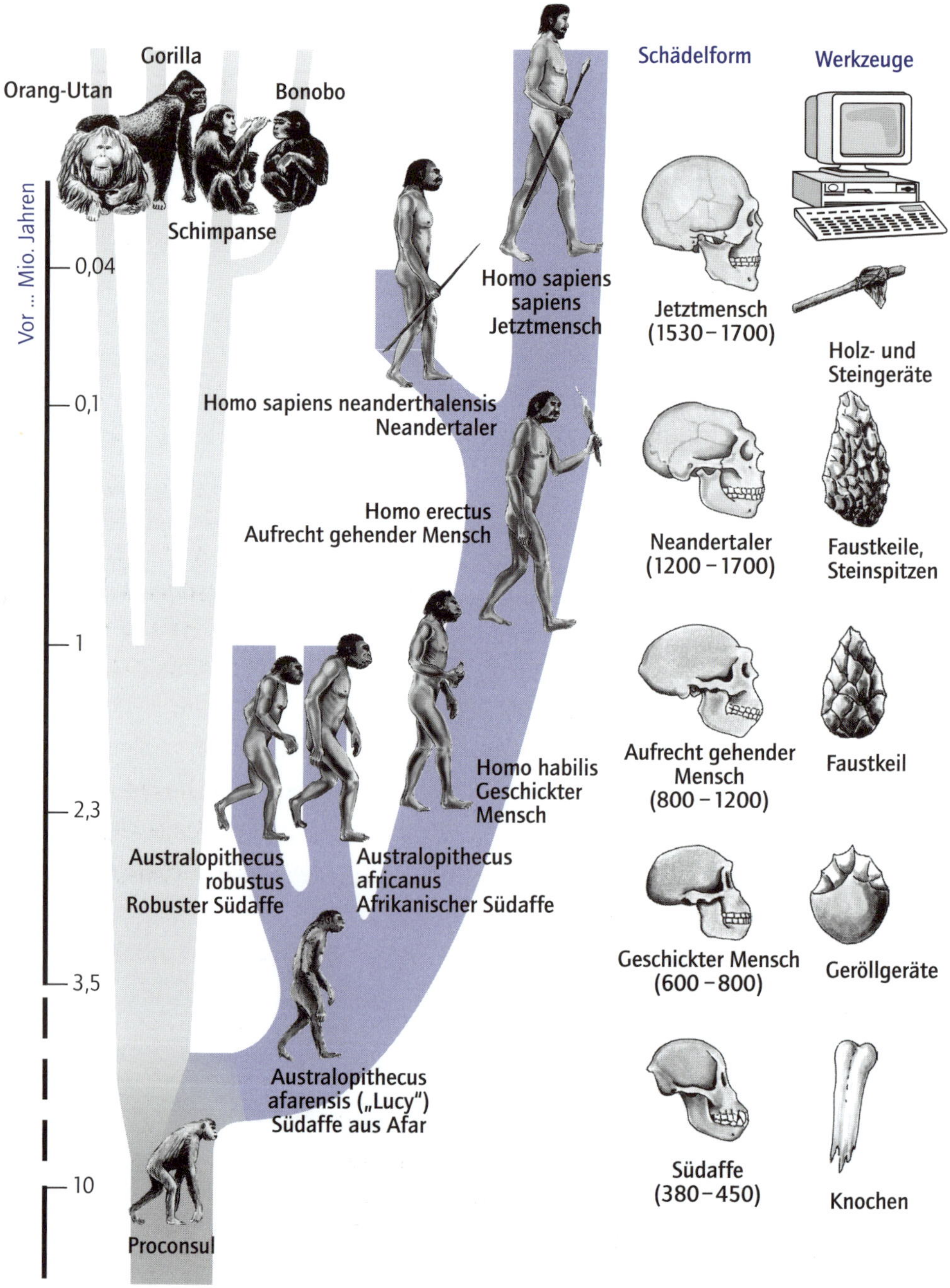

vor etwa 100 000 Jahren wiederum von Afrika aus Asien und Europa eroberte. Andere Theorien gehen davon aus, dass es weltweit zum Austausch zwischen den Nachfahren-Populationen des Homo erectus kam und sich Homo sapiens auf diese Weise entwickelte. Jüngste molekularbiologische Untersuchungen sprechen eher für die Out-of-Africa-Hypothese, während fossile Untersuchungen durchaus beide Möglichkeiten offenlassen.

Neben der biologischen Evolution hat beim Menschen offenbar auch eine **kulturelle Evolution** stattgefunden. Viele Aspekte kultureller Errungenschaften wie Sprache, Kunst, Musik, Philosophie und Wissenschaft sind genetisch und darwinistisch nicht vollständig zu erklären. Dennoch stellen sie eine wichtige Grundlage für den enormen Zuwachs an Wissen und Fähigkeiten des modernen Menschen dar. Ihre naturwissenschaftliche Erforschung hat gerade erst begonnen.

CHECKLISTE

9 Evolution

Die Evolution ist – auch durch das „Darwin-Jahr" 2009, vor allem aber aufgrund neuer Forschungsergebnisse wie der Entdeckung der Epigenetik – wieder stärker ins Zentrum des Interesses gerückt. Das gilt für die Wissenschaft ebenso wie für Abiturprüfungen. Häufig sind bei diesem Thema Diskussionen gefragt – untermauert natürlich durch Fakten und die richtigen Begriffe. Wichtig sind:

- die Evolutionstheorien von Lamarck, Wallace und Darwin
- die unterschiedlichen Belege der Evolution: anatomisch und morphologisch (Homologien, Analogien, Konvergenz), paläontologisch (14-C- und 40-K-Methode), entwicklungsbiologisch, molekularbiologisch (Zytologie, Proteine, DNA)
- die synthetische bzw. erweiterte Evolutionstheorie und Evolutionsfaktoren
- Populationen, Genpools, Allelhäufigkeiten und der Begriff der (relativen) Fitness
- Theorien über die Ursprünge des Lebens auf der Erde (Ursuppe und Miller-Experiment, Urzellen, Endosymbiontentheorie)
- die Evolution des Menschen (Stammesentwicklung, Out-of-Africa-Hypothese, kulturelle Evolution)

Stichwortverzeichnis

Prüfungstraining auf CD-ROM

Durch eine einfache Navigation schnell zur gewünschten Information oder Aufgabe: Die Startseite führt per Mausklick direkt zu den allgemeinen Tipps zur Prüfungsvorbereitung oder zu den Trainingseinheiten, die genau auf die Kapitelinhalte des Buches zugeschnitten sind. Wie hier für das Kapitel Neurobiologie gezeigt, finden Sie zu jedem Themenbereich Aufgaben mit Lösungen. Einfach klicken und die gezielte Prüfungsvorbereitung kann losgehen!

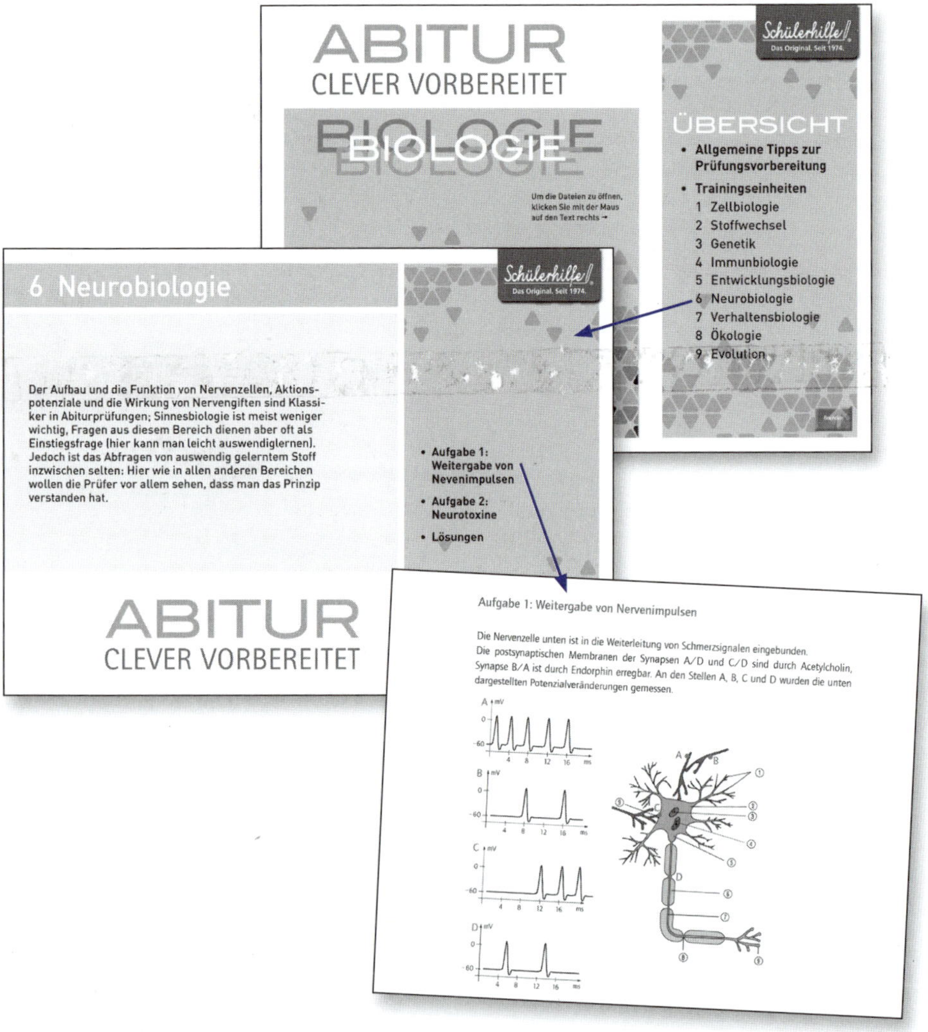

Die CD-ROM ist auf allen Systemen lauffähig, auf denen ein Acrobat-Reader® installiert ist. Auf Windows-Systemen müsste sie von selbst starten; auf Mac-Systemen oder wenn die CD nicht automatisch startet, öffnen Sie bitte manuell die Datei „Startseite" mit Acrobat.